Moisey M. Pistrak

FUNDAMENTOS DA ESCOLA DO TRABALHO

Moisey M. Pistrak

FUNDAMENTOS DA
ESCOLA DO TRABALHO

1ª edição

EXPRESSÃO POPULAR

São Paulo – 2018

Copyright © 2018 by Editora Expressão Popular

Traduzido por Luiz Carlos de Freitas do original russo "насущные проблемы современной советской школы", segunda edição revista e ampliada, aprovada pela Seção Científico Pedagógica do Conselho Científico Estatal do NARKOMPROS – Comissariado do Povo para a Educação – e publicada pela Editora Работник Просвещения em agosto de 1925 (188 p.).

Revisão: *Lia Urbini e Nilton Viana*
Projeto gráfico, diagramação e capa: *Zap Design*
Imagem da capa: *Aleksandr Ródtchenko,* Vermelho e Amarelo, *1918*
Impressão e acabamento: *Paym*

Dados Internacionais de Catalogação-na-Publicação (CIP)

P679f
Pistrak, Moisey Mikhaylovick, 1888-1940.
    Fundamentos da escola do trabalho. / Moisey Mikhaylovick Pistrak; traduzido por Luiz Carlos de Freitas.--1.ed.— São Paulo : Expressão Popular, 2018.
    286 p.

    Título original: насущные проблемы современной советской школы.
    Indexado em GeoDados http://www.geodados.uem.br.
    ISBN 978-85-7743-324-7

    1. Educação e trabalho. 2. Crítica pedagógica. 3. Pedagogia social. I. Freitas, Luiz Carlos de, trad. II. Título.

CDD 370.115

Bibliotecária: Eliane M. S. Jovanovich CRB 9/1250

Todos os direitos reservados.
Nenhuma parte desse livro pode ser utilizada ou reproduzida sem a autorização da editora.

1ª edição: Expressão Popular, 2000
2ª edição: Expressão Popular, 2018
5ª reimpressão: outubro de 2022

EDITORA EXPRESSÃO POPULAR
Rua Abolição, 197 – Bela Vista
CEP 01319-010 – São Paulo – SP
Tel: (11) 3112-0941 / 3105-9500
livraria@expressaopopular.com.br
www.expressaopopular.com.br
🄵 ed.expressaopopular
🄾 editoraexpressaopopular

SUMÁRIO

NOTA EDITORIAL 7

APRESENTAÇÃO 9
Luiz Carlos de Freitas e Roseli Salete Caldart

PREFÁCIO DO AUTOR PARA A PRIMEIRA EDIÇÃO RUSSA 23

PREFÁCIO DO AUTOR PARA A SEGUNDA EDIÇÃO RUSSA 27

A TÍTULO DE INTRODUÇÃO 29

A ESCOLA DO TRABALHO DO PERÍODO DE TRANSIÇÃO 39
    II 51
    III 55

O TRABALHO NA ESCOLA 57
    I. A prática dos anos anteriores 57
    II. A colocação do problema 67
    III. O autosserviço 71
    IV. Trabalhos sociais sem qualificação especial 78
    V. As oficinas 80
    VI. O trabalho agrícola 97
    VII. A fábrica 106
    VIII. O trabalho de "serviço" 118
    IX. A Organização Científica do Trabalho 139
    X. Conclusões 146

O TRABALHO EDUCATIVO 157
    I. Conteúdo e natureza do material educativo 157
    II. O programa de estudos e o "plano da vida escolar" 161

III. O complexo 172
IV. As "habilidades" e o complexo 200
V. A organização do trabalho. O plano Dalton 207

A AUTO-ORGANIZAÇÃO DOS ESTUDANTES 221
I. O velho e o novo 221
II. O coletivo infantil 228
III. A Constituição das crianças. A justiça infantil 234
IV. Castigos e sanções 239
V. O conteúdo do trabalho. As formas de organização 247
VI. O movimento comunista das crianças..........................259
VII. A Juventude Comunista 280

NOTA EDITORIAL

Fac-símile da segunda edição em russo, 1925

A presente tradução de *Fundamentos da Escola do Trabalho* foi feita a partir do original russo. A tradução em uso até então no Brasil foi feita a partir da versão francesa por Daniel Aarão Reis Filho e prestou um grande serviço à educação brasileira, trazendo-nos os ensinamentos de M. M. Pistrak.

A primeira edição brasileira foi feita pela Editora Brasiliense, em 1981; a partir de 2000, a Editora Expressão Popular passou a publicar a obra, que ganhou mais de seis reimpressões.

Tomou-se como referência para a atual tradução a segunda edição do original russo feita por Pistrak em 1925 (a primeira edição é de 1924). O próprio Pistrak, em prefácio para a segunda edição, registrou as alterações que introduziu na primeira versão.

A versão francesa que serviu de base para a brasileira foi igualmente feita a partir da segunda edição russa de 1925. A necessidade desta nova tradução apareceu pelo fato de que alguns trechos do original russo de 1925 não apareciam na tradução anterior.

A chegada deste livro no ocidente teria sido feita clandestinamente, no contexto da "guerra fria", através da Finlândia. Foi traduzido na França e depois no Brasil, a partir da edição francesa. As partes mais eliminadas no ocidente dizem respeito a críticas que Pistrak formulava a alguma questão soviética ou o reconhecimento de alguma insuficiência existente na Rússia. A presente tradução, ao recuperar a versão original russa, recoloca estas passagens e outras. A omissão destas passagens nas traduções anteriores, no entanto, felizmente, não comprometeu a compreensão das questões fundamentais que Pistrak desenvolveu.

Agradecemos o empenho e a rigorosidade do professor Luiz Carlos de Freitas que realizou o trabalho de tradução desta obra contribuindo, mais uma vez, para a socialização das reflexões e práticas da Pedagogia Socialista.

Os editores

APRESENTAÇÃO

No ano de 1981, pela tradução de Daniel Aarão Reis Filho, com introdução de Maurício Tragtenberg (Pistrak, 1981), o público brasileiro entrava em contato, pela primeira vez, com um autor chamado "Pistrak". Seu livro, *Fundamentos da Escola do Trabalho*, foi publicado no Brasil pela Editora Brasiliense. A tradução foi feita a partir da publicação do livro na França, traduzido do russo naquele país. Várias gerações de educadores se beneficiaram desta iniciativa. Até o ano 2000, quando então passou a ser publicado pela Editora Expressão Popular (Pistrak, 2000), não se tinha conhecimento sequer de seu nome completo. Aos poucos, as pesquisas foram revelando quem era este enigmático "Pistrak" e a partir dele foi se esclarecendo e descortinando, também no âmbito da educação, o heroico período inicial da Revolução Russa entre 1917 e 1931.

Moisey Mikhailovich Pistrak[1] (1888-1937) foi um dos líderes ativos das duas primeiras décadas de construção da escola soviética e do desenvolvimento da pedagogia marxista na União

---

[1] Moisey em russo quer dizer Moisés; Mikhailovich é o patronímico, ou seja, significa "filho de Mikhail" e Pistrak é o sobrenome.

das Repúblicas Socialistas Soviéticas (Korolev e Smirnov, 1961, p. 444; Korneichik, 1964, p. 104; Monozson, 1987, p. 59).

Pistrak era doutor em Ciências Pedagógicas, professor e membro do Partido Comunista desde 1924. Concluiu a Faculdade de Físico-Matemática na Universidade de Varsóvia em 1914, na Polônia. De 1918 até 1931 trabalhou no Narkompros[2] da União Soviética e, simultaneamente, dirigiu por cinco anos a Escola-Comuna do Narkompros. Entre 1931 e 1936 foi trabalhar no Instituto de Pedagogia do Norte do Cáucaso, na cidade de Rostov-na-Donu e em 1936 foi diretor do Instituto Central de Pesquisa Científica de Pedagogia junto ao Instituto Superior Comunista de Educação, do Partido Comunista.

Segundo Korneichik (1964, p. 114), em 1937 Pistrak foi vítima de calúnia e sofreu repressão junto com outros pedagogos e terminou sendo executado. É reabilitado depois da morte, em 1956.

Para nós, a grande revolução socialista de outubro abriu ante Pistrak e outros professores horizontes avançados e imensos para a aplicação de suas forças, conhecimentos e habilidades na criação da nova *escola do trabalho*. Quando o Comissariado do Povo para a Educação (o Narkompros) começou a organização das primeiras Escolas-Comunas, Pistrak foi trabalhar na Escola-Comuna P. N. Lepeshinsky junto a pedagogos tão entusiastas como ele mesmo. Ele trabalhou por cinco anos na qualidade de administrador e professor na Comuna. Estes foram anos de árduo trabalho, os quais o conduziram, bem como o coletivo de pedagogos e seus estudantes aos primeiros resultados positivos, ainda que pequenos, mais perceptíveis, e à confiança na vitalidade da nova escola socialista (p. 104).

---

[2] Comissariado do Povo para a Educação.

No Guia Bibliográfico sobre M. M. Pistrak, editado pela Biblioteca Pedagógica Ushinski, de Moscou (Akademiya, 1987), pode-se ler:

> Para o trabalho experimental, o Narkompros da República Federativa Russa recrutou os principais pedagogos da teoria e da prática. Entre eles M. M. Pistrak. Ele ocupou postos-chaves na GlavSocVos (Direção Principal de Formação Social e Educação Politécnica) da República Russa, ficando ocupado inteiramente com a elaboração dos problemas da educação e métodos de ensino na nova escola socialista. Ele encabeçou a instituição experimental principal do Narkompros da República Russa: a Escola-Comuna Experimental-Demonstrativa P. N. Lepeshinsky. Ali, sob a sua administração, eram elaborados os planos de trabalho experimentais, era criada uma equipe de pedagogos criativos.

Esta atividade estava combinada com sua posição de Presidente da Subcomissão de Programas para o Segundo Grau, na Seção Científico-Pedagógica presidida por N. K. Krupskaya, da Comissão Científica Estatal junto ao Narkompros.

> A Comuna apareceu no início dos anos 1920, em situação de desorganização econômica, fome, abandono massivo de menores. A comuna, como a maioria das escolas e casas de criança, sentiu dificuldades econômicas enormes, mas uma equipe de pedagogos entusiastas trabalhou lá, e desejavam a criação de uma verdadeira escola socialista e envidaram máximos esforços para a resolução desta tarefa. Nós devemos nos concentrar especialmente nas questões da organização do trabalho experimental da Escola Lepeshinsky, porque até hoje esta organização pode servir como modelo de busca das formas e métodos novos da atividade da instituição de formação e ensino. M. M. Pistrak pesquisou os fatos pedagógicos profundamente e em todos os aspectos, fenômenos e processos, esclarecendo sua essência interna, usou amplamente um método de experimentação transformador e nesta base ele construiu sua teoria pedagógica e enriqueceu a prática (Akademiya, 1987, p. 9).

APRESENTAÇÃO

Segundo Korneichik (1964), no artigo "Escola e fábrica", publicado em 1922 na revista *A caminho da nova escola*, M. M. Pistrak descreveu brevemente como os professores da Escola-Comuna desejaram ligar seu trabalho com a produção. Neste mesmo ano foram publicados "Materiais sobre auto-organização dos estudantes". E em 1924 com a coordenação de M. M. Pistrak e com prefácio de N. K. Krupskaya foi publicado o livro *Escola-Comuna do Narkompros: a experiência da comuna demonstrativo-experimental P. N. Lepeshinskiy*,[3] em Moscou.

> Nele foi analisado o grande caminho criativo feito pela escola em condições excepcionalmente difíceis. [...] Os trabalhadores da Escola-Comuna em sua atividade partiram de Marx e Lenin sobre o desenvolvimento multilateral da personalidade no comunismo, sobre a necessidade de combinar o ensino com o trabalho produtivo, com a vida, sobre a formação do coletivismo e a relação criativa com o trabalho e o estudo (p. 104-105).

Como observa Krupskaya no prefácio do livro *A Escola-Comuna do Narkompros* (Pistrak, 2009), "os métodos de construção da nova escola partiram da própria realidade revolucionária". Entre estes métodos relaciona:

> [...] a avaliação atenta de todas as circunstâncias, todo o ambiente, sondagem de germes futuros mais vitais e aptos ao desenvolvimento, criação para eles de condições favoráveis. Nossa revolução tentou evitar a doutrinação, e por isso ela mostrou-se viva. A doutrinação esteve ausente também no trabalho da Escola-Comuna demonstrativo-experimental do Narkompros. O método do seu trabalho é extremamente valioso e familiarizá-lo com as amplas massas de professores é extremamente necessário (p. 107-108).

Em 1924 publicou-se o trabalho "Problemas essenciais da escola soviética contemporânea", que teve algumas edições. A.

---

[3] Traduzido e publicado pela Editora Expressão Popular em 2009 (Pistrak, 2009).

P. Pinkevich (1883-1937) em seu artigo "10 anos da Pedagogia Soviética" referiu-se bastante positivamente a este trabalho de M. M. Pistrak, caracterizando seu autor como teórico famoso da pedagogia soviética.

Este livro é que seria traduzido na França e depois no Brasil com o título de *Fundamentos da Escola do Trabalho*. Ele pretendeu reunir e organizar os principais problemas e soluções que a Escola-Comuna do Narkompros havia estudado, numa tentativa de disponibilizar para o magistério aquela experiência.

À medida que a experiência russa se desenvolveu e foi possível avançar em direção à escola politécnica, Pistrak sintetizou em outra obra fundamental a experiência russa, publicando em 1929 *Ensaios sobre a escola politécnica*.[4]

Dirigindo a Cátedra de Pedagogia no Instituto de Pedagogia de Rostov-no-Don, M. M. Pistrak ocupou-se com afinco da elaboração de cursos e palestras sobre Pedagogia, os quais deram base para a criação, por ele, do primeiro livro introdutório sobre Pedagogia, aceito pelo Narkompros, para uso em instituições de ensino superior pedagógicas e que foi publicado de 1934 até 1936 (Pistrak, 1934).

Pistrak também trabalhou com outro educador de sua época: Viktor Nikholaevich Shulgin (1894-1965) diretor do Setor de Reforma da Escola no Narkompros entre 1922 e 1932. Indícios desta parceria podem ser encontrados na própria elaboração do texto da Escola-Comuna do Narkompros onde Shulgin figura como co-autor (Pistrak, 1924) e nas mútuas referências que se fazem em suas publicações (Pistrak, 1925; Shulgin, 1924), às vezes em meio a fortes debates (Shulgin, 2013; Pistrak, 2015).

---

[4] Traduzida e publicada pela Editora Expressão Popular em 2015 (Pistrak, 2015).

O fundamento de todo o plano educacional da Revolução Russa era criar uma nova escola com a finalidade de preparar um novo homem e uma nova mulher, com vistas a viver em uma sociedade sem classes. Uma das arquitetas desta concepção, N. K. Krupskaya, no prefácio do livro Escola-Comuna[5] dirá: "A maioria [dos pedagogos da revolução] sabia apenas uma coisa: que a nova *escola não deveria parecer-se com a antiga*".[6]

Nesta nova organização social sem classes, os coletivos são uma peça fundamental – os sovietes ou conselhos. A "sovietização" da sociedade implica em novas tarefas para a educação, o que significa que, já durante o período de transição ao socialismo, prepara-se a juventude para um convívio baseado na participação ativa na vida coletiva, para uma sociedade sem classes sociais, as quais se extinguem no decorrer do período de transição – incluída aí a própria classe operária e camponesa.

No entanto, este processo só é possível quando operários e camponeses se tornam "donos da própria produção" e cumprem seu papel histórico revolucionário, como classe trabalhadora, de extinguir todas as classes. Daí derivam as novas finalidades da educação sob a revolução (Shulgin, 1924; Krupskaya, 2017) – tanto em forma como em conteúdo. E, portanto, a nova escola se torna única, ou seja, um mesmo caminho por onde se formam todos os jovens, ressalvadas as diversidades de formas e inclinações.

---

[5] Cf. Pistrak, M. M., 2009, p. 106.

[6] Em 1915, portanto antes da revolução, N. K. Krupskaya já havia feito uma análise crítica de toda a produção da chamada "escola nova" ocidental em um livro chamado Educação Pública e Democracia e dava pistas de como superá--la apontando como deveria ser a escola que interessava à classe operária. Ver Krupskaya, N. K., 2017.

Neste processo de formar-se para assenhorar-se da produção da vida, *o trabalho* é a categoria central de organização do sistema educativo, desde seu início até o fim. Para fugir da escola livresca, o seu conteúdo tem que estar "justificado" pela vida, assim como as formas que a escola assume precisam corresponder às finalidades da sociedade dos "sovietes". E como já não faz sentido a divisão entre trabalhadores que pensam e trabalhadores que executam – sendo necessária uma formação teórica e prática multilateral *de todos os produtores da vida* – emerge ao longo do tempo um sistema politécnico de preparação para a participação ativa na vida coletiva (Krupskaya, 2017; Pistrak, 2015; Shulgin, 2013) que articula várias instituições sociais participantes deste processo, com destaque para o papel da escola como um centro cultural inserido na comunidade. Pela porta de entrada do trabalho, chega-se, por suas conexões, à vida, à auto-organização (pessoal e coletiva) e ao conhecimento sistematizado – em estreita ligação com o estudo da atualidade – que em última instância valida a forma e o conteúdo da nova escola (Cf. Pistrak, 2015; 2009).

Este é o coração estratégico da proposta dos pioneiros da Revolução Russa que orienta igualmente a nascente Pedagogia Socialista ou em seu dizer, a Pedagogia Social (Shulgin, 1924). O livro *Fundamentos da escola do trabalho* é uma das sínteses produzidas sobre esta proposta por Pistrak, escrita desde sua participação nesta construção e visando especialmente o processo de formação dos educadores.

Cabe um registro sobre como esta obra foi lida por alguns no Brasil. Tendo sido perseguido nos anos 1930 na Rússia, era normal que a política difundida pelo Partido Comunista da União Soviética para os demais países do mundo fosse igualmente de crítica a Pistrak. Também aqui algumas reações ao livro ecoaram esta posição influenciada, sobretudo pela circulação do livro de F. G. Snyders *Escola, classe e luta de classes*.[7]

Snyders, membro do Partido Comunista Francês, trata equivocadamente o período que denomina de *"pedagogos soviéticos da primeira geração"* como se houvesse apenas uma única tendência neste período: a teoria da eliminação da escola. A realidade russa, entretanto, é bem mais diversa que isso. Pistrak nunca foi partidário desta teoria, e mesmo no caso dos que o eram, pouco sabemos sobre a correta formulação desta proposta.

É importante também afastar outra fonte de interpretação incorreta do trabalho de Pistrak. No Brasil, qualquer mudança que vise redefinir o papel da escola, que retire da aula a posição de centralidade no processo de instrução com consequente redefinição do papel do professor, tornando o estudante mais comprometido e autônomo, gera suspeitas de ser adesão a posições da Escola Nova. Vez por outra, se vê no Brasil a acusação de "escolanovismo" na proposta de Pistrak.

Esta acusação se esquece de que já em 1915, portanto, antes mesmo da Revolução de Outubro, N. K. Krupskaya publicava um livro fazendo uma ampla crítica ao movimento da escola nova.[8]

Mesmo no texto que aqui apresentamos, o leitor poderá encontrar as críticas de Pistrak, por exemplo, ao Plano Dalton, alertando para os aspectos nocivos desta técnica – usada no ocidente no contexto da Escola Nova e copiada em alguns círculos da educação soviética – e deixa muito clara sua posição. Pergunta:

---

[7] Snyders, G. Escola, classe e luta de classes. Lisboa: Moraes Ed. 1981, 2ª ed. Terceira Parte, Cap. Primeiro, Terceiro tema: A morte da escola para Illich e para os pedagogos soviéticos da primeira geração, p. 263-278.

[8] Ver N. K. Krupskaya (2017) texto denominado "Educação Pública e Democracia", p. 35.

> Será que o plano Dalton nos oferece, em substituição ao sistema das aulas, novas formas de organização que correspondam inteiramente às tarefas e às finalidades da atual escola soviética? Poderemos introduzir, sem restrições, em nossa escola, as melhores novidades e os melhores produtos das melhores escolas burguesas?

E alerta: "É preciso desenvolver o hábito da desconfiança e da crítica em relação a todos os produtos que têm a marca registrada da burguesia e são importados por nossas escolas" (p. 160). Lição, diga-se, bastante atual.

Mais surpreendente ainda foi a acusação de que Pistrak teria um viés anarquista. Na versão russa dos *Fundamentos da Escola do Trabalho* pode-se ler a crítica do autor a esta posição, por ocasião da recusa ao uso abusivo do autosserviço das crianças nas escolas:

> Tal ponto de vista um tanto anarquista e pequeno-burguês, em parte tolstoiano, em parte um ponto de vista da 'educação libertária', prevaleceu amplamente na prática. Por ele, se manteve o princípio do pleno autosserviço no jardim da infância [...] (Pistrak, 1925).

Equívocos de interpretação à parte, chama atenção como logo os pioneiros compreenderam que para transformar a escola e colocá-la a serviço da revolução, não bastava alterar apenas os conteúdos nela ensinados. Era preciso mudar o jeito, a forma da escola, suas práticas e suas conexões sociais, as relações de trabalho e de poder, tornando-a coerente com a finalidade de preparar sujeitos capazes de participar ativamente do processo de construção da nova sociedade.

No país dos "sovietes" (dos conselhos voltados para organizar a participação popular) a escola não podia ser individualista e livresca, voltada para a formação de pessoas passivas. A construção social exigia a participação de todos em um movimento de baixo para cima.

Partindo destas finalidades, após uma rápida introdução, Pistrak traça, no segundo capítulo (A Escola do Trabalho do período de transição) o mapa das categorias que iria orientar os esforços da política pública do Narkompros: ênfase na ligação da escola com a atualidade social e no desenvolvimento da auto-organização dos estudantes.

Colocando a escola a serviço da compreensão e das tarefas desta atualidade (entendida como as necessidades da construção revolucionária sob o cerco do imperialismo), Pistrak vai pensar as implicações disso na reelaboração do próprio material educativo, nos métodos de estudo e nas tarefas de ensino, para em seguida, buscar revolucionar as estruturas de poder escolar, destacando a importância do coletivo das crianças como plataforma de desenvolvimento da auto-organização.

No capítulo seguinte, de forma específica (O trabalho na escola) ele mostrará como emerge o trabalho social, desde sua posição central na atualidade, para uma posição também central na nova organização escolar. Composta a tríade – atualidade, trabalho, auto-organização – o livro dedica o próximo capítulo a um estudo minucioso do Trabalho Educativo, no qual examina em detalhe as mudanças no material, nas disciplinas escolares e desenvolve a ideia da unificação do estudo ao redor de fenômenos da atualidade, como forma de familiarizar o estudante desde logo com o método do materialismo histórico-dialético: os complexos de estudo.

Finalmente, retoma a questão da auto-organização dos estudantes em coletivos e as relações da escola com o movimento comunista das crianças e com a Juventude Comunista.

Esta obra tem despertado grande interesse desde que foi publicada pela primeira vez. O interesse se refere primeiro à sua importância histórica. Ela é expressão de um momento fundamental de construção coletiva da pedagogia socialista vinculada a processos revolucionários; e segundo, às possibilidades que aponta sobre como transformar a escola na direção dos interesses da classe trabalhadora. A *escola do trabalho* de Pistrak é a escola dos trabalhadores, da classe trabalhadora, vista como sujeito social da revolução, ou das transformações sociais pensadas dentro desta estratégia. E com exigências de educação próprias deste desafio histórico. Lá e aqui. Ontem e hoje.

Para os educadores, público para o qual o livro foi originariamente escrito, é importante fazer esta leitura buscando compreender o *método de construção pedagógica* e a relação teoria e prática que estes escritos revelam, porque isto facilita pensar a relação com as questões que temos hoje, em nosso tempo e realidade.

Os pioneiros estavam construindo o projeto educativo da Revolução Socialista e pensaram as transformações necessárias na escola para que ela pudesse tomar parte neste projeto a partir de suas tarefas específicas. Começaram este processo ainda antes do momento de explosão revolucionária. Quando a nova escola precisou tomar corpo massivamente, já tinham avançado em dois componentes fundamentais da construção: tinham firmada uma concepção de educação, no vínculo com o projeto histórico que justificou a tomada revolucionária do poder, e tinham uma análise rigorosa da situação geral das escolas com as quais iriam trabalhar – incluída aí uma crítica aprofundada do movimento da "escola nova" que se desenvolvia na Europa Ocidental e na América do Norte.

Na formulação de uma orientação prática de como materializar a concepção de educação em sua realidade foram, ao mesmo tempo, aprofundando e socializando a compreensão teórica do que pretendiam e produzindo sínteses em forma de *categorias pedagógicas* (atualidade, trabalho socialmente necessário, auto-organização dos estudantes, complexos de estudo etc.)

que se tornaram balizas para organização do trabalho concreto em cada escola. E que serviam como referência para a avaliação dos passos que iam sendo dados no conjunto das escolas.

Trazendo para hoje, estas categorias – que representam uma mediação entre a concepção teórica assumida e a prática que ocorre segundo as determinações de cada tempo e lugar – elas podem nos servir de *ferramentas de análise da nossa realidade*, e as soluções para os problemas que encontraram no seu cotidiano nos indicam hipóteses de pesquisa para os nossos próprios "fatos pedagógicos", que também precisam ser investigados "profundamente e em todos os aspectos, fenômenos e processos". Além disso, nos instigam a avançar na compreensão dos fundamentos teóricos gerais de toda construção social. A partir daí certamente produziremos nossas próprias sínteses, novas categorias pedagógicas que serão uma referência para sistematização de nossas experiências e que por sua vez poderão servir de apoio àqueles que continuarem esta caminhada. É assim que tem sido construída a pedagogia socialista e a história da educação da classe trabalhadora, que se torna senhora também de sua educação, tomando-a em suas próprias mãos.

Julho de 2017
Luiz Carlos de Freitas
Roseli Salete Caldart

Referências

Akademiya Pedagogitcheskikh Nauk. M. M. *Pistrak (1888-1940). Guia Bibliográfico*. Moscou, 1987.

Korneichik, T. D. *Atividade Pedagógica de M. M. Pistrak (1888-1940)*. Sovetskaya Pedagogika, 1964 (4) p. 104-114.

Korolev, F. F. e Smirnov, V. Z. (Orgs). *Ensaio de história da pedagogia e da escola soviética*. Moscou: Izdatelstvo Akademiya Pedagogicheskikh Nauk, 1961.

Krupskaya, N. K. *A Construção da Pedagogia Socialista*. São Paulo: Expressão Popular, 2017.

Monoszon, E. I. *Constituição e desenvolvimento da pedagogia soviética 1917-1987*. Moscou: Prosveshchenie, 1987.

Pistrak, M. M. *A Escola-Comuna*. São Paulo: Expressão Popular, 2009.

Pistrak, M. M. *Ensaios sobre a Escola Politécnica*. São Paulo: Expressão Popular, 2015.

Pistrak, M. M. *Escola-Comuna do Narkompros. Pedagogika*. Moscou, 1990. Original de 1924.

Pistrak, M. M. *Fundamentos da Escola do Trabalho*. São Paulo: Brasiliense, 1981.

Pistrak, M. M. *Fundamentos da Escola do Trabalho*. São Paulo: Expressão Popular, 2000.

Pistrak, M. M. *Pedagogia*. Moscou: Gosudarstvennoe Uchebno-pedagogicheskoe Izdatelstvo, 1934.

Pistrak, M. M. *Problemas essenciais da escola soviética contemporânea*. Moscou: Gosudarstvenno Izdatelstvo, 1925. (Traduzido no Brasil por: Fundamentos da Escola do Trabalho).

Shulgin, V. N. *Rumo ao politecnismo*. São Paulo: Expressão Popular, 2013.

Shulgin, V. N. *Fundamentos da Educação Social*. Moscou: Institut Kommunicticheskovo Vospitaniya. Izdatelstvo Rabotnik Prosveshcheniya, 1924.

Snyders, G. *Escola, classe e luta de classes*. 2ª ed. Lisboa: Moraes Ed. 1981.

PREFÁCIO DO AUTOR
PARA A PRIMEIRA EDIÇÃO RUSSA

O presente livro surgiu como resultado de uma série de conferências, informes e conversas sobre várias questões da educação social em cursos de requalificação de professores, palestras, reuniões etc.

Por outro lado, ele também é resultado do trabalho prático do autor na Escola-Comuna Lepechinsky do Narkompros (Comissariado do Povo para a Educação).[1] Este resultado, no entanto, não é de natureza prática, mas antes, é a formalização do "credo"[2] da pedagogia social que se constituiu e se desenvolveu ao lidar com uma série de questões práticas na Escola--Comuna do Narkompros.

Quando começamos o trabalho da Escola-Comuna junto com um grupo de companheiros professores, não tínhamos uma clara teorização dos problemas; não só não podíamos, muitas vezes, colocá-los e formulá-los, mas até a própria existência de alguns deles, às vezes, também não era imaginada por nós.

---

[1] Sobre esta experiência ver Pistrak, M. M. *A Escola-Comuna*. São Paulo: Expressão Popular, 2009. (N.T.)

[2] Conjunto de normas e convicções construído na experiência da Comuna.

Possuíamos, mais do que tudo, unicamente a vontade, como marxistas, de nos aproximarmos das questões fundamentais da escola, além da aspiração ardente de formar as crianças no espírito comunista. Desde este ponto de vista, a atuação no processo de trabalho prático na escola, construiu uma série de ideias sociopedagógicas, as quais fortaleceram-se nos encontros com o magistério em diferentes lugares e momentos, bem como no contato com a experiência de outras escolas e instituições infantis.

Da minha parte, limitei-me a formular estas ideias fundamentais para sua divulgação, mas cada um dos meus companheiros de trabalho mais próximos encontrarão neste livro, em um ou outro lugar, seus pensamentos, suas palavras, e por vezes suas formulações.

Senti necessidade de escrever o livro não somente porque ele apresenta o ponto de vista de companheiros de trabalho, ou seja, de um grupo de professores marxistas. Convivendo com o magistério me convenci, cada vez mais, de que nosso enfoque é acessível para o professor soviético, que para ele estas ideias são próximas e compreensíveis, que por vezes ele não as entende apenas por falta de que sejam adequadamente formuladas. Como o leitor perceberá, meu trabalho junta-se ao livro do Camarada V. N. Shulgin *Fundamentos da Educação Social*,[3] ao qual repetidas vezes me refiro e do qual eu tomei emprestado inúmeras vezes. Eu mesmo considero o presente livro como uma continuação natural do trabalho do camarada Shulgin, dedicado principalmente ao exame e à crítica das tendências pedagógicas burguesas contemporâneas. Pareceu-me razoável, depois da crítica da antiga escola, dar continuidade a ele com

---

[3] Shulgin, V. N. *Fundamentos da Educação Social*. Moscou: Institut Kommunictischeskovo Vospitaniya. Izdatelstvo Rabotnik Prosveshcheniya, 1924.

uma série de problemas da nova escola e esboçar os caminhos de sua solução.

Mais uma observação. Meu objetivo é colocar neste livro uma série de problemas fundamentais, os mais vivos e atuais, isto é, questões que exigem muito esforço de ideias coletivas e trabalho para dar a elas solução concreta. Rapidamente assim definido o caráter desta exposição, note-se que uma série de afirmações deste livro – às vezes em tom polêmico e talvez nem sempre na forma mais acertada – em essência, constitui apenas um conjunto de problemas, porém de problemas colocados de forma planejada. Parece-me que ao redor deles é preciso travar a discussão, o debate que os aprofunde e que concretize tanto a colocação destes problemas como de outros, direcionando o trabalho da escola para solucioná-los.

M. Pistrak
Agosto de 1924

PREFÁCIO DO AUTOR PARA A SEGUNDA EDIÇÃO RUSSA

Examinando o livro para uma segunda edição, me senti obrigado a introduzir muitas mudanças importantes e complementos em algumas partes. Em várias questões nós, em um ano, demos passos significativos à frente. Muito do que escrevemos na edição do ano passado sobre as tarefas que estão colocadas para nós, já mudou atualmente, isto é, são tarefas que já estão resolvidas. O tom polêmico em alguns lugares foi substituído por uma discussão mais tranquila, assim como disputas sobre princípios, em outros, foram finalizadas e superadas.

A reelaboração refere-se parcialmente ao capítulo do "Trabalho", onde foram introduzidas mudanças e complementos, especialmente na seção "Atividade de autosserviço" e "Conclusões"; no capítulo sobre o "Trabalho educativo", além de uma reelaboração geral, complementou-se as seções "Programa", "Complexo" e adicionou-se a seção "Habilidades"; no capítulo da "Auto-organização" complementou-se a seção sobre as "Instituições Infantis" e escreveu-se novamente a seção da "Juventude Comunista".

Mas em essência, o livro trata dos mesmos problemas fundamentais que permanecem atuais e vitais, os quais estão presentes em todas as escolas soviéticas de massa.

Todas as observações dos camaradas mais próximos em relação a este ou aquele ponto do livro foram acolhidas por mim com cuidado nesta segunda edição. Por estas indicações sou grato aos meus amigos e companheiros de trabalho.

M. P.
Agosto de 1925

A TÍTULO DE INTRODUÇÃO
(Sobre teoria e prática)

Enfrentando o trabalho pedagógico prático com parte significativa dos companheiros em reuniões, conferências, cursos, debates etc., no último ano, pude observar um fenômeno comum: o professor, penosamente, procura respostas para uma multidão de pequenos e detalhados problemas da prática, da metodologia, da didática e outros: "Como agir neste caso?"; "O que fazer na escola com isto ou aquilo?"; "De que forma ensinar aquela seção do novo programa?" etc.

Estudando centenas de apontamentos entregues em diferentes lugares e em diferentes momentos pelos professores em palestras pessoalmente, percebe-se que o magistério convive principalmente com estas questões práticas. A relação dos professores com a teoria é bastante indiferente, até fria, às vezes até mais do que fria.

Em essência, aqui, não há um menosprezo à teoria em geral. A explicação está em que todo o magistério ainda se apoia em velhas teorias pedagógicas que nos foram transmitidas como herança dos pedagogos burgueses, pedagogos reformistas pequeno-burgueses da escola "progressista" alemã ou americana.

No meio do magistério circulam ideias de Kerschensteiner, de Lay, de Dewey, de Sharrelman e outros mais, as quais se acomodam ao lado das novas ideias da escola soviética do trabalho. E aquilo que foi introduzido por nós na Rússia Soviética, o novo, é tomado como *correção* inevitável devida à Revolução para "purificar" as teorias pedagógicas, isto é, correções que não mudam os próprios fundamentos dessas teorias. Daí advém o indesejável ecletismo nas questões teóricas e a aparente certeza de que a teoria necessária já de há muito é conhecida e assimilada.

Por outro lado, também a própria teoria pedagógica é pensada pela maioria dos trabalhadores da educação nacional como algo que tem valor em si mesmo, que nasce da psicologia experimental, da pedagogia e da pedologia, como algo autônomo, cientificamente inerente ao próprio desenvolvimento destas.

Não há consciência clara do fato de que a pedagogia marxista pode e deve ser, antes de tudo, uma *teoria sociopedagógica* ligada às questões de desenvolvimento das relações sociais atuais, iluminadas pelo marxismo. E visto que esta consciência não existe, então a tentativa de compreender as questões da escola à luz do marxismo (e isso significa também à luz do comunismo) é vista, frequentemente, como uma "agitação a favor do poder soviético". "Nós agitamos bastante a favor do poder soviético" anuncia um bilhete típico, entregue depois de uma conferência sobre as finalidades da educação na nossa escola atual.

Desculpem, camaradas, mas a questão não está em agitar pelo poder soviético, mas em que *não há nenhuma questão escolar que esteja fora da política.*

> Nossa tarefa no campo escolar é a luta pela derrubada da burguesia, e declaramos abertamente que a escola fora da vida, fora da política, é uma mentira e uma hipocrisia.[1]

---

[1] Discurso de Lenin no I Congresso de Educação, em 25 de agosto de 1918.

Nós, ao longo de todo o nosso trabalho civilizatório, não podemos ficar com o velho ponto de vista da educação apolítica, não podemos colocar o trabalho cultural fora da ligação com a política.

Tal pensamento dominou na sociedade burguesa. Chamar a educação de 'apolítica' ou 'neutra' não passa de uma hipocrisia da burguesia, isto não é outra coisa senão enganar as massas. A burguesia que domina, ainda agora, em todos os países burgueses, entretém as massas exatamente com este engodo.

Em todos os estados burgueses constitui-se uma ligação extremamente forte do aparato político com a educação, *embora a sociedade burguesa não possa reconhecê-lo abertamente* (sublinhado por mim, M. P.). Entretanto, esta sociedade prepara as massas através da Igreja e por meio de toda organização da propriedade privada.

Não podemos deixar de colocar francamente a questão, reconhecendo abertamente, apesar das antigas mentiras, que a educação não pode ser independente da política.[2]

Bastam essas poucas linhas em que, como de costume, Lenin coloca a questão com nitidez, claramente e com evidente simplicidade, para compreendermos o quanto atualmente não podemos deixar nenhum problema escolar *fora das questões da política geral.*

Entretanto, e ainda frequentemente, utilizamos as velharias pedagógicas sem uma séria avaliação crítica delas. Nós admitimos, calados, uma série de "axiomas" recebidos por nós como herança dos tempos pré-revolucionários, tomando-os por algo absolutamente atual e procuramos receitas práticas sobre como introduzir neles "as correções da revolução".

Sem dúvida, nosso professor russo que, em comparação com a ideologia da escola tsarista, ainda ontem, considerava como

---

[2] Lenin, discurso na Conferência dos Educadores Políticos, 3 de novembro de 1920.

uma inovação todas as tendências pedagógicas americanas e europeias reformistas, ainda reforça tudo isso sem uma crítica séria, como se fossem tendências novas. Contra isto é preciso lutar.

Para trabalharmos na nova escola soviética de forma produtiva e criativa, é necessário esclarecer, com precisão, alguns aspectos para nós mesmos.

Primeiro, sem teoria pedagógica revolucionária, não poderá haver prática pedagógica revolucionária. Sem uma teoria sociopedagógica, nossa prática se transformará em mesquinharia metodológica, em diletantismo, em resolver problemas pedagógicos não com base em ideias gerais claras, mas ao acaso, pelo entusiasmo de um dado momento.

É preciso enfrentar com desconfiança e ceticismo determinados, todos os "valores" que nós herdamos da antiga escola. Todo o conteúdo do trabalho escolar deve ser, antes de tudo, *reavaliado* à luz da pedagogia social e *justificado* em função da escola soviética. Sem esta justificação prévia, é impossível perguntar, por exemplo, como deve ser ensinada esta ou aquela matéria.

Com efeito, antes de falar sobre os métodos de ensino de uma disciplina qualquer, é preciso, em primeiro lugar, demonstrar que ela é *inteiramente necessária* na escola soviética atual, depois, *por que ela é necessária*, e com base neste esclarecimento, estudar o que *exatamente deve-se dar* desta disciplina e, só depois, examinar *com quais métodos* isso será feito. E pode-se ter certeza, de antemão, que a resposta à questão do por que e do para que uma disciplina é necessária na nossa escola será diferente daquela costumeiramente dada antes na escola antiga.

Os objetivos e tarefas da Matemática na nossa escola (tomamos esta disciplina na qualidade de exemplo, mas isso serve para todas as disciplinas escolares) diferem daqueles aos quais nós nos habituamos na escola antiga. Estes novos objetivos e tarefas serão, a depender das finalidades gerais da escola, radicalmente diferentes dos objetivos pré-revolucionários. E se é assim, então o próprio conteúdo do curso, a ideia fundamental, por exemplo, do fusionismo[3] e da dependência funcional no curso de Matemática, encontra justificação (se inteiramente a encontra) não a partir do ponto de vista "puramente" metodológico ou da metodologia da Matemática como ciência, mas do ponto de vista das finalidades sociais da escola.

E assim, em todas as questões da vida escolar, a teoria nos dá *critérios* de escolha, avaliação e justificação de nossas atividades na escola. Sem o domínio destes critérios é impossível o trabalho criativo na escola; isto será como vagar sem direção, sem guia, sem consciência clara das finalidades que desejamos atingir.

Em segundo lugar (e isso deduz-se do que já foi dito), a teoria marxista deve ser assimilada como um instrumento ativo de *transformação* da escola, e é necessário *fazer uso* rigoroso dela no trabalho escolar. Na realidade, infelizmente, isso está longe de acontecer.

Nos cursos de requalificação de professores, mais de uma vez observa-se que todos escutam e assimilam a posição teórica e com ela até concordam plenamente, mas nem sempre entendem seu significado prático, não enxergam claramente as ligações entre a teoria e a prática. Como resultado, há frequente descontentamento com os cursos, porque eles não dão "*indicações práticas*". Isto acontece de forma muito especial nos

---

[3] Fusionismo: proposta didática que pretendia a completa fusão da geometria com a aritmética e a álgebra (com as disciplinas analíticas) que geralmente são dadas separadas. (N.T.)

cursos em que não se retiram da teoria conclusões imediatas para aplicação *prática*.

É evidente que na discussão também devem ser dadas indicações práticas, pois é preciso familiarizar-se com a experiência já acumulada, é preciso fazer uso do que já foi conquistado no campo da nova pedagogia. Mas se elas não são iluminadas com o aspecto teórico, em verdade, *se o professor por si mesmo não as ilumina com um ponto de vista geral,* então, tais indicações práticas transformam-se em *coletânea de receitas* de diferentes casos da vida.

A tarefa fundamental da requalificação ou simplesmente da preparação do magistério, não é de modo algum fornecer-lhe um conjunto de indicações práticas, uma espécie de "Martin Zadek" pedagógico,[4] mas ensinar *o próprio magistério a criar uma boa prática, com fundamento e com a ajuda de uma sólida teoria sociopedagógica,* e em fazê-lo avançar pelo caminho de tal criatividade.

Isto é especialmente claro pelo fato de que nossa escola é, principalmente, uma escola viva, ativa e não acadêmica, escolástica. Não podemos regulamentar e nivelar todas as escolas sem considerar a dependência delas de suas condições, isso contrariaria a própria essência da nossa escola. E se é assim, então uma boa prática em um lugar pode ser, em algum outro lugar, imprestável. E neste caso, significa que é preciso desenvolver ao máximo a criatividade pedagógica do professor, sem o que não criamos a nova escola.

---

[4] O "Manuscrito de Martin Zadek" foi escrito por Alexander Fomich Veltman (1800-1870) que era um escritor russo de ficção científica, tendo sido pioneiro no ramo deste gênero literário na Rússia. Esta utopia transcorre em um país imaginário chamado Bósfora, dirigido por Loann, que se dedica ao bem de seu povo. Martin Zadek não é uma invenção de Veltman. Ele é uma figura como Nostradamus, que faz previsões. (N.T.)

"Na maioria dos casos, os professores não são criativos, mas, sim, artesanais" – dizem alguns. "Não se pode exigir deles criatividade". Isso não é verdade, dizemos nós. Toda pessoa é em algum nível criativa, e é certo que todos nós somos criativos – *coletivamente*. É claro que um *professor isolado*, abandonado a si mesmo, quase não será criativo, mas o trabalho coletivo, a avaliação crítica do trabalho no coletivo de uma dada escola será criativa – e de fato, não pode deixar de ser. E a experiência das reuniões regionais do magistério já demonstrou isso.

Parece-nos que também o trabalho das escolas experimentais-demonstrativas precisa ser apresentado para o magistério, para que sua experiência seja levada em conta. Ele deve ser disponibilizado para os professores na forma de uma reelaboração crítica; deve guiar o trabalho com o magistério, não como um exemplo a ser atingido, mas partindo da crítica de exemplos e de sua experiência pedagógica específica, avançando para as questões mais gerais da teoria.

A experiência de cinco anos de trabalho na Escola-Comuna do Narkompros cada vez mais e mais convenceu este autor, um dos trabalhadores dessa escola, de que *por ora*, no presente estágio de desenvolvimento de nossa escola, as questões gerais da teoria são mais importantes (e sempre insuficientes) do que a prática obtida em sua forma pura.

Em terceiro lugar, a teoria pedagógica comunista pode tornar-se ativa na massa do magistério apenas quando *cada professor for em alguma medida um ativista social*. Isso nós absolutamente não herdamos do passado, o qual deu-nos, no lugar do conhecimento da sociedade, muito conhecimento escolástico, inútil, que nos deixou esmagados com seu peso, que nos arrasta para trás, impedindo-nos de criar livremente e de se libertar de um monte de preconceitos.

A campanha de requalificação do magistério leva em consideração, correta e perfeitamente, estas circunstâncias e já, há três anos, destina firmemente quase metade do tempo não tanto à requalificação, mas à preparação do professor no campo das ciências sociais.

Aqui é preciso especificamente dizer que, deixando de lado quão bem ou mal sejam conduzidos os cursos ou o próprio trabalho dos círculos de autoformação dos professores em um ou outro lugar, uma coisa será alcançada, ou seja, a *preparação do magistério, mesmo que parcialmente, na perspectiva marxista*. O domínio do método marxista é mais da metade da tarefa em relação ao domínio das ideias comunistas da educação.

Cada professor deve tornar-se um ativista social e não apenas professor do Primeiro Grau (ele já está solidamente convencido da necessidade disso); não somente professor de Sociologia do Segundo Grau (isto ele já sabe), ou mesmo qualquer especialista, seja matemático, físico, químico ou professor de ciências. Em relação ao Segundo Grau isto, infelizmente, está longe de ser totalmente assimilado. Infelizmente, dizemos nós, porque dentro de um ou dois anos, a experiência demonstrará que, sem isto, será impossível trabalhar na nova escola.

"Mas onde está, então, esta teoria?", pergunta o leitor. "O seu livro não contém uma teoria coerente, rigorosa e clara." Nós não nos colocamos, aqui, o objetivo de formular tal teoria sólida. Ela apenas agora está sendo desenhada no processo de interpretação marxista da prática escolar. Ela ainda não está escrita, ela apenas começa a revelar-se.

O presente livro não pretende ser uma exposição dessa teoria, ele nasce com base nas tentativas do autor de fazer um balanço e organizar sua prática pedagógica, no contato com a experiência da escola de massa. Aqui, tentamos apenas colocar uma série de questões escolares importantes, aproximando-nos delas do ponto de vista das nossas finalidades educativas. Nós não temos soluções e muito menos procuramos *resolver estes problemas, mas justamente colocá-los.* Com maior ou menor acerto, a colocação das questões aumenta significativamente as chances de sua *solução correta.*

Estas soluções nós devemos obtê-las, antes de tudo, como resultado fornecido intencionalmente pela ampla prática da escola de massa. O contato com a prática local mostrará que aqui ou ali uma escola encontra uma solução correta para esta ou aquela *parte* da questão. Isto é especialmente visível nas escolas que, graças às condições locais de seu trabalho, colocam-se como centro cultural ativo no seu ambiente. A vida externa, a sociedade soviética, as exigências da população, empurram a escola pelo caminho correto da solução das questões da educação. Os êxitos isolados de escolas específicas precisam ser reunidos em uma teoria interpretativa única e geral.

A ESCOLA DO TRABALHO DO PERÍODO DE TRANSIÇÃO[1]

O que é a escola do trabalho?

Como deveria ser a escola do trabalho no nosso tempo, a escola do longo período revolucionário da época da ditadura do proletariado sob o cerco imperialista? Assim e somente assim deve e pode ser colocada a questão sobre a escola hoje.

Com efeito, a escola não é algo absoluto como o magistério pedagógico pré-revolucionário às vezes ainda pensa a educação; a escola não pode ter finalidades educacionais *absolutas*, perenes e por elas promover a criação de uma personalidade harmônica e abstrata; a escola não encontra também, inerentemente no desenvolvimento da ciência sobre a criança (psicologia e pedagogia), um caminho para a concretização destas finalidades. A escola sempre foi, e não poderia deixar de ser, reflexo do seu tempo; sempre respondeu àquelas exigências que um dado regime sociopolítico colocou para ela e se não correspondesse

---

[1] Capítulo publicado anteriormente na coletânea *Escola-Comuna do Narkompros*. Moscou: Работник Просвещения, 1924. Para o presente livro ele foi redigido novamente e complementado. [A Escola-Comuna do Narkompros está editada em português pela Editora Expressão Popular: Pistrak, M. M. *A Escola-Comuna*. São Paulo: Expressão Popular, 2009. (N.T.)]

ao regime de seu tempo, então, este regime a eliminaria da vida como um corpo estranho.

Nos tempos pré-revolucionários, a escola naturalmente foi um instrumento nas mãos das classes dominantes. Não era do interesse destas revelar o caráter de classe da escola, pois elas eram minoria, uma pequena minoria, ainda que dirigissem a maioria segundo *seus objetivos;* e não é por outra razão que elas se colocavam o objetivo de dissimular esta essência, para evitar preparar a queda deste regime com sua própria ajuda.

Uma das tarefas básicas da revolução social consiste em esclarecer este caráter de classe da escola inserida em uma sociedade de classes e revelar esta natureza com a ditadura do proletariado. Desnudar os interesses de classe, acentua todos os problemas da vida como questões de luta de classes, esclarece e indica com precisão a tarefa social da classe vencedora, ou seja, a tarefa de educar as massas e assegurar o êxito da consolidação das conquistas e realizações revolucionárias.

A revolução deve fazer isto também em relação à escola, porque a escola é uma superestrutura ideológica e um instrumento ideológico da revolução. A questão sobre a escola do trabalho deve ser, portanto, colocada exatamente assim como ela está posta por nós acima.

Mas onde procurar respostas para a compreensão do que é a escola do trabalho? Nos embriões de escola do trabalho da Europa ocidental e da América? Haveria uma continuidade entre a escola do trabalho soviética e os ideais de escola até mesmo dos melhores pedagogos reformistas burgueses? Sobre continuidade aqui se pode falar apenas na mesma medida em que existe continuidade entre o regime burguês e a revolução proletária. Da mesma forma que o novo regime é gestado nas entranhas da velha sociedade como sua (da sociedade) contradição interna, assim também a nova escola pode ser ligada até com as melhores escolas antigas pela continuidade dialética, revolucionária.

Algumas concepções, terminologia, formas exteriores particulares podem ser herdadas e passar para a nova escola, mas *o conteúdo, a forma organizativa e as finalidades da escola devem ser novas*, pois, pensar a nova escola a partir das ideias e métodos da pedagogia burguesa (por exemplo, a questão do trabalho, da auto-organização) exige um novo colorido, uma nova interpretação e, portanto, estas ideias e métodos devem partir de novas finalidades educativas, e tais finalidades, em essência, resultam inteiramente das tarefas e finalidades da própria construção revolucionária. Finalidades estas que conduzem, fundamentalmente, à formação de uma pessoa que se reconheça a si mesma como membro de um coletivo internacional, isto é, a classe operária em luta contra o regime agonizante e por uma vida nova, por uma nova ordem social na qual não haverá divisão de classes sociais.

Concretamente, o trabalho consiste em que a nova geração compreenda, em primeiro lugar, em que está a essência do processo de luta que se apodera da humanidade; em segundo, que lugar a classe oprimida ocupa nesta luta; em terceiro, qual o lugar que deve ser ocupado por cada adolescente nesta luta; e em quarto, saber conduzir esta luta no seu próprio espaço e, ao desembaraçar-se dela, saber ocupar seu lugar na construção do novo edifício.

Em ligação com estas finalidades da educação comunista, a escola deve ter orientação definida, deve partir de ideias sociopedagógicas claras. Decorrente disso, dois aspectos (apenas formalmente divididos) *residem na base da escola do trabalho* do atual período:

1. Ligação com a atualidade; e
2. Auto-organização dos estudantes.

Nos últimos anos, várias vezes o pensamento pedagógico comunista esclareceu na literatura seu ponto de vista sobre o que se deve entender por *atualidade.* Formulemos aqui, resumidamente, mais uma vez.

Atualidade é tudo aquilo que na vida social de nosso tempo tem requisitos para crescer e se desenvolver, que se reúne em torno da revolução social vitoriosa e servirá para a construção da nova vida. Mas a atualidade também é aquela fortaleza capitalista contra a qual a revolução mundial conduz o cerco. Em resumo, a atualidade é o imperialismo em sua última fase e o poder soviético como ruptura no *front* do imperialismo, como brecha na fortaleza do capitalismo mundial.[2]

Estes dois aspectos devem ser estudados como eixos da atualidade. A atualidade deve ser compreendida como luta que se trava na brecha que foi aberta; toda esta luta será ampliada, exacerbada e crescerá enquanto a vitória não vem pela revolução. Todo o restante pode-se dizer que apenas *coexiste na atualidade,* mas não é a atualidade. São fragmentos do passado no presente. O radiotelegrafo e a cooperação, a eletrificação e a Internacional Comunista, os voos Moscou-China, os acontecimentos em Shangai são a atualidade. A religião, a lavoura de arado, a rotação camponesa em três folhas,[3] são fragmentos do passado.

A tarefa fundamental da escola é *estudar a atualidade, dominá-la, penetrar nela.* Isso não significa, é claro, que a escola não deva conhecer e estudar o passado coexistente; não, a escola deve fazer e fará isso, mas ela deve exatamente ter consciência clara de que são apenas fragmentos do passado, deve iluminar o passado com o ponto de vista da atualidade no sentido que

---

[2] Esta definição é tomada de V. N. Shulgin (veja *Fundamentos da educação social.* Moscou: Ed. Раб. Просв., 1924).

[3] Método de cultivo com rotação entre três plantas alternando-se no solo. (N.T.).

damos a esta palavra, ou seja, com o sentido de *luta* contra este passado, de transformação da vida na direção da liquidação deste passado.

Mas não se deve apenas *estudar* a atualidade. Isto, dirá o leitor, quase toda escola faz. A escola deve *educar* nos ideais da atualidade, a atualidade deve ser um amplo rio que *deságua* na escola, mas deságua de forma *organizada*. A escola deve penetrar na atualidade e familiarizar-se com ela, transformá-la ativamente.

Disso decorrem algumas deduções sobre a natureza do trabalho formativo da escola, isto é, do *trabalho que se refere ao estudo da atualidade*.

A primeira dedução é sobre o conteúdo do trabalho educativo. O ponto de vista da atualidade obriga-nos, fundamentalmente, a rever o material[4] educativo herdado da antiga escola, ao qual estamos acostumados, e desapiedadamente, jogar fora toda uma série de "disciplinas", "seções de cursos", seja porque obscurecem a compreensão da atualidade, seja porque não se referem ao fundamental, a algo propriamente importante na realidade, sem o que a atualidade não poderia ser compreendida suficientemente. Aqui, a questão se refere não apenas aos cursos de História e História da Literatura antigos, pois neste caso a mudança radical é plenamente compreendida; aqui, a questão também não está em negar o "classicismo" do nosso antigo ginásio.[5] Aqui, a questão é sobre a revisão de *todo* o conteúdo do trabalho pedagógico, sobre a inserção nele daquelas partes

---

4   Em russo, "материала". (N.T.)

5   A propósito, assinalemos que até 1919 foi a única instituição pedagógica "altamente científica" (associação científico-pedagógica) baseada em "dados da ciência" reconhecida como o melhor sistema de educação do classicismo. Exemplo característico de aplicação da "ciência" para enganar as pessoas pouco preparadas cientificamente, mas respeitando a ciência.

sem as quais a atualidade não pode ser corretamente esclarecida, inserir novas disciplinas que a escola antiga não conhecia, e jogar fora tudo aquilo que se pode facilmente passar sem, do ponto de vista do estudo da atualidade.

O enfoque marxista para os fenômenos sociais em História, o volume do curso de História necessário para a compreensão e explicação da atualidade, a Ciência Econômica, fundamentos da técnica, elementos da organização do trabalho, tudo isso deve entrar agora na escola. As Ciências da Natureza, Física e Química entrarão na escola com nova interpretação e com novas tarefas, isto é, tornando claros os fenômenos da natureza, principalmente com o ponto de vista de seu uso pelas pessoas na produção. A antiga concepção contemplativa da natureza deve ser afastada.

Até a Matemática pode facilmente despojar-se de tudo aquilo que, no entendimento dos antigos metodologistas, servia para "lapidar o cérebro" e dar flexibilidade ao pensamento (o que, aliás, a nossa Matemática elementar foi incapaz de fazer), e por outro lado, ela deve tomar emprestado, para a escola, muito das chamadas ideias da alta Matemática, sem as quais é impossível qualquer tratamento das disciplinas das Ciências Naturais modernas, que ganham na escola um caráter produtivo.

Todos nós, também pedagogos antigos, nos acostumamos com este lado velho do conteúdo do trabalho educativo, e também os novos, os jovens, mas que estudaram na escola antiga, têm que reavaliar todos os valores escolares. Não é fácil afastar-se dos velhos preconceitos, romper com heranças do passado. Aqui sempre se levanta a questão: "Como assim, significa que a criança vai deixar de saber isso ou aquilo?" "Teria ela, dessa forma, uma educação geral suficiente e completa?".

A questão da necessidade de uma revisão sobre o que é *agora* a educação geral, está fora de dúvida, é claro. O ponto de vista que estabelece nossa opção pela atualidade já manifestado, dá os marcos fundamentais para tal revisão, a qual continuamente tem lugar e é concretizada. Isso também explica as circunstâncias que fazem com que, até agora, nenhuma escola experiente tenha plenamente se distanciado do programa antigo, apesar de muitas delas constantemente, a cada ano, mudarem seu programa e fazerem revisão do conteúdo de seu trabalho educativo; a publicação dos programas do GUS[6] também consistiu apenas em uma primeira aproximação à solução desta tarefa, à qual, indubitavelmente, se seguirão outras tentativas mais precisas de se responder a esta questão.

A segunda dedução refere-se aos métodos de estudo do material educativo e das questões da educação.

O objetivo da escola não é apenas *conhecer* a atualidade, mas *dominá-la*. E aqui os métodos antigos de ensino são inúteis. É preciso tomar os fenômenos em suas relações mútuas, nas interações e dinâmica; é preciso demonstrar que os fenômenos da atualidade são parte essencial de um mesmo processo histórico geral de desenvolvimento; é preciso esclarecer a essência dialética do meio que nos cerca.

Mas isso não é possível senão pelo caminho da *unificação* do ensino ao redor de grupos de fenômenos como objetos de estudo. O problema da unificação do ensino, da concentração do ensino ao redor de um eixo – o sistema dos complexos de estudo – já recebeu longa atenção. A questão metodológica que agora surge, decorre não apenas de uma melhor compreensão e mais completa assimilação deste ou daquele conhecimento, mas da essência da tarefa, isto é, do estudo e conhecimento dos

---

6 Conselho Científico Estatal responsável pela organização dos programas de estudo das escolas, presidido por N. K. Krupskaya, ligado à Seção Científico-Pedagógica do Comissariado do Povo para a Educação. (N.T.)

fenômenos da atualidade em suas relações mútuas e dinâmica, isto é, de um enfoque marxista para a pedagogia.

A busca de métodos de "ensino unificados", os problemas da "concentração do ensino" foram extraordinária e fortemente examinados no pensamento pedagógico dos últimos anos. É um sinal dos tempos. Mas sob esta busca é necessário colocar o fundamento ideológico, é preciso claramente ter consciência do *para quê* se busca, com quais *finalidades* nos colocarmos o ensino unificado, para quê ele é necessário. Nós respondemos a isso dizendo: é necessário para podermos estudar corretamente a atualidade do ponto de vista da revolução social; para educar os que lutam pelos ideais da classe operária e os construtores da futura sociedade.

O estudo da dinâmica, da mutabilidade e da interação dos fenômenos leva ao problema da assimilação ativa ou passiva do ensino, à necessidade de aplicação dos princípios de pesquisa ao trabalho. Aqui também a escola procura intensivamente novos caminhos.

Nosso ponto de vista fundamental nos dá indicação da direção destas buscas; ela, como acima – na questão sobre o conteúdo da educação –, coloca os marcos fundamentais, não nos deixando vagar na escuridão.

Aqui nós passamos para a *terceira dedução*.

Tornou-se trivial a afirmação de que educação e ensino não se separam. Não pensamos, entretanto, que sob esses dois aspectos do trabalho da escola se tenha colocado um mesmo fundamento sociopedagógico, que o pensamento pedagógico tenha clareza da *finalidade* social comum a estes. Nosso ponto de vista, porém, dá claramente uma forma nítida a esta afirmação.

Já definimos a atualidade como sendo o imperialismo e a URSS. Mas a escola pode abordar a atualidade de duas formas: ou como um objeto externo de estudo, sem determinar a sua posição em relação a ela – e então teremos uma escola de ensino livresco, no atual sentido da palavra; ou então a escola deverá colocar para si a tarefa de identificar-se *como parte desta atualidade*, dirigindo a avaliação que cada estudante faz da atualidade para um *determinado lado*. Então, e só então, a escola *educará*, se ela não quer somente dar *possibilidades* para cada estudante, mas também obrigar cada criança a responder à seguinte questão: Que lugar eu, estudante, devo ocupar na atualidade na luta entre a reação e a revolução, entre o velho e o novo? Reduzindo as questões da atualidade a esta luta aguda, é preciso determinadamente introduzir na consciência das novas gerações que cada jovem será, ou melhor, *já é* um soldado no *front* da luta; que sua tarefa é armar-se cuidadosamente com conhecimentos para esta luta, estudar bem as armas do adversário e saber usá-las positivamente no sentido da revolução, saber lidar na prática com seus próprios instrumentos, isto é, com o conhecimento.

O proletariado mundial se arma para a luta. O trabalhador e o camponês russos seguram em um braço o fuzil para defender suas conquistas, as quais, em última análise, são as conquistas da revolução mundial, e em outro, a foice e o martelo para a lenta e obstinada reconstrução e recriação do que foi destruído e a construção do novo. Ele é tanto um lutador como um construtor na brecha do *front* do imperialismo. Cada estudante deve tornar-se um lutador e um construtor. A escola deve esclarecer a ele para quê, contra quem e por quais formas ele deve lutar, o que e como ele deve construir e criar.

Como conclusão geral do que foi dito em relação ao trabalho educativo, podemos resumir nossas considerações anteriores como segue: *sobre o conteúdo da educação*, ele é um instrumento de luta e de criação; *sobre os métodos de trabalho e organização do conhecimento*, eles são a habilidade para aplicar na prática estes instrumentos; e *sobre as tarefas de ensino no trabalho educativo*, elas são a transformação do conhecimento em convicção ativa.

Estas conclusões colocam uma base para a resolução de uma série de outros problemas da escola.

Aqui elas encontram sua fundamentação: 1) formação das bases da compreensão de mundo marxista, sendo que tal formação não deve ser nem abstrata, nem dogmática, mas *ativa*, nós diríamos *transformadora do mundo*, e isto está personificado na ideia do esquema do GUS;[7] 2) inclinação para o ensino pelo trabalho, que concretiza o conhecimento e dá a possibilidade do domínio dos métodos da ciência com objetivos concretos e definidos; isso dá lugar para o trabalho na escola; 3) a formação e orientação dos interesses da criança, isto é, aquilo que chamamos de *organização do domínio da vida*. Isso resolve a questão sobre a orientação do ensino no sentido estrito da palavra.

O marxismo nos dá não apenas a *análise* das relações sociais existentes, não somente o *método* para a análise da atualidade para revelar a essência dos fenômenos sociais e interpretar suas relações mútuas, mas também o *método de ação para a transformação do existente* na direção definida e fundamentada pela análise. A escola, por isso, deve *educar* no marxismo, deve fazer o possível para que os estudantes sintam organicamente o método marxista e sua eficácia. Claro que não é possível pensar que a escola dará uma completa e sólida fundamentação do marxismo científico e filosófico, que ela poderá reunir e sintetizar em um sistema coerente a visão de mundo materialista acumulada na experiência e hábitos dos estudantes. Mas se este objetivo último, esta conclusão de forma plena não é possível às forças

---

[7] Uma matriz de análise composta por três colunas desenvolvida pela Seção Pedagógica do Conselho Científico Estatal (GUS). A coluna central era destinada ao trabalho. À esquerda ficava outra coluna, destinada ao conteúdo da natureza e à direita outra, para o da sociedade. (N.T.)

da escola (para a idade do Segundo Grau), a escola pode e deve desenvolver e ensinar aos estudantes uma determinada *atitude frente ao mundo*, um enfoque para a vida, um acesso correto para os fenômenos sociais com o marxismo, ou seja, "uma intuição".

A questão sobre o trabalho na escola, como base da educação, deve ser colocada em ligação com o trabalho *social*, com a *produção real*, com a atividade concreta socialmente útil, sem o que o trabalho perderá seu próprio valor, a saber, o seu aspecto *social* e se converterá, por um lado, na obtenção de algumas técnicas ou mesmo hábitos artesanais, e por outro, somente em instrumento metodológico com a ajuda do qual esta ou aquela parte de um "curso sistemático" pode ser ilustrada ou ainda, passada por meio do laboratório. O trabalho será debilitado, esquartejado, perdendo sua ideia unificadora e sua essência.

Muito facilmente impregnada no vocabulário do professor, mas em alto grau falha, a expressão "processo de trabalho" já contém o conceito de uma colcha de retalhos de trabalho, subordinando suas partes individuais a alguns objetivos educacionais superiores.

A busca da ligação entre esta estufa artificial suportada pelo processo de trabalho e o ensino da "disciplina", anda à procura deste ou daquele "processo de trabalho" para uma ou outra parte de um curso, e rapidamente conduz a escola a um beco sem saída. Rapidamente a escola se desaponta com a salvação dos chamados "processos de trabalho". Mas isso não aconteceria se o trabalho não perdesse seu *chão*, isto é, sua essência social.

Um último ponto é a questão sobre a orientação dos interesses da criança, no qual consideramos necessário deter-nos detalhadamente. Precisamos, de uma vez por todas, liquidar um monte de preconceitos "científicos" os quais se mantêm tenazmente na pedagogia. Continuamente recebemos recriminações: "Vocês coagem a criança, vocês desconsideram inteiramente os interesses de uma certa idade, vocês esquecem a biogênese; a ciência demonstra que uma criança numa idade determinada se interessa por isto ou por aquilo, mas vocês querem impor a ela a política e a revolução social. Este é um assunto de adultos. A criança crescerá e ela própria procurará saber".

Seria ridículo negar, é claro, que em idades diferentes a criança reage diferentemente aos fenômenos externos, assimilando-os diferentemente. É evidente que cada idade tem suas particularidades e isso deve ser considerado, e muito seriamente, na escola. Mas da evidência destas especificidades gerais da criança até a aceitação da predestinação dos interesses da criança pela sua idade, há uma grande distância. Estas especificidades gerais do intelecto infantil constituem apenas a forma na qual se fundem os interesses da criança preenchidos pela vida externa, pelo meio social da criança, trata-se da forma na qual se incorpora um determinado *conteúdo*. Este conteúdo, em nenhum grau, depende das características fisiológicas do crescimento do cérebro; ele é inteiramente reflexo externo dos fenômenos da vida e principalmente daqueles que nascem das inter-relações sociais com as pessoas e são sobre elas construídos.

A escola está no *direito* de falar sobre formação e orientação dos interesses da criança numa determinada direção, se é que deseja *educar* a criança.

Nós não vemos nenhuma razão pela qual a escola deva tomar a psicologia da criança e seus interesses ocasionais atuais (que se constituem como produto das próprias diferentes influências do meio e da vida, influências de algum modo não organizadas e frequentemente contraditórias umas com as outras), e das quais ela deve unicamente partir e nelas basear seu trabalho. Nós não vemos porque a escola não deva tentar ela mesma, por meio do maior número possível destas influências, tomá-las em suas mãos, organizá-las em determinada direção e fundamentar seu trabalho com a criança já em uma base a qual a escola domina e possui. Nós, é claro, ficamos com a segunda.

Nesse processo, a orientação pela atualidade dá-nos também completa determinação da direção da formação dos interesses da criança, determinando aqui também as etapas do domínio organizado da vida.

Tudo o que foi dito permite imediatamente entender nossa posição com fenômenos da vida como a Juventude Comunista e o movimento comunista infantil, que nós consideramos fatores pedagógicos vigorosos. Isto está bastante claro no que foi dito antes e não é necessário que nos detenhamos nisso detalhadamente.

II

A questão da atualidade está ligada de forma estreita com a *questão da auto-organização das crianças* (autodireção). A ideia da auto-organização, é claro, não apresenta nada de novo, mas, aqui, como na questão da atualidade, é essencial e primordial o problema das finalidades da auto-organização na nossa escola soviética.

A pedagogia burguesa, pretensamente partindo apenas das especificidades psicológicas da criança na questão da auto--organização e expulsando a própria "política" da escola, na verdade apenas adaptou-se às exigências do seu regime social.

Os objetivos de classe, socialmente definidos para a auto--organização, sempre foram evidentes nas escolas americanas e da Europa ocidental, ainda que elas não os formalizassem como objetivos de classe. Nós não nos propomos, aqui, a demonstrar esta afirmação, já que ela é suficientemente reconhecida e natural do ponto de vista marxista.[8]

---

[8] Ver V. N. Shulgin. *Fundamentos da educação social.* Moscou: Раб. Просв., 1924.

Desde o início consideramos necessário apontar a questão do aspecto social da escola soviética e fixar as finalidades da auto-organização como finalidades ligadas com as tarefas da construção revolucionária.

Que tipo de pessoa exige de nós nosso período revolucionário atual, que será provavelmente muito longo? A esta pergunta podemos dar a seguinte resposta: nossa escola é de uma época de luta e construção, sendo que a construção se faz de baixo para cima, uma construção possível e exitosa apenas com a condição de que cada membro da sociedade tenha consciência clara do que é preciso construir (e isso nos dá a educação inserida na atualidade) e *por quais caminhos* esta construção se concretiza.

Este último exige o desenvolvimento de três coisas básicas: 1) habilidade de trabalhar coletivamente – habilidade de encontrar seu lugar no trabalho coletivo; 2) capacidade de abarcar organizadamente cada tarefa; 3) capacidade para a criatividade organizativa.

A habilidade para trabalhar coletivamente só se forma no trabalho coletivo. Decorre disso uma importante tarefa no campo do trabalho escolar. Mas a habilidade para trabalhar coletivamente significa, também, a habilidade de dirigir quando é necessário, e obedecer quando é preciso. A concretização deste objetivo deve refletir-se nas formas da auto-organização, pelo menos naquelas que forem possíveis, de maneira que *toda* criança deve passar através da direção e da subordinação nos órgãos de auto-organização.

A habilidade para conduzir organizadamente cada nova tarefa exige o desenvolvimento de habilidades de organização, exige que a criança tenha passado por diferentes formas organizativas. Isso pode ser atingido com formas de auto-organização mais flexíveis que se adaptam continuamente a uma nova tarefa. E se a escola não se fecha em si, se ela se envolve com a atualidade, ela constantemente se enfrentará a uma variedade extraordinária de tarefas.

A importância da criatividade organizativa para nossa atualidade nem precisaria ser demonstrada.

Os elementos desta criatividade podem ser desenvolvidos nas crianças apenas nas condições de suficiente liberdade e iniciativa nas questões de organização.

Mas todos estes objetivos de auto-organização não podem ser atingidos se ela for apenas uma brincadeira. É preciso, de uma vez por todas, firmemente estabelecer que as crianças e especialmente os jovens, não estão apenas preparando-se para a vida, mas *já vivem agora sua grande e verdadeira vida*. Eles devem organizar esta vida. A auto-organização deve ser para elas uma questão séria, grande e verdadeira, com obrigações e responsabilidades sérias. Aquele entendimento de que as crianças não se "preparam" para ser membros da sociedade, mas já agora o são, agora têm seus problemas, interesses, tarefas, ideais, e agora vivem ligadas com a vida dos adultos, com a vida da sociedade, não deve nunca ficar fora das vistas da escola, se ela não quer sepultar o interesse da criança para com a escola, como a *sua* organização e o *seu* centro vital.

Do nosso ponto de vista, a auto-organização, dessa forma, tem grande significação e fundamentação sociopedagógica; ela deve ter em vista as finalidades definidas e isto predetermina as relações da escola com a auto-organização.

Nós dedicaremos à auto-organização da criança um capítulo especial onde uma série de questões encontrarão seu correspondente esclarecimento. Indicaremos aqui apenas dois pontos os quais é preciso ter em mente e que determinam o entendimento correto da auto-organização.

O primeiro deles é o coletivo infantil. É preciso dizer definitivamente que sem a existência de um coletivo infantil nós não obteremos a necessária auto-organização na nossa escola. Uma reunião de crianças, que ocorre ocasionalmente na escola, e que por ser ocasional não é comum para elas e não congrega seus interesses, é claro, não é um coletivo infantil, mas é, por assim dizer, um monte de crianças, uma simples soma de unidades, mas não algo sistemático, integral. Como deve já estar claro do precedente, a escola deve formar, ampliar e dirigir os interesses da criança, criar dessa forma interesses *coletivos*, organizar e unir as crianças. O coletivo infantil cresce apenas com base em uma comunidade definida de interesses vivos.

A negligência com esta condição básica frequentemente conduz ao caminho errado, isto é, à construção da auto-organização de cima para baixo, pelo lado do professor, criando uma Constituição para a auto-organização infantil etc. Nisso baseia-se também o problema sobre a punição da criança, isto é, se podemos ou não punir, e que apoio dá aqui a pedagogia.[9]

Nós inevitavelmente também conduziremos o trabalho com o esquema do GUS para esta questão do coletivo infantil, se, claro, tivermos em mente não o simples ensino, mas a organização das ideias do esquema do GUS para todo o processo formativo-educativo da escola.

O segundo ponto são as formas de auto-organização. Sobre elas veremos mais detalhadamente adiante. Aqui, portanto, nós queremos sublinhar que, falando de auto-organização, nós temos em mente não apenas a constante autodireção escolar, mas também todas as ocasiões em que as crianças se organizam ao redor de alguma coisa e a realizam coletivamente. Seja isto uma excursão, sarau, exposição, recepção de um visitante, condução de uma enquete, realização de trabalho escolar etc. etc.

---

[9]   O autor voltará a examinar estas questões em detalhe no capítulo final dedicado à auto-organização. (N.T.)

Comumente sobre estes momentos cotidianos casuais de ordem organizativa não se fala e sobre eles não se coloca atenção. Mas eles jogam grande papel tanto no trabalho educativo como também no desenvolvimento geral da criança.

III

Nós delineamos aqui, em linhas gerais, as ideias que devem estar na base da escola do período de transição. Nos capítulos posteriores nós desenvolveremos aspectos específicos dos problemas escolares, mas a resposta às questões colocadas no início do capítulo, em essência, está dada por nós.

Os dois aspectos: *atualidade e auto-organização* determinam o caráter da escola do trabalho soviética; ambos decorrem de uma só ideia básica, de uma só compreensão marxista e revolucionária das tarefas da escola em nossa época histórica de desenvolvimento tão rápido.

A organização da escola nesta base cria para as crianças um ambiente sólido e saudável no qual se desenvolverá um espírito social forte, de trabalho, jovial e animado nas futuras gerações.

"Mas onde está o trabalho?" – perguntará o leitor. Nós conscientemente apenas de passagem tocamos nesta questão essencial (que parece tão importante) sobre "a ligação do trabalho com a ciência", pela qual se bate, não pela primeira vez, o pensamento pedagógico. Mas a resposta a esta questão é dada por tudo que foi dito acima. Retirar o problema sobre o trabalho da questão mais geral dos princípios organizativos da escola atual, isolando-o na questão sobre "a relação do trabalho com a ciência", significa irremediavelmente recusar-se, por pouco que seja, a ter uma solução aceitável deste problema.

Na nossa colocação geral do problema, o trabalho ocupa lugar fundamental, ou seja, o mesmo lugar que ocupa nas questões da atualidade. Com efeito, a atualidade pode ser definida, aproximando-nos da verdade, como a *luta por novas formas sociais de trabalho*. Aqui o trabalho está no próprio centro; e também na escola ele encontra-se no próprio centro. Ele penetra na escola como um elemento social e socioeducativo, unificando ao redor de si todo o processo formativo-educativo.

Mas na nossa prática da escola nós estamos tão confusos sobre a questão do trabalho na escola que ele necessita ser esclarecido em detalhe e em separado, colocando-o em uma perspectiva geral correta. Ao que parece, a questão sobre "a ligação do trabalho com a ciência", ou melhor, sobre a relação "ensino e processo de trabalho", a metodologia de sua solução só é possível com a solução correta dos problemas organizativos fundamentais e pelos caminhos indicados por esta solução.

O TRABALHO NA ESCOLA

I. A prática dos anos anteriores

A questão do trabalho na escola é uma das mais importantes. Entretanto, é exatamente a menos estudada de todas elas e a experiência de oito anos de existência da nossa escola soviética, em relação ao trabalho, é a menos considerada de todas. Mais que isso, em essência, a questão sobre o trabalho somente agora começa a ser colocada com formulação clara, nítida e exata.

Quando nos defrontamos com o magistério e ouvimos seus interesses e problemas, então se vê que a auto-organização, os esquemas e programas do GUS,[1] os problemas metodológicos, o sistema de complexos etc., são para ele extraordinariamente ardentes, enquanto que a questão do trabalho em si, por algum motivo, é relativamente secundária e menos emocionante.

O magistério do Primeiro Grau limita o trabalho a formas elementares, na verdade meio trabalho, meio jogo. A questão

---

[1] Conselho Científico Estatal responsável pela organização dos programas de estudo das escolas, presidido por N. K. Krupskaya, ligado à Seção Científico-Pedagógica do Comissariado do Povo para a Educação. (N.T.)

do trabalho, como um problema fundamental da escola, apenas se esboça para o professor comum do Primeiro Grau de ensino.

Em relação ao Segundo Grau, em parte, os professores têm relações esquemáticas para com o trabalho e, em parte, têm interesses "artesanais" em relação aos problemas dos programas escolares, no estrito sentido da palavra, os quais têm precedência sobre os interesses mais gerais em relação às questões básicas da educação, e também em relação ao problema do trabalho.

Apenas um punhado de escolas experientes do Narkompros e especialmente escolas experientes de províncias, penosamente, buscam resolver a questão do trabalho. Mas buscam frequentemente sem fundamentação suficiente sobre o próprio problema do trabalho, o que reduz fortemente o avanço em direção à solução correta da questão.

Mas este aspecto não poderá ficar por muito tempo no esquecimento. As novas tendências da pedagogia comunista cada vez mais colocam esta questão em primeiro plano e, para isso, há a necessidade, já agora, de preparar-se para sua apresentação em uma escala massiva. Mas, antes de tudo, é preciso pôr em ordem a prática que já foi acumulada.

Como se formulou a questão do trabalho desde a proclamação, entre nós, do princípio da escola do trabalho? Aqui podemos apontar três tendências básicas ou três etapas. Estas tendências desenvolvidas a seguir não apareceram em sua forma pura e não tiveram sua literatura teórica formalizada. Na prática, elas se entrelaçam fortemente e às vezes não se separam muito bem. Mas, dando uma olhada no último ano, pode-se facilmente observá-las e em alguns casos distinguir seus aspectos formais.[2]

---

[2] Nós falamos antes sobre estas tendências que se revelam na prática. A questão teórica sobre o trabalho foi colocada corretamente (em linhas gerais) na "De-

A primeira delas, que nós chamaríamos de "puramente pedagógica", copiou sua posição da formulação dos pedagogos reformistas burgueses. O enfoque básico aqui é dado desde o ponto de vista da metodologia do ensino. A questão coloca-se da seguinte forma: a escola tem, antecipadamente, algum programa de ensino definido, isto é, uma lista com alguma ordem daquilo que deve ser "passado no curso". O "curso" é dado com diferentes técnicas: por livro, excursão, laboratório etc. Mas, como a pedagogia nos ensina, além das impressões visuais e auditivas, é útil valer-se também, para a melhor assimilação do conhecimento, das habilidades motoras, e então, na metodologia de ensino do curso, intercala-se ainda o princípio da motricidade. Decorre disso o uso de modelagem, desenho, cartonagem, criação de variados modelos, trabalho manual em geral e o chamado "método do trabalho de laboratório", que se apresenta como se fosse uma nova técnica, mas que em essência não consiste em nada de novo e que é responsável também pela banalização do termo "processo de trabalho" na escola.

Esse ponto de vista foi renovado nos primeiros anos da revolução pela ampliação da compreensão do princípio da motricidade do desenho, modelagem e cartonagem, o qual também foi transferido para o trabalho físico que, no melhor dos casos, começou a ter caráter "produtivo" (no estrito sentido da palavra) quando se construíram algumas oficinas junto à escola.

O próprio enfoque dado ao trabalho se baseava na possibilidade de, em algum grau, ilustrar com o "processo de trabalho" o maior número possível de aspectos específicos de um

---

liberação sobre a Escola única do Trabalho" (outono de 1918) e as etapas para sua solução foram corretamente dispostas.

curso, obtendo trabalhos artesanais relevantes para usá-los no ensino de uma série de situações da Física ou da Matemática.

Por este caminho se procurava encontrar uma ligação "entre o trabalho e a ciência".

Descrevemos muito grosseiramente este enfoque e, na verdade, *por diferentes formas, ele foi modificado*, ajustado à atualidade, mas basicamente ele tenta resolver a tarefa de maneira estritamente metodológica e não coloca a questão do trabalho socioeducativo.

Na realidade, conseguiu-se que o trabalho entrasse na escola fragmentadamente, como uma colcha de retalhos, um mosaico; o trabalho perdeu seu valor e de, alguma forma, ficou pendurado ao lado da escola, ele servia apenas como uma espécie de manual de ensino.

Um aspecto determinante neste enfoque é o *programa de estudos*. O trabalho, então, se orienta pelo programa de estudos e a ele se subordina. O trabalho é quebrado, aqui, em "processos de trabalho" separados, não ligados por uma unidade interna.

Tal maneira de colocar a questão de forma alguma ligava "o trabalho e a ciência". O problema da ligação do trabalho com a ciência é substituído, aqui, inconscientemente, por uma tarefa mais estreita: "a ligação das disciplinas escolares de ensino com o processo de trabalho". Mas isso está longe de ser a mesma coisa.

Na prática, a questão foi reduzida à acumulação de experiência metodológica na relação de cada parte de uma disciplina escolar com algum processo de trabalho. A esperança era conseguir que *todo* o ensino escolar fosse feito desta forma, como se faltasse a necessária experiência. Mas rapidamente isso levou ao convencimento de que a tentativa de se resolver o problema do trabalho desta maneira extraordinariamente estreita, não podia ser coroada de êxito. Pouco a pouco, a agudeza do problema começou a enfraquecer e muitos, com o fracasso, afastaram-se totalmente do próprio problema.

Ainda mais difícil foi, nesta direção, resolver o problema do *trabalho produtivo*. A própria concepção em si sobre o trabalho produtivo na escola foi definida insuficientemente nos primeiros anos depois da revolução. A tentativa de reformar a antiga escola na direção indicada antes, com uma ruptura que produziria um conteúdo revolucionário na escola a partir daquela herança das ideias pedagógicas, sem dúvida, foi completamente infrutífera.

Uma segunda tendência de resolver o problema do trabalho, mais corajosa e um pouco mais inovadora, seguiu outro curso. Esta tendência colocou na base do trabalho escolar algum *trabalho de natureza global* e em base a ele tentou construir (na verdade acomodar a ele) o programa de estudo.

Uma das experiências mais características nesta direção foi o estabelecimento de oficinas escolares com base no trabalho de diferentes naturezas – mais de uma dúzia. Ali havia tipografia, encadernação, marcenaria com forja, eletrotécnica, costura e outras. O esquema de trabalho era pensado da seguinte forma: primeiramente, ocorre o trabalho na *oficina;* aparecem lá problemas científicos que são tratados no *estúdio-classe*; nele, acumula-se conhecimento e colocam-se questões mais profundas para o trabalho investigativo independente no *gabinete e no laboratório*.

Em teoria isso parecia muito coerente e indubitavelmente novo. Mas na realidade, revelou-se um obstáculo. Muito rapidamente viu-se que era impossível para um programa comum (e temos até os esquemas do GUS sendo usados apenas para reformar o antigo conteúdo dos manuais) orientar tudo pela oficina, o que em alguns lugares se transformou em um pântano. Como resultado, ou as oficinas deixaram de jogar qualquer papel e retrocederam para algum 3º lugar na condição de "clube" ou atividade livre, ou, e isto em alguns casos, as oficinas eram elas mesmas o próprio trabalho escolar em si, sem qualquer ligação interna real entre "trabalho e ciência".

Tais tentativas foram feitas em vários lugares com modificações mais ou menos consideráveis, mas não deram bons resultados. A causa do fracasso, aqui, tem na raiz a mesma circunstância da primeira tendência, ou seja, a colocação errada da própria tarefa.

A busca da síntese entre trabalho e ciência, aqui, como também antes, foi substituída pela busca no campo da metodologia da ligação do ensino com o trabalho artesanal, com a diferença apenas de que, no último caso, a linha do trabalho foi definida e com ele tentou-se construir também *por antecipado um dado programa de ensino escolar.* E visto que estas duas linhas – do trabalho e do ensino – não eram definidas por um princípio comum, mas cada uma caminhava por si mesma, então, era natural que sua ligação ocorresse apenas naqueles poucos pontos onde estas linhas ocasionalmente se cruzavam, e a tentativa de ligar estas duas linhas de forma contínua, em toda sua extensão, ou foi extraordinariamente artificial, guiada pelo voluntarismo, ou então inteiramente sem êxito.

Os professores céticos muitas vezes riram com estes insucessos de se "relacionar Pushkin[3] com a oficina de calçado" e com as ligações artificialmente extravagantes que se inventavam.

Além disso, a própria base do método tomou uma forma não desejada. As melhores oficinas, mesmo as da fábrica, se

---

[3] Poeta russo. (N.T.)

são tomadas apenas como um complexo técnico pelo lado estreito da produção, se extirpam delas a ligação com toda a economia soviética – se elas são introduzidas na escola sem a perspectiva geral da dinâmica da atualidade – vão debilitar a sua própria essência, ou seja, o trabalho perde seu caráter social. É natural, portanto, que nesta base limitada, não tenha sido possível construir novos programas e que esta base tenha se acomodado aos programas de tipo comum, porém sem que as duas metades se juntassem. A ausência do princípio social no trabalho – nós aqui temos em mente a ligação imediata do trabalho com a atualidade – força a introduzir na teoria da escola uma imitação da educação social, semelhante àquela, por exemplo, de que o trabalho produtivo na oficina educa o coletivismo, dá a possibilidade de a criança obter hábitos de trabalho etc. Tudo isso até certo ponto é verdadeiro, mas tudo isso é muito pouco para que se tenha o direito de falar em uma *educação pelo trabalho social.*

Dessa forma, a segunda tendência acentua o beco sem saída da insolúvel tarefa de sintetizar "Eugene Onegin[4] com limpeza de sapatos".

Uma saída simples da situação foi encontrada por uma terceira tendência, que é a mais difundida na prática. Ela em geral nem se coloca o objetivo de resolver o problema sobre o trabalho e a ciência; ela fez, como diz o provérbio alemão, da necessidade uma virtude, isto é, tentou fundamentar a posição de que o próprio problema não existe. Por esta via mais simples caminhou o jardim da infância, a colônia suburbana nos sovkhoz,[5] a horta etc.

---

[4] Personagem de um romance de Pushkin. (N.T.)

[5] Sovkhoz (советское хозяйство) grandes empresas agrícolas estatais. (N.T.)

A teoria desta tendência é bastante simples: o trabalho, qualquer trabalho, por si mesmo é um excelente princípio que educa. No trabalho resolve-se não a educação, mas unicamente as tarefas de ensino. O trabalho disciplina e organiza as pessoas. É preciso ensinar o amor e o respeito pelo trabalho em geral. O trabalho eleva a pessoa e lhe dá alegria. Educa o sentimento de coletivismo. O trabalho enobrece a pessoa. E por isso o trabalho por si mesmo – especialmente o trabalho físico, quase qualquer tipo de trabalho – é admissível e precioso como meio de educação. É um trabalho escolar em si mesmo. A busca da ligação entre ele e um trabalho particular não é necessária.

Se a relação existir em casos específicos, tanto melhor, mas se não, então isso não é um grande problema.

Tal ponto de vista um tanto anarquista e pequeno-burguês, em parte tolstoiano,[6] em parte um ponto de vista da "educação libertária", prevaleceu amplamente na prática. Por ele, se manteve o princípio do pleno autosserviço no jardim da infância, até a lavagem do piso e a lavagem de roupa pelas crianças pequenas; por ele criou-se com ajuda das mãos das crianças a grande horta, a preparação do campo, a tecelagem de cesta de verga, fizeram-se bancos, prepararam-se brinquedos de sucata etc.

O trabalho prosseguiu, sem mais delongas, pela linha de menor resistência.

Como resultado da experiência de todas as três tendências, como vimos, não obtivemos a solução da tarefa, mais que isso, seu fracasso produziu uma *quarta* tendência[7] nos últimos dois ou três anos e que se reduziu em geral à recusa do trabalho na escola.

---

[6] Tolstoi foi um importante escritor russo – Лев Николаевич Толстой (1828-1910).

[7] Nas questões e réplicas em palestras do autor sobre o trabalho, em diferentes lugares, muitos professores do Segundo Grau às vezes referem-se ao camarada M. N. Pokrovsky, o qual seria o apoiador desta quarta tendência, isto é, a recusa

Em nossa visão, a escola de massa está se reconstruindo e se fortalecendo depois dos anos terríveis de guerra civil e

da participação na atividade de trabalho. Aqui estão as objeções assumidas como arma contra o lugar do trabalho na escola pelo discurso de M. N. Pokrovsky:

"Se nós olhamos com atenção para a história do problema dos programas, então nós veremos uma tríade dialética: tese, antítese e síntese.

Primeiro foi o método do trabalho, quando se reconheceu apenas o método de ensino pelo trabalho e não se reconheceu o método de ensino pelo livro; quando era necessário estudar todo o meio natural, na oficina, mas o livro podia jogar um papel apenas de um último meio auxiliar e de última categoria.

Por este caminho foi-se bastante longe, e quando eu em 1918 propus colocar em um concurso um manual de História, isto foi visto com um sorriso e falou-se que era extremamente absurdo: para que um livro de História? Vamos ensinar diferente, vamos fazer maquetes, vamos reproduzir os momentos do passado de forma dramatizada etc. Esta é a tese.

Passados três anos, verificou-se que os recursos materiais e de pessoal eram insuficientes para este ideal e que ele não podia ser concretizado. Naturalmente, teve lugar a reação.

O programa elaborado há dois anos pelo setor de Educação Social não só foi um programa completamente livresco, mas teve muito pouco em comum com os métodos do trabalho. Pelo menos em relação ao programa de História, na organização do qual eu tomei parte ativa, eu posso dizer que não vejo como relacioná-lo com a escola do trabalho. Com a escola, sim, mas onde está o trabalho ali? Obteve-se um livro-programa, é verdade, útil para os professores, porque ajuda a pôr em ordem a matéria. Mas este programa procurou reviver antigos materiais, ridiculamente obsoletos, tão obsoletos que apenas graças a um hábito costumeiro sem fim pode-se tolerar tal obsolescência.

E a utilidade dele foi reconhecida, mas isto em comparação com o estágio anterior dos programas, ou seja, foi sua antítese. Agora, vejamos alguma síntese.

Aqui o estudo não parte do meio natural, não inclui em si o método do trabalho, e conduz-se pelo livro e programa, o qual tinha que ser esgotado, e nisso está um dos mais importantes obstáculos à efetivação imediata desse conhecimento na vida. Mas é compreensível que estes esquemas e programas sejam importantes materiais para discussão e debates de princípios, mas eles não são textos e esquemas obrigatórios, que o professor teria a qualquer custo que preencher com um conteúdo que ele não sabe onde pegar.

fome, mas até o momento o trabalho ainda desempenha nela um papel muito pequeno. *É só a partir de agora que se começa a falar seriamente do trabalho na escola.* O magistério, em sua melhor parte, toma decididamente os programas do GUS, mas estuda apenas a parte referente ao ensino. Existiria um grande número de escolas de massa onde o trabalho entraria como parte orgânica da vida escolar? Será que elas ainda se colocam a tarefa do trabalho? Infelizmente, muito poucas.

Isso pode explicar, por um lado, as tentativas fracassadas de resolver este problema, e por outro, o fato dos órgãos da educação nacional e a própria escola, agora, em primeiro lugar, jogarem suas forças em sacudir o material educativo da escola à luz da introdução do programa do GUS.

Isto pode explicar, mas não justificar.

A questão do trabalho precisa ser colocada de novo.

Na base, aqui, o que se coloca é o estudo do trabalho. Esta é a ideia fundamental." (Novos programas para a escola única. Gosizdat, 1923, p. 15-16. "Esquema do II nível". Conferência de M. N. Pokrovsky.)

Este, evidentemente, é um bom trecho para se aprender com os adversários do trabalho na escola, se inúmeros professores, independentemente de um ou outro deles, constantemente avançarem.

Mas se examinamos em essência esta citação, então fica claramente evidente que ela não contém inteiramente aquilo que nela se diz encontrar.

Primeiramente, nela se fala não sobre a história do trabalho, mas sobre a história dos *programas* e é claramente evidente que se fala aqui sobre programas de *ensino*. Segundo, não é difícil ver que esta tendência que nós chamamos de quarta, coincida quase que plenamente com a antítese do camarada Pokrovsky. Terceiro, na síntese do camarada Pokrovsky "a ideia básica" é o "estudo do trabalho". Nós colocamos antes a questão da mesma maneira, mas falando sobre o estudo do trabalho real das pessoas, incluindo também as crianças da escola entre estas, as quais de alguma forma também trabalham (no sentido social da palavra) e estudam, entre outras coisas, este seu trabalho.

Acreditamos que o camarada M. N. Pokrovsky também não pense que se possa fazer de suas palavras um instrumento de defesa do trabalho na escola. "Com a escola, sim, mas onde está o trabalho ali?"

O problema mais geral do trabalho da criança e da juventude no regime soviético ainda não está devidamente colocado em nosso período de transição da revolução social. Ele não está colocado até mesmo em relação ao coletivo infantil. Apenas nos últimos tempos, em conexão com o fortalecimento da luta contra o abandono e a criminalidade infantil, aparecem as tentativas de organizar o trabalho infantil coletivo para todo o sistema da nossa economia; nós penosamente exploramos nesta direção, por enquanto com poucos resultados positivos, o que decorre, talvez, em alguma medida, da nossa pobreza geral, como também da nossa pouca cultura.

O trabalho na escola, trabalho da escola, como um todo organizado, é apenas uma parte deste problema geral.

E até que este problema geral seja colocado completamente, não será possível também resolver até o fim a questão do trabalho na escola.

Mas a direção geral do trabalho na escola, as tendências fundamentais, podem ser agora identificadas.

II. A colocação do problema

Não há dúvida de que cada uma das correntes indicadas anteriormente tem seu valor, tem, em si, seu lado positivo, mas nenhuma delas, em separado ou tomadas em conjunto, é capaz de resolver o problema do trabalho na escola contemporânea, e isto simplesmente porque todas tomam o trabalho em sua forma abstrata, o trabalho em si mesmo, isto é, retiram do trabalho sua parte mais importante, que o une inseparavelmente com a atualidade. Assim como é impossível imaginar uma escola soviética fora da vida, isolada em si, e situada nas condições ideais, digamos, de uma ilha desabitada, também é impossível tomar o trabalho de outra forma na escola, que não seja como uma parte do problema geral do trabalho das crianças e dos adolescentes em todo o sistema do regime soviético, como *parte do trabalho social.*

Com esta colocação do problema, a questão da "relação entre o trabalho e a ciência" perde sentido ou, melhor dizendo, torna-se parte de um problema mais geral. A dificuldade com a relação trabalho e ciência só pode aparecer na situação do ensino isolar-se da educação. Nossa escola atual deve acabar com essa separação. O trabalho é parte da relação da escola com a atualidade, e nesta base o trabalho educativo e o de ensino desenvolvem-se como um todo único, inseparável. A questão fundamental da escola não é a relação mecânica entre o trabalho e a ciência (ou como se pensa mais dissimuladamente, entre trabalho e ensino), mas, tornar ambos, partes orgânicas da escola, isto é, da vida social das crianças.

Para resolver parcialmente esta questão nós desenvolvemos o esquema do GUS.

A ideia do esquema do GUS é organizar um enfoque marxista para o domínio da atualidade através da escola. Na coluna central do esquema do GUS está, portanto, a "atividade de trabalho das pessoas"; por atividade de trabalho, aqui se entende, não o trabalho em geral das pessoas,[8] o gasto da energia muscular e nervosa das pessoas, mas a atividade racional

---

[8] "Todo o trabalho é, por um lado, dispêndio, no sentido fisiológico, de força humana, e é nesta qualidade de trabalho igual, [abstrato] que ele constitui o valor das mercadorias. Todo o trabalho é, por outro lado, dispêndio da força humana sob esta ou aquela forma produtiva, determinada por um objetivo particular, e é nessa qualidade de trabalho concreto e útil que ele produz valores-de-uso ou utilidades. Tal como a mercadoria tem, antes de tudo, de ser uma utilidade para ser um valor, assim também o trabalho tem de ser, antes de tudo, útil, para ser considerado dispêndio de força humana, trabalho humano, no sentido abstrato do termo." Marx, K. *O capital*, Vol. I, Tomo I, Cap. 1, Seção 2: Duplo Caráter do Trabalho Representado na Mercadoria. (N.T.)

socialmente necessária que determina as relações sociais das pessoas. Em outras palavras, o trabalho é tomado aqui em seu valor social, como já foi referido antes, isto é, como base para a vida e desenvolvimento da sociedade humana.

Mas o esquema do GUS fala apenas do estudo da atividade de trabalho das pessoas. E isto não precisa ser entendido somente como o estudo do trabalho de fora da escola, apenas trabalho dos adultos.

Se a escola ficar apenas nestes limites, então ela perde momentos valiosos da *educação* pelo trabalho. A mudança que aqui é preciso fazer pode ser formulada assim: na base do trabalho escolar deve ser colocado *o estudo da atividade de trabalho das pessoas, a participação das crianças em alguma forma desta atividade e o estudo pelas crianças da sua participação nela.*

No trabalho prático das escolas com o esquema do GUS, por enquanto, este enfoque está quase inteiramente apagado. A atenção da escola até o presente momento concentra-se principalmente nas questões de ensino pelo programa do GUS. O trabalho foi na direção, primeiro, da escolha do material de ensino e, segundo, na organização do próprio ensino. A questão então da *educação* pelo esquema do GUS apenas começa a aparecer. Os próprios programas do GUS, nem em forma, nem em conteúdo, por enquanto, resolveram esta questão geral, eles ainda se constroem pela linha de menor resistência, isto é, como programas formais de ensino. É necessário posteriormente reelaborá-los levando em conta mais seriamente o aspecto do trabalho na escola, aliás, mais do que até agora se indicou.

Com este ponto de vista, é preciso colocar as seguintes questões:

1. Que forma e que tipo de trabalho podemos indicar na escola e para qual idade?

2. Qual aspecto de um dado tipo de trabalho deve ser colocado como centro da atenção e qual é seu valor relativo?

3. A relação entre um dado tipo de trabalho na escola e a atividade de trabalho das pessoas em geral, ou seja, a ligação social do trabalho escolar.

4. O trabalho e o programa escolar, isto é, como fazer a síntese entre o trabalho educativo e o de ensino.

5. Questões gerais de metodologia da educação do trabalho.

Como já falamos antes, o problema do trabalho na escola é parte de um problema social mais geral. Por enquanto, este problema mais geral não está colocado, não é possível pensar uma solução suficientemente completa para os problemas escolares. Portanto, para a primeira questão sobre "que forma e que tipo de trabalho podermos indicar na escola" não é possível dar uma resposta geral, que decorra de uma teoria geral da questão, mas apenas retomar aquela forma e tipo de trabalho que até agora praticou-se na escola, ou é acessível à escola no presente momento.[9]

Tais tipos de trabalho, para o presente momento, podem consistir no seguinte:

– Autosserviço pessoal e coletivo;

– Participação no trabalho social externo à escola, que não exige qualificação especial;

– Trabalho Agrícola;

– Trabalho produtivo na fábrica;

– Trabalho cuja natureza é de "serviço".

Analisaremos cada um em separado.

---

[9] Este livro está sendo escrito em 1924-1925. Neste momento, recém-saída de uma guerra civil, a Rússia ainda não tem um desenvolvimento industrial intenso, como se verificará ao final da década de 1920. Para verificar o estágio do debate ao final dos anos 1920, veja-se Pistrak, M. M. *Ensaios de Escola Politécnica*. São Paulo: Expressão Popular, 2015. (N.T.)

III. O autosserviço

Nos primeiros anos após a Revolução de Outubro, em muitas escolas, e principalmente nas escolas infantis, o pleno autosserviço foi assumido como um princípio. Nenhum funcionário técnico na escola – apenas as crianças e os pedagogos. E todos faziam por si: cozinhar, lavar a roupa, lavar o chão, rachar lenha.

Em relação ao autosserviço, é difícil dizer se tal princípio era mais resultado de nossa pobreza material ou uma penitência tolstoiana[10] em relação ao trabalho. Parece-nos que a necessidade foi mais forte na transformação do autosserviço em princípio e sob esta necessidade de recorrer aos braços das crianças cuidadosamente se colocou uma teoria. Esta página foi virada. A prática das instituições infantis, como um pêndulo, passou para outro extremo, em particular na prática da escola – o autosserviço começou a ser colocado em segundo plano, e foi quase completamente desalojado especialmente das escolas (claro que isso foi possível por motivos materiais).

Não somos partidários nem de um e nem de outro ponto de vista. O princípio do pleno autosserviço pelas forças das crianças pequenas ocorre em detrimento da saúde delas, afastando-as de seu trabalho de desenvolvimento geral – algo nocivo e, teoricamente, sem qualquer fundamento. Tal autosserviço, é claro, não dá uma noção "agradável" do trabalho. Isto em geral também não é necessário, pois o trabalho nas nossas condições está ainda muito longe de se tornar alegre rapidamente. Mas estas formas de autosserviço também não dão uma noção do trabalho como uma determinação essencial e um dever facilmente exequível. O

---

[10] Movimento utópico-religioso na Rússia no final do século XIX e começo dos anos 1920 que surgiu sob a influência da doutrina religiosa e filosófica de L. N. Tolstoi sobre a transformação da sociedade através da perfeição religiosa e moral. A exercitação do autosserviço era uma norma dentro do movimento. (N.T.)

trabalho torna-se um fardo pesado, às vezes pequenos trabalhos forçados, desenvolvendo um sentimento de aversão para com ele, o desejo de livrar-se mais depressa da obrigação desagradável, isto é, atinge-se em verdade um resultado contrário.

Por outro lado, nós não consideramos possível afastar-se de todo ou até mesmo da maior parte do autosserviço pela razão de que por ele pode-se e deve-se ensinar uma série de hábitos culturais sem a introdução dos quais seria também impossível sonhar com o "novo modo de vida" do qual tanto se fala neste momento. E o "novo modo de vida" é um dos passos mais importantes no caminho para uma nova cultura (mais corretamente, algumas de suas partes antigas até são para nós extremamente necessárias).

Dessa forma, é preciso examinar o autosserviço com este ponto de vista da luta por uma etapa superior ou, mais exatamente, como uma base para o desenvolvimento desta etapa superior do modo de vida cultural.

O autosserviço pessoal, isto é, o cuidado do corpo, dos dentes, do cabelo, vestimenta e roupa interior, das suas roupas de cama, dos livros, das penas de escrever, dos cadernos etc. deve-se tornar um *hábito* fortemente assimilado, uma *necessidade* sem a qual é difícil viver, a tal ponto sólida que em quaisquer condições seja impossível voltar a uma existência pessoal anti-higiênica e antissanitária. Isto, desde o ponto de vista social, é necessário para lutar contra as epidemias, focos de contágio, parasitas, doenças sociais, degenerescência etc. E este ponto de vista social – ponto de vista da luta do poder soviético contra a pesada herança de ignorância e de obscurantismo – é preciso colocar na base da introdução de um determinado círculo de hábitos de autosserviço pessoal. A formação dos hábitos assim definidos deve estar ligada de maneira estreita aos princípios da Cultura Física; cada hábito deve ser esclarecido e compreendido pela criança como um hábito fundamental na segurança social da saúde da população. Pouco a pouco, caminharemos para que a escola seja, ela mesma, enérgica partidária da ideia da segurança social da saúde da população ao seu redor e isto será uma das tarefas sociais essenciais da escola.

Isso é compreensível. Pois o êxito da propaganda sobre os cuidados com a saúde depende, quase que na mesma medida, tanto do nosso bem-estar geral, como também da preparação da juventude, na qual deve-se infundir a ideia desta propaganda. E, se a escola, que nos próximos anos terá todas as crianças da população passando por ela, infunde racionalmente em seus pupilos hábitos racionais de autosserviço pessoais, dando a eles o correspondente esclarecimento social, então, esta base necessária estará preparada, e junto com o crescimento do nosso bem-estar, nós poderemos testemunhar o grande desenvolvimento de um modo de vida racional.

Todos estes hábitos podem e devem estar ligados com os programas do GUS para os primeiros anos de ensino, os quais contêm significativo material que se conecta com o círculo de questões do autosserviço. Em relação ao trabalho com o programa do GUS, o autosserviço gradualmente é introduzido como um certo número de obrigações escolares que, cada vez mais, se amplia e se aprofunda, mas não deve, em nenhum caso, cessar junto com o término do complexo de estudo[11] correspondente. O trabalho do complexo sobre a segurança da saúde marca apenas o início do trabalho que corresponde ao autosserviço.

Todas estas coisas bem simples e bem conhecidas há muito são acessíveis à burguesia europeia e americana, mas sobre elas é preciso que se fale porque, frequentemente, especialmente a nossa juventude, quente nas palavras, na realidade considera isto

---

[11] Este conceito de "complexo" será retomado pelo autor mais adiante. (N.T.)

um "preconceito burguês". Não. Estas coisas nós ainda precisamos *alcançar* e nos igualar à burguesia europeia. E isto nós ainda não fizemos. Há quase sete anos nós nos "autosservimos" e não conseguimos conquistar coisas tão simples, como, depois de sete anos, não ter em nossas casas de crianças, percevejos, piolhos, sarna etc., e estabelecer que a manutenção da limpeza de seu corpo e da habitação são necessidades essenciais.

Para nós, nossa sujeira é pouco visível, mas ela é imediatamente capturada pelos olhos dos estrangeiros. Quando a delegação de trabalhadores suecos esteve em Moscou no verão do corrente ano, um dos colaboradores do *Pravda* perguntou ao secretário da delegação sueca, o trabalhador Sillen, qual defeito os convidados suecos viam em nós, o camarada Sillen respondeu: "à primeira vista, vocês são sujos..." (*Pravda*, n. 168 de 25/7/1925. "Despedida da delegação sueca". A. Z-b.)

A sujeira, a desorganização da vida cotidiana mesquinha, devem ser vencidas através da escola, racionalizando o nosso autosserviço; isso nós precisamos alcançar e é possível alcançar mesmo sem o princípio do *pleno* autosserviço, mas com condições de autosserviço racionalmente colocadas e socialmente esclarecidas.

O *autosserviço coletivo* reduz-se à limpeza dos quartos, à manutenção da ordem e da limpeza, à ajuda na preparação da comida e na sua distribuição. Não há necessidade de que *todos* os trabalhos sejam transferidos para as crianças.

Elas não dariam conta de tudo e fariam mal as tarefas, pois não são especialistas nelas (por exemplo, fazer comida seguidamente para todas as crianças). É preciso escolher, na dependência das condições de uma dada instituição infantil, aquela parte do autosserviço coletivo que cria hábitos de vida cultural coletiva. E aqui o que se deseja são aqueles hábitos e formas as quais não sejam fardos pesados e acima das forças delas, que possam provocar uma recaída inculta, mas sim aqueles costumes que cada um adquiriria como necessidade inevitável.

A vida coletiva ainda é algo grande e difícil para nós. Entretanto, é claro que ela, agora, é especialmente necessária. Aqui nós já nos referimos não apenas a uma *melhoria* do modo de vida, mas ao acesso a um *novo* modo de vida.

Se quisermos desenvolver a vida coletiva, os restaurantes sociais (Narpit),[12] os clubes, casas-comuna etc., então, devemos formar entre os jovens *não somente a habilidade, mas também a necessidade* de viver e trabalhar conjuntamente, sem dificuldades recíprocas, ajudando uns aos outros. Somente sobre esta base nós podemos atingir resultados na luta por uma nova vida.[13]

Nós não apenas não temos esta habilidade, como também não sentimos sua necessidade. Visite um restaurante de alimentação popular estatal, um clube, uma casa-comuna, enfim, um dormitório estudantil. Você verá não apenas a ausência de hábitos culturais de autosserviço pessoal, mas também a completa indiferença para com as questões de conforto geral e de interesse comum. Mais que isso, há até mesmo uma relação hostil para com os interesses comuns. Quase em nenhuma casa-comuna você encontrará uma organização geral correta da cozinha ou da lavanderia, sem brigas e disputas sobre o que fazer quando alguém não tem interesse em manter a limpeza e a ordem comum, apesar de cada membro individual do coletivo no seu quarto não cuspir, não escarrar no chão, não sujar e não defecar ao seu redor. Com efeito, a eliminação de todos estes costumes

---

[12] Narpit: alimentação popular organizada pelo Estado. (N.T.)

[13] Não é preciso indicar que a base para a nova vida (superior), antes de tudo, está no fortalecimento de nossa economia e sua reinvenção. Mas também, além da existência de uma base material determinada e as premissas materiais gerais, é preciso alicerçar a necessidade de seu uso na nova vida.

repugnantes e "preconceitos" são condições indispensáveis para a possibilidade de uma vida conjunta.

O costume de viver juntos pode e deve ser formado entre as crianças no autosserviço coletivo, novamente esclarecendo sua necessidade e utilidade do ponto de vista social, levando até a consciência da criança que nestes princípios insignificantes reside grande valor cultural *para a nova* vida.

É preciso, portanto, abordar o autosserviço pessoal e coletivo com um enfoque social.

Mas, além disso, é preciso não se perder de vista – e isto não é menos importante – também a explicação científica dos diferentes processos de trabalho. Geralmente, nós não nos colocamos esta questão. Lavamos, limpamos, varremos, mas será que perguntamos por que fazemos isto, e como poderíamos tornar tudo isso mais fácil, mais higiênico, melhor etc.? É preciso suscitar todas estas questões entre as crianças, e dar-lhes respostas; é preciso que o pensamento da criança atue na direção da explicação científica da questão do autosserviço.

Se tomamos a parte específica do autosserviço na maioria das instituições infantis, vamos ver que ele é conduzido sem racionalidade. Varrer o chão, por exemplo, faz-se não com o objetivo de limpar a poeira do recinto, mas para restaurar a aparência de limpeza, a limpeza estética. Nós levantamos com a varrição uma tal poeira que, por favor, mais proveitoso para os pulmões seria não varrer; as crianças ajudam no cozimento dos alimentos na cozinha, mas nenhuma delas, nem a cozinheira, têm preparação sobre nutrição desta ou daquela seção de gêneros alimentícios, e por isso, jogam no lixo às vezes as partes mais ricas em vitamina, deixando as menos proveitosas etc. Entretanto, estas questões sobre a nossa *relação com o trabalho no autosserviço, têm importância social.*

Seria incorreto se pensássemos que, por esta razão, devemos recusar o autosserviço, que esta forma de trabalho é antiga e que ela será substituída proximamente por formas mais modernas de refeitórios coletivos, lavanderias coletivas, creches etc. Não podemos esquecer que todas estas coisas bonitas estão longe de ter rapidamente uma distribuição *massiva*; não se pode esquecer das cidades pequenas e do campo onde vive uma enorme parte da população e onde esta organização se desenvolverá em último e muito distante lugar. Até então, nós teremos mais de uma geração passando pela escola. E, claro, mesmo a existência de instituições sociais de semelhante tipo não nos libertará de um mínimo de autosserviço. Devemos, além disso, lembrar que o controle social do funcionamento de instituições de semelhante tipo será racional apenas nas condições em que as próprias pessoas se interessem conjuntamente por estas instituições, dominem elas mesmas a organização racional destas funções sociais.

O autosserviço tem, dessa forma, grande importância. Por ele podemos de fato educar a necessidade de hábitos culturais e, talvez, através das crianças introduzi-los na família. Para isso, não é preciso dar autosserviço em tal quantidade que leve ao aparecimento de resultados contrários aos desejados. Mas também não é preciso de forma alguma bani-lo completamente das instituições infantis, e sim abordá-lo do ponto de vista da importância e da necessidade da questão nas relações sociais.

Com esta colocação o assunto torna-se uma questão exclusiva de preparação pessoal meio educativa, meio técnica, que se enfrenta diretamente no terreno do autosserviço com a criança. Nós vamos precisar preparar diaristas, lavadores de louça, cozinheiras, zeladores etc., e temos que colocar a questão de sua preparação e treinamento.

Sentimos realmente que ainda não temos estas necessidades, ou melhor, que elas ainda não podem ser satisfeitas, isto é, nós somos demasiadamente pobres para isso.

IV. Trabalhos sociais sem qualificação especial[14]

A segunda forma de trabalho que pode ser usada na escola é o trabalho de caráter social que não exige uma qualificação especial. Esta forma de trabalho pode ser considerada como uma ampliação posterior do autosserviço.

Partindo da mesma ideia básica da significação social do autosserviço, podemos e devemos induzir as crianças a toda uma série de tarefas como, por exemplo, a limpeza e a conservação da ordem dos jardins e de parques comuns, arborização (dia da floresta), a conservação de monumentos naturais etc.

Essas tarefas não serão necessariamente constantes nem mesmo periódicas, e frequentemente serão eventuais, e esta é uma razão a mais para induzir as crianças a cumpri-las, esclarecendo para elas o sentido social destas tarefas. Em relação a elas, podemos estimular a participação nos sábados coletivos em alguma empresa ou nos quartéis, na preparação de clubes de operários ou de jovens em ocasiões festivas, na organização de campos de esportes etc.

Nos últimos dois anos a prática indicou muitos exemplos desses trabalhos, particularmente a prática do trabalho social nas fábricas e distritos industriais (para esta ou aquela campanha política), na colheita e ornamentação de clubes, salas de leitura, refeitórios etc. Aqui e ali aparece a prática de se assumir na escola trabalhos com jardins, parques, bosques etc.

Em relação a isso, a província é mais rica em possibilidades do que a capital ou a grande cidade, porque lá a escola é um centro cultural visível e de grande importância; a possibilidade de utilização da escola salta aos olhos.

---

[14] Este termo está traduzido literalmente a partir do que o autor usa: "bez kvalifikatsii" ou "sem qualificação". (N.T.)

Aqui, diga-se de passagem, grande lugar será dado ao trabalho no campo da higiene social e da segurança da saúde. Nesta direção, a escola do campo é bastante acessível.

Todas essas formas de trabalho sem qualificação especial, fora das paredes da escola, organicamente transformam-se em *trabalho social da escola* como tal, como centro cultural.

Apesar disso, para nós, trabalho social da escola é muito mais amplo: ele inclui não apenas o trabalho sem qualificação especial. Nós nos detivemos neste pela razão de que esta forma de trabalho é acessível à maioria das crianças em idade inicial, ou seja, quase todas as escolas do Primeiro Grau.

Para o êxito do desenvolvimento de tal tipo de trabalho de forma adequada, entretanto, não basta apenas organizá-lo unilateralmente pela escola. É necessário que nossas organizações estatais e sociais, que os órgãos do partido e da economia compreendam quão grande pode ser aqui o papel da escola e tenham grande iniciativa na questão, aproveitando a escola para tal tipo de trabalho. A iniciativa aqui deve ser recíproca.

Naqueles lugares onde a instituição social compreende isso, abre-se realmente para a escola um grande campo de trabalho. Particularmente, nós observamos isso nos Urais, em regiões industriais.

Aqui e ali esta ideia começa a penetrar também na região central (nós falamos das instituições sociais). Assim, por exemplo, no zoológico de Moscou utilizam a escola para este trabalho, organizando ao redor dele o correspondente círculo de Ciências Naturais. Mas todos estes inúmeros fatos estão longe de ser suficientes. É preciso que a ideia da educação social penetre fortemente na massa mais ampla da população e entre os órgãos estatais e sociais.

É preciso que cada cidadão veja a escola como um centro cultural que pode envolver-se nesse ou naquele aspecto da vida. A escola deve conquistar para si o direito de ter controle social deste ou daquele campo da vida, o direito e a obrigação de envolver-se com este ou aquele fenômeno, a obrigação de modificar ativamente a vida em uma determinada direção.

Nossa escola se tornará viva quando esse ponto de vista for usual e universalmente aceito.

Mas voltaremos especificamente a essa questão em outro contexto.

V. As oficinas

A questão das oficinas escolares desperta, mais que tudo, debates e disputas o tempo todo. As oficinas escolares têm também uma grande difusão em nossa escola, apesar de, em verdade, terem comparativamente pequenos resultados.

A questão das oficinas na escola passou por alguns estágios de desenvolvimento e merece atenção especial.

Quando foram proclamados os princípios da Escola do Trabalho depois da Revolução de Outubro, especialmente depois da Deliberação da Escola Única do Trabalho[15] (no outono de 1918), na qual se falava sobre o trabalho produtivo na escola, as oficinas escolares surgiram naturalmente como uma das ideias que prevaleceram. É como se ela por si estivesse à mão do professor.

As escolas e as instituições infantis lançaram-se a instalar e organizar diferentes tipos de oficinas escolares; a escola do trabalho não podia ser pensada de outra forma.

O desenvolvimento das oficinas escolares, que exige meios que quase não existiam, contribuiu, entretanto, para a desor-

---

[15] Sobre estes princípios ver documentos incluídos como anexos na publicação: Krupskaya, N. K. *A construção da Pedagogia Socialista*: escritos selecionados. (Freitas, L. C. e Caldart, R. S. organizadores.) São Paulo: Expressão Popular, 2017. (N.T.)

ganização em nossa indústria, e para a interrupção de muitas fábricas e pequenas empresas, de onde se podia tirar todos os ferramentais, instrumentos, peças e toda sucata.

No Comissariado do Povo para a Educação, na seção da Escola Única, existia até uma subseção especial da escola do trabalho, a qual tinha a tarefa, por um lado, de desenvolver a questão metodológica, e por outro, ajudar materialmente na instalação e organização das oficinas escolares.

Também é preciso dizer que com a nossa escassez de recursos na educação nacional de então (época da NEP)[16] o impulso de desenvolvimento das oficinas escolares foi bastante significativo.

Mas este entusiasmo não foi muito longe; já em 1921 ele começou a cessar e agora quase está interrompido na escola de massa.

Como a escola vê a oficina, por que a escola aos poucos se afastou das oficinas, e isso seria correto?

Como já indicamos antes, existiam duas tendências na questão do trabalho escolar – uma mais e outra menos progressista, se assim podemos dizer – as quais colocaram grande esperança nas oficinas. Esta esperança nas oficinas com o objetivo de educar pelo trabalho, como vimos, não se justificava. A colocação da questão sobre o trabalho escolar de forma incorreta e estreita, rapidamente conduziu o professor a um beco sem saída. A oficina com tal formulação não podia ter êxito; ela só podia jogar um papel secundário, subordinado.

Por outro lado, a ausência da desejada preparação do professor colocou-o às vezes em uma posição difícil. Ele não sabia como trabalhar na oficina, não sabia usá-la e não tinha nenhuma

---

[16] Nova Política Econômica – utilizada pela União Soviética na década de 1920. Foi adotada em 14 de março de 1921 no X Congresso do PC (b), substituindo a política do "comunismo de guerra", realizada durante a Guerra Civil. Seu objetivo era restaurar a economia para posterior transição ao socialismo. (N.T.)

experiência e conhecimento técnico e artesanal. A isto se junta a quase completa ausência de preparação do pessoal da indústria nas relações pedagógicas, por pequena que fosse, para poder não só ele mesmo trabalhar, mas também administrar o trabalho das crianças nas oficinas pedagógicas.

Não sem consequências, verifica-se também que a oficina não dispunha de um plano técnico definido e não era selecionada por qualquer motivo pedagógico. Tomou-se aquilo que se tinha à mão, que já não estava bom, e que poderia ser transferido para a escola. Dessa forma, aconteceu às vezes que nas instituições infantis e na escola de Primeiro Grau se aceitasse equipamento bastante complexo de uma produção específica qualquer, e não instrumentos simples para pequenos reparos "domésticos".

Se juntamos a isso a inexistência de recursos para materiais, suprimentos e manutenção dos equipamentos, então nós temos um cenário das principais razões de caráter material e não material que não permitiram que as oficinas se desenvolvessem mais ou menos solidamente na escola de massa.

Os programas do Narkompros de 1920-1921 (chamados de programas modelo e programas de sete anos) quase não continham indicações relativas às oficinas. Com isso, por exemplo, na maioria das escolas, com o tempo, propôs-se a volta unicamente ao estudo; aos poucos o melhoramento da posição material das escolas e do professor fortaleceram mais ainda esta volta. A questão das oficinas por si mesma atrofiou-se. Além disso, em conexão com a orientação de se ligar a escola com a atualidade, pode-se ouvir opiniões de que as oficinas artesanais não tinham mesmo lugar na escola atual, a qual deveria ligar-se à grande indústria e que o trabalho artesanal, como trabalho que desaparecerá, não era necessário.

Não negando a importância da ligação da escola com a grande indústria, mais que isso, sendo partidários ardentes disso, nós continuamos a acreditar que na questão sobre as oficinas cometeu-se um erro. As oficinas *são necessárias* na escola, elas devem ter grande participação orgânica na educação do trabalho, se nós não desejamos *limitar-nos na escola apenas ao estudo* da atividade de trabalho das pessoas.

Sem dúvida, se quisermos que as crianças compreendam verdadeiramente o que é a técnica da grande indústria, então não será suficiente que elas apenas *vejam* a grande produção ou até mesmo *leiam* sobre ela. Elas devem sentir o material em suas mãos, devem verificar com seus próprios olhos o grau de perfeição desta ou daquela forma de sua elaboração, devem claramente por si apresentar o *caminho de desenvolvimento* tanto das máquinas-instrumento, como também das máquinas-motrizes. Para que compreendam a essência da divisão do trabalho, é preciso tomar parte nela mesma. Para compreender o trabalho de uma máquina, é preciso sentir a essência dos problemas da produção mecanizada.

Tudo isto a oficina artesanal pode propiciar.

Além da obtenção direta de hábitos na oficina que dão uma outra visão plenamente ativa e não apenas contemplativa das técnicas da produção, a oficina deve ser o ponto de partida de uma série de fios que conduzem à produção. E estes fios definem o interesse *ativo* das crianças.

Não se pode também negar o lugar importante que o artesanato ainda tem nos tempos atuais em nossa produção. Isto ficou bastante claro na abertura da XIV Conferência do Partido Comunista.

O trabalho na oficina escolar pode ser ligado ao estudo dos ofícios artesanais da cidade e do campo, ao seu valor específico no sistema econômico, à ideologia do artesão etc. Aqui, a oficina já não será uma etapa elementar da grande produção, mas um campo imediato de experiências e de comparações.

Mas, para que a oficina possa ser um estágio sólido para a produção, para que a produção não se torne um objeto externo de estudo, mas uma necessidade essencial que corresponda aos interesses das crianças, a oficina escolar deve satisfazer uma série de exigências.

Em primeiro lugar, deve-se escolher aquelas oficinas que elaborem material importante e variado em relação à tecnologia e à vida cotidiana ou, simplificando, aos ofícios mais difundidos.

O sentido desta exigência é para não dar à criança hábitos estreitos com os quais ela não teria nada a fazer com a ampliação do círculo de interesses da escola em direção à grande produção. Desde este ponto de vista, é preciso que nos manifestemos a favor das oficinas onde se trabalhem os metais e a madeira porque, além da ampla difusão destes materiais, eles têm importância também como matéria-prima para preparar instrumentos e ferramentas de todo tipo, isto é, para a produção de instrumentos de trabalho e ferramentas simples de produção.

Para as crianças menores (1º, 2º e, em parte, 3º ano do Primeiro Grau), tais materiais podem ser também o tecido, o papel, o papelão. Isto corresponde bastante aos interesses das idades menores.

Em segundo lugar, o ferramental e os métodos de trabalho na oficina devem ser os mais variados possíveis. Do ponto de vista técnico, esta exigência é importante pelos seguintes motivos: as ferramentas de trabalho da maioria dos materiais, em sua ideia fundamental, reduzem-se a um número muito limitado de ferramentas simples; a variedade deles depende principalmente da forma de utilização e adaptação frequentemente de uma mesma ferramenta simples ao processamento de um dado material. O cinzel, o formão, a plaina, a garlopa, a faca, o machado etc., basicamente são diferentes adaptações da cunha. Mas quanto maior for a variedade do ferramental, mais dados o estudante terá para assimilar o conceito de mecanização, mais facilmente ele sentirá em que está a essência da máquina, sobretudo se ele, por experiência própria, trabalha com diferentes ferramentas.

Familiarizando-se com um instrumental complexo, o estudante compreenderá facilmente a exigência que a natureza do material coloca e quais formas de processamento devem ser aplicadas nele; ele conhecerá a natureza dos diferentes tipos de processamento de um mesmo material para diferentes tarefas (plaina, ajuste, encaixe em marcenaria, por exemplo) etc. Tendo tal estoque de hábitos, que facilmente são generalizados para um círculo mais amplo de materiais, o estudante já não terá dificuldade para passar para a maquinaria, isto é, para algum tipo de produção mais complexo. Com isso, esta passagem será fortemente ligada com o interesse do estudante pela técnica da produção, já colocada pela própria oficina.

É mais desejável ter oficinas nas quais existam pelo menos algumas máquinas básicas e nas quais o trabalho em alguma medida estimule o estudo das técnicas da grande produção, especialmente se nas máquinas existe alguma instalação de energia. Tal tipo de oficina, na maioria dos casos, pode dar incentivo para introduzir na escola aperfeiçoamentos próprios na direção da mecanização da produção.

Desse ponto de vista, é muito útil na escola a oficina de metal e madeira e completamente sem serventia, por exemplo, a oficina de costura e sapataria etc.

A terceira exigência é que a oficina deve dar ampla possibilidade de a criança criar tecnicamente. Em outras palavras, os tipos de objetos preparados numa dada oficina devem ser, tanto quanto possível, numerosos; é preciso ter a possibilidade de variar e de combinar os materiais de diferentes formas, em função dos mais diferentes objetivos.

A principal ideia aqui consiste em que se deve dar ampla liberdade para o desenvolvimento da criatividade técnica. Desde esse ponto de vista, não há utilidade, por exemplo, na oficina de sapataria a qual dá a possibilidade de fazer, com um conjunto de instrumentos simples, apenas um sapato, ainda que de diferentes tipos. Significativamente mais variada, por exemplo, já é uma oficina de papelão, e ainda incomparavelmente mais amplo é o campo de ação aberto por uma oficina de marcenaria ou uma serralheria. Isto se deve, é claro, ao fato de que estas últimas podem não somente produzir objetos de consumo, mas também os mais variados tipos de instrumentos de produção.

Nós damos grande importância a este último aspecto – a criatividade técnica. Toda a criação, inclusive também a científica e artística, é a aptidão para combinar subconscientemente os elementos constitutivos que entram no produto final da criação e a escolha intuitiva, dentre um grande número de possibilidades de combinação, de apenas algumas mais acertadas. Qualquer pessoa possui aptidão para criar em maior ou menor grau e a escola deve desenvolvê-la por todos os meios, e a isto deve conduzir também todos os novos métodos de trabalho escolar baseados na atividade e na pesquisa. A criação técnica, a aptidão para criar, está longe de ocupar o último lugar entre os diversos tipos de criação relacionados entre si. Ela é especialmente importante exatamente em nossa época de intensa construção e *criação* dos fundamentos de um novo regime social. Reinventar nossa economia em um novo tipo, recriá-la para que ela comparativamente nos próximos anos possa ultrapassar o ritmo do progresso técnico da Europa ocidental e da América, será possível somente quando nós tenhamos uma juventude ativa, curiosa e criativa desenvolvida (criatividade técnica) a qual melhor, mais rápida e mais solidamente do que nós, construa um novo mundo.

O problema de atrair as amplas massas para o aperfeiçoamento técnico da produção, para a invenção e melhoria, é um problema não apenas de desenvolvimento técnico, mas também do desenvolvimento em geral das habilidades de organização e criação junto às amplas massas. Isto é especialmente importante em nosso período de transição, no nosso regime social.

Todas as três exigências que foram apresentadas para a oficina escolar, como é fácil constatar, estão fortemente ligadas entre si, entrelaçando-se mutuamente umas com as outras.

As oficinas que atendem a estas exigências, como vimos, são as oficinas que trabalham com metal e madeira. Para os grupos mais novos do Primeiro Grau, pode-se usar o trabalho com tecido, papel, papelão e madeira compensada, de acordo com a idade e com o círculo de interesses das crianças.

A madeira e os metais, além de sua importância como materiais de construção, mesmo no cotidiano doméstico, são materiais básicos para a criação de ferramentas de produção; quase não há produção na qual não se tenha oficinas auxiliares de madeira e metal. A familiarização com o trabalho em madeira ou em metais é uma introdução ao politecnismo, é a base do politecnismo.

A oficina será utilizada na escola, antes de tudo, para os estudantes adquirirem hábitos de trabalho bem definidos, necessários e importantes para a educação geral. A utilidade destes hábitos em nosso país com condições de vida bastante simples, dificilmente será excessivamente sobrevalorizada.

Não negamos também um outro aspecto útil das oficinas, ou seja, sua eventual utilização em relação ao estudo. Dito de outra forma e melhor, não negamos seu papel em relação ao ensino, ao qual, no passado, deu-se importância predominante, quase uma importância exclusiva, conforme já salientamos anteriormente. Mas este papel das oficinas como laboratório imediato tem menos importância do que se pode supor.

O significado fundamental das oficinas reside em ser o ponto de partida para a introdução na compreensão da moderna organização e técnica do trabalho. Dizemos "ponto de partida" porque o centro do trabalho na escola do Segundo Grau residirá na grande indústria, à qual se pode chegar depois de se passar por formas de produção mais simples em uma devida oficina adequadamente organizada e apropriadamente escolhida.

Somente o trabalho direto na oficina, o qual permite a percepção direta dos materiais e instrumentos de trabalho, dá base para o estudo *comparativo* real das formas mais complexas de trabalho.

Numa oficina escolar, tem-se todos os *elementos da máquina moderna* e as particularidades características da produção mecanizada.

Com a organização correta do trabalho na oficina, estes elementos e especificidades facilmente serão assimilados pelas crianças.

Aqui, antes de tudo, é preciso chamar a atenção para o *estudo das ferramentas* da oficina e dos diferentes tipos de máquinas como um estudo *em si mesmo*; aqui a oficina não jogará apenas um papel auxiliar para a Física, como é costumeiro, mas ao contrário. Partindo do conhecimento do ferramental e das máquinas, nós podemos dar o passo seguinte para o estudo dos *elementos de qualquer máquina*. Estes conhecimentos ampliam o círculo de questões com as máquinas-motrizes e máquinas-ferramentas de *qualquer produção*. O estudo das técnicas de trabalho na oficina, que dá possibilidade para a criatividade técnica, conduzirá, possivelmente, à *mecanização* simples do trabalho na própria oficina escolar, em especial quando se tenta colocar a preparação em massa de qualquer objeto. Assimiladas as técnicas fundamentais de trabalho, poder-se-á organizar o trabalho com base na *divisão do trabalho* tanto maior quanto mais variado for o equipamento da oficina.

Registrando a intensidade e a produtividade do trabalho com e sem a divisão do trabalho, dá-se um passo notável para o futuro da produção fabril.

A oficina escolar, dessa forma, em alguma etapa da escola (por exemplo, no 6º ou 7º ano de estudo) pode dar uma introdução completa e suficiente ao politecnismo da produção moderna, além de uma introdução ao *trabalho.*

Nisso consiste, basicamente, a tarefa da oficina na escola.

Há ainda mais uma tarefa da escola, isto é, no campo da Organização Científica do Trabalho, onde a oficina tem um grande campo de ação, mas sobre isso voltaremos mais tarde.

Do que foi dito, deduz-se que o trabalho na oficina escolar deve ser pensado como trabalho de caráter *produtivo*. Isto, por sua vez, *determina o caráter da organização e o conteúdo dos trabalhos na oficina.*

No que se refere ao conteúdo do trabalho, nunca será demasiado insistir em uma ideia básica: a oficina não faz nada que sirva apenas para o estudo do processo de trabalho, ela *não produz objetos sem utilidade prática.*

Isto agora é reconhecido por todos e se ainda esta questão serve para discussões, isso se deve a antigos instrutores que estudaram em escolas artesanais. A tarefa das escolas artesanais não tinha absolutamente caráter politécnico, mas sim de estreita especialização. Portanto, a minuciosa assimilação das técnicas e processos de trabalho teve importância em si mesma. Nos programas artesanais nós encontramos, portanto, pontos como "apresentação de um plano, apresentação de um ângulo reto, preparação das medidas do cubo" etc. (em serralheria). Para o estudo destes processos específicos as crianças não faziam tarefas de preparação de objetos inteiros – nem era este o objetivo. As crianças faziam placas e cubos inúteis, sem destinação alguma naquela época, pois não aprendiam técnicas de trabalho básicas com suficiente perfeição. As placas e cubos primeiramente iam "para exposição" e ficavam lá algum tempo e depois eram jogadas como lixo.

Ouso pensar que também na escola artesanal não havia necessidade de tal inutilidade no trabalho, do ponto de vista do objeto material do trabalho; e muito menos, é claro, na escola de educação geral.

Não seria útil discutir sobre isso, se a nova tendência na Organização Científica do Trabalho do Instituto Central do Trabalho não abordasse da mesma forma as técnicas de trabalho, em busca da perfeição, com o mínimo de gasto de energia. Mas a tarefa do Instituto e a tarefa da escola do trabalho, no campo do trabalho, são diferentes. A transferência do enfoque do Instituto para a escola não deve ser incondicional.[17]

Na oficina escolar devem-se produzir objetos necessários e úteis. Se estes objetos se destinam para as instalações da escola, gabinete, clube, para venda no partido, isto quase não é fundamental.

O que importa é que o trabalho das crianças deve, ao final das contas, transformar-se em algo materialmente útil, sendo que a utilidade e necessidade deste objeto deve ser *justificada na consciência das crianças*. Elas devem compreender claramente que estes objetos são necessários também do seu ponto de vista. Aqui, naturalmente, a preparação de objetos para suas escolas, clube, o acampamento dos pioneiros etc. ou para a venda em benefício de alguma de suas organizações, deve ser colocada em primeiro plano.

---

[17] Ver a parte referente à Organização Científica do Trabalho.

Com estas condições a criança terá consciência de que o *seu trabalho é produtivo*.

Esse enfoque para o conteúdo do trabalho exige uma seleção metódica (das entradas das encomendas na oficina) dos objetos necessários, das tarefas terminadas em ordem crescente de dificuldade e da complexidade das técnicas de trabalho. Isso, naturalmente, dá a possibilidade de aumentar gradualmente a complexidade também das tarefas gerais que a oficina executa, levando-a na direção da grande produção e introduzindo, por exemplo, a divisão do trabalho, a mecanização etc. A exigência de que a oficina escolar produza apenas objetos úteis, na prática, nos leva à questão da natureza da organização.

Se o estudante produz na oficina objetos *acabados* desde o primeiro dia de trabalho nela (os consertos de avarias são geralmente mais difíceis e exigem hábitos já mais sólidos), então, pode-se e deve-se também colocar para o estudante a questão sobre o *cálculo do tempo* gasto na preparação de um determinado objeto, o *cálculo dos materiais* da oficina usados em tal objeto e o seu consumo.

O cálculo dos materiais e do tempo, gradualmente, nos levará a toda uma série de novas questões sobre o *cálculo* de materiais para fabricar um dado objeto e, partindo disso, para o *planejamento antecipado do trabalho* pelo qual o objeto é produzido, ao planejamento antecipado do custo, isto é, ao *orçamento do material* para uma dada encomenda.

O cálculo do gasto do tempo de preparação de um dado objeto, comparando-o com o tempo gasto no mesmo trabalho por um companheiro mais experiente, com o tempo necessário para o mesmo objeto ser preparado em massa (por exemplo, bancos) com uso de *divisão do trabalho*, dá antes de tudo uma série de dados os quais serão usados fora da oficina no estudo da produção; além disso, o estudante adquirirá gradualmente a habilidade de *calcular* por antecipado, em média, o tempo necessário para uma determinada tarefa.

Se a isto acrescentarmos dados sobre o preço dos materiais e sobre o pagamento do trabalho, então teremos todos os elementos para o *cálculo e o orçamento antecipado.*

Dessa forma, nos aproximamos dos princípios da organização *econômica* da oficina, dos elementos básicos da gestão da economia que devem se tornar um patrimônio sólido das crianças. Estas mesmas questões, assimiladas no próprio trabalho na oficina, possibilitarão uma base para a compreensão de certos problemas de economia e, particularmente, das bases do cálculo do planejamento econômico. Evidentemente, tais conhecimentos deverão ainda ser utilizados durante os estudos relativos à grande produção.

Tanto quanto sabemos, não há nesta direção nenhuma experiência satisfatória de organização de oficinas escolares. Mas este é um dos mais importantes caminhos da educação do trabalho, ligado com o trabalho social das pessoas.

Entretanto, seria perigoso fazer, a partir do que foi dito, uma opção pela organização de oficinas *autofinanciadas.* Tal tendência existe em alguns lugares ainda que, geralmente, ela não vá pelo caminho indicado de atrair a criança para as questões de cálculo e orçamento.

O desejo de organizar oficinas escolares autofinanciadas, as torna produtivas no sentido pleno da palavra, e são bastante conhecidas em muitas instituições infantis onde há oficinas. Aqui há, entretanto, uma série de perigos que precisam ser detalhadamente observados para que não se cometam erros.

Os perigos básicos consistem em que a tarefa pedagógica da oficina facilmente pode ser apagada pelas tarefas puramente econômicas. Em primeiro lugar, isto pode levar à excessiva exploração das crianças. Ter uma oficina escolar autofinanciada, significa concorrer no mercado com os produtos que ela produz, mas com qualificação insuficiente das crianças (a tarefa de alta qualificação não pode ser colocada na escola de educação geral e não pode ser ali atingida) e isto pode conduzir tanto ao prolongamento do tempo de seu trabalho na oficina, contra eventuais regras nas condições do trabalho escolar, como também à profissionalização excessivamente estreita com danos mais importantes em outras tarefas da escola.

O perigo aqui deve-se a uma razão importante, pois não há órgãos de proteção do trabalho, como no caso da fábrica, que regulamentem o trabalho da criança na escola; aqui facilmente joga-se com explicações e motivos que não têm nenhum caráter pedagógico.

Em segundo lugar, a encomenda do Partido ou do mercado exige um trabalho já mais cuidadoso de acabamento, de ajuste, para o qual a criança não tem habilidade; isto pode conduzir a que o trabalho básico seja feito pelo mestre, a criança então joga um papel secundário; ele pode nunca sair da posição de ajudante e, para evitar estrago de material, a ela não se permite testar autonomamente suas forças em tarefas mais complexas.

Em terceiro lugar, é inevitável que a oficina acabe afastada para um segundo plano e, possivelmente, completamente desalojada de tudo que se relacione com o estudo do trabalho da criança na oficina, porque isto exige também tempo, estrago de material e afastamento da produção direta.

Finalmente, passar para o autofinanciamento pode ou reduzir ou tornar inadequada a própria escolha das tarefas para a produção. No lugar de uma grande variedade de objetos, pode-se começar a preparar em escala massiva objetos muito especiais, por exemplo, lançadores para teares, induzido por encomendas lucrativas.

Todos estes perigos nos obrigam a que nos manifestemos decididamente *contra uma passagem incondicional para o autofinanciamento.*

Mas nós não somos por princípio contra o autofinanciamento nas seguintes condições: 1) se as tarefas pedagógicas das oficinas são colocadas em primeiro plano; 2) se a escola não baseia nenhum item da receita de seu orçamento nos futuros produtos das oficinas, isto é, não conta antecipadamente que toda a renda viria destes, mas no melhor dos casos, que a oficina pode cobrir o gasto com materiais e pagamento do instrutor; 3) se a organização econômica da oficina no orçamento, cálculos, contabilidade etc., é colocada nas mãos das crianças.

Se estas condições não são observadas, nós não vamos ter uma oficina de estudos na escola, mas *empreendimentos econômicos* na escola, uma fonte suplementar de receita para colaborar na administração, a qual pode atrair a criança para uma forma de autoadministração escolar; então, as tarefas na oficina vão ganhar independência.

É preciso ainda pôr atenção em mais um detalhe. Quando falamos em "autofinanciamento", às vezes tem-se em mente não apenas o pagamento do instrutor e dos materiais, mas também uma determinada *rentabilidade.* É preciso lutar contra tal compreensão de "autofinanciamento", porque com o corrente baixo nível nas instalações que a escola, no melhor dos casos, consegue ter, ela, de forma alguma, pode concorrer com o mercado, com artesãos habilidosos, experientes, que trabalham dez a doze horas ou mais por dia. A experiência, tanto quanto nós sabemos, por enquanto não mostra o contrário, pelo menos em relação à escola, onde o trabalho na oficina pouco provavelmente seria superior a seis a oito horas na semana para cada estudante.

O problema do trabalho nas oficinas escolares provoca ainda toda uma série de questões de natureza estritamente metodológica. Nossa tarefa aqui não entra na análise destas questões, porque nós desejamos fazer uma abordagem geral da questão pelo seu lado básico. Assinalaremos apenas alguns que são mais essenciais.

Primeiramente, em qual ano de ensino deve-se começar o trabalho nas oficinas e em qual ano ele deve terminar?

Aqui é difícil dar uma resposta precisa, porque não há ainda suficiente experiência acumulada. Hipoteticamente, pode-se responder esta questão assim: para os dois primeiros anos de ensino é melhor ter "trabalhos em gabinetes" onde existam instrumentos simples para costura, trabalhos com papel, cartão, madeira compensada, isto é, classes mais simples de trabalhos manuais e modelagem. Mais importante, naturalmente, é escolher ferramentas de tamanho adequado e bem simples.

Começando no 3º ano pode-se colocar mais seriamente tarefas de encadernação (de cartonagem) e começar o trabalho de marcenaria. Com o 4º ano pode-se também começar o trabalho na serralheria.

O trabalho regular na oficina pode ir até o 7º ano quando já é possível pensar no trabalho na fábrica. No 7º ano, o trabalho nas oficinas pode ser feito de forma facultativa (no clube) ou então a criança pode organizar um grupo de trabalho independente.

Em caso de ter um 9º ano, o trabalho no 8º e 9º anos pode conduzir-se preponderantemente em grupos especiais com o propósito de alguma especialização ("inclinação").

Mais difícil na prática é a questão sobre se deveríamos, com duas ou três oficinas, passar os estudantes através de todas as oficinas ou se cada estudante trabalha somente em uma oficina todo o tempo de permanência na escola.

Teoricamente ela poderia ser resolvida assim: com sete anos de permanência na escola, a criança deveria ter não menos de quatro anos de estudo normal nas oficinas (3º, 4º, 5º, 6º anos) e nestas condições, os estudantes poderiam passar obrigatoriamente por duas oficinas básicas: de madeira e de metal. Mas, na prática, frequentemente tem-se que resolver a questão, seja no 1º ou no Segundo Grau, tendo não mais de dois anos para a oficina. Neste caso, deve cada uma das crianças passar mais aprofundadamente por *uma* oficina e apenas parcialmente por alguma outra.

Há mais dados a respeito do prazo de duração do trabalho na oficina. A experiência mostra que é impossível trabalhar simultaneamente em duas ou três oficinas (por um ou dois dias na semana, por semana, por mês). O melhor e mais correto é que a criança trabalhe pelo menos um ano *em uma* oficina. Com a possibilidade de usar a oficina por quatro anos nós seríamos partidários do trabalho em pelo menos uma oficina por não menos de dois anos.

No que se refere ao número de horas semanais de trabalho de cada estudante, ele pode oscilar entre quatro e oito horas, considerando uma média de seis horas na semana para o 3º, 4º, 5º e 6º anos de estudo, sendo que estas horas se *incluem no tempo de estudo*. O trabalho na oficina para além deste tempo é prejudicial. A experiência mostra que seis horas é uma carga semanal suficiente e possível.

Finalizando o exame da questão sobre as oficinas nós queríamos nos deter ainda em um ponto essencial: sobre as oficinas em escolas que ficam em localidades com desenvolvimento de ofícios artesanais.

Evidentemente, nas regiões com desenvolvimento da indústria de artesãos, a escola deve em grande medida ligar-se com a economia local, e esta ligação reflete-se também na natureza da oficina escolar. Nós consideraríamos normal em tais casos a organização da oficina escolar com os correspondentes ofícios da região local.

Isso é importante devido à política geral em relação às cooperativas de artesãos, a qual foi abordada na XIV Conferência do Partido e na última Sessão dos Sovietes, que se manifestaram a favor da facilitação da situação dos artesãos e do desenvolvimento, por todos os meios, de cooperativas de artesãos. Não se deve também esquecer que os artesãos servirão como reserva, da qual a grande empresa irá tirar, ainda por muito tempo, trabalhadores com alta qualificação.

Em relação ao apoio e desenvolvimento da cooperativa de artesãos e à atividade de artesão, a escola, como centro cultural, pode jogar seu papel, ainda que reduzido. Mas a organização de oficinas especiais, neste caso, somente poderia justificar--se se elas, de fato, com seu testemunho e exemplo, podem influenciar *positivamente* a população ao redor; se a escola estuda esta atividade e atrai a ciência e técnicas atuais e pode dar indicação à população local de como melhorar e aperfeiçoar a tarefa, introduzindo nova vida ao ofício de artesão. Mas esta é uma tarefa difícil, a qual, por um lado, supõe a organização de oficinas escolares de tipo especial, melhores em comparação com as existentes em uma dada localidade, e de outro, obriga a escola a apresentar-se na qualidade de uma produtora séria, isto é, no sentido atual da palavra, uma unidade de produção.

Se não se tem a certeza de que esta tarefa será resolvida positivamente, melhor não se envolver com ela, para não criar uma situação embaraçosa aos olhos da população e não perder toda a influência cultural no entorno.

VI. O trabalho agrícola

Essa forma de trabalho, aparentemente, não suscitou nenhuma discussão de princípio. A razão aqui, provavelmente, reside principalmente em que a agricultura, até agora, é uma economia pequena, na qual a massa campesina faz uso de instrumentos de produção bastante simples. A discussão, possivelmente, ainda não foi feita porque esta forma de trabalho não é estritamente profissional, sendo ligada com a vida e o trabalho em situações naturais livres.

Mas em relação ao trabalho agrícola, as escolas e as instituições infantis das cidades e as localizadas no campo, estão colocadas em condições diferentes.

Em nossa análise da questão, nós evitaremos as Escolas da Juventude Camponesa, que agora apenas estão nascendo. Na Escola da Juventude Camponesa, o trabalho agrícola tem um lugar central; nele constrói-se, de forma *singular,* toda a organização escolar; ao redor dele concentra-se todo o conteúdo do trabalho escolar. A Escola da Juventude Camponesa é inconcebível e impossível sem o trabalho agrícola e fora dele.

Mas esta grande questão não entra agora no nosso campo de análise. Nós nos colocamos a tarefa de pensar a escola e as instituições infantis de formação geral. Nós temos em mente, antes de tudo, a escola de Primeiro Grau no campo e todo tipo de escola (Primeiro Grau, Segundo Grau, Escola de Sete Anos) na cidade, as quais ou por sua posição em uma dada cidade (periferia) pode usar um pedaço de terra, ou tem esta possibilidade devido a estar em uma pequena cidade localizada em uma região agrícola, ou ainda que pode em uma determinada estação do ano (primavera-verão, parcialmente no outono) transferir seu trabalho para o campo em condições correspondentes. Ainda seria preciso referir-se, de um lado, aos orfanatos da cidade e, de outro, as colônias infantis, as cidadezinhas e comunas infantis situadas nas fazendas soviéticas, nos antigos conventos, nas propriedades que possuem determinadas fazendas.

É preciso considerar o princípio estabelecido de que as escolas de Primeiro Grau no campo devem possuir algum pedaço de terra pequeno (de meia a uma deciatina)[18] e devem conduzir sua pequena, mas bem organizada economia.

Se nós de fato nos preocupamos seriamente com a elevação de nossa agricultura, se nós queremos divulgar amplamente as formas racionais e a melhoria da agricultura, então é preciso que, antes de tudo, isto seja uma tarefa da escola, como centro cultural que influencia diretamente a criança camponesa desde sua tenra idade e, juntamente com isso, o entorno da economia camponesa. Aqui não é preciso absolutamente uma especialização em agronomia, mas simplesmente uma escola de trabalho racional que dê uma bagagem científica de *educação geral* que sirva de base para uma pequena economia, *adaptada à idade da criança* e de acordo com as suas possibilidades.

São plenamente compreensíveis as condições objetivas que atrapalham o desenvolvimento do trabalho na direção indicada. A sobrecarga do magistério com todo o trabalho social (especialmente agora depois da viragem do magistério para o Partido Comunista),[19] e também a diminuição de crianças na primavera e no verão para ajudar na fazenda junto com os pais, talvez faça até o campesinato de má vontade apoiar esta iniciativa.

Estas dificuldades podem e devem ser superadas. O trabalho social do professor tem pouco valor sem ligação com a realidade da escola. A tendência de achar que o professor não deve ser usado no trabalho social não é correta. O trabalho social fundamental do *professor* e da escola deve ir, conjuntamente, na direção da melhoria da agricultura e da vida do camponês, *através da escola e junto com a escola*.

---

[18] Medida russa de área de terra igual a 2.400 braças quadradas, ou 1,09 hectare (usados antes da introdução do sistema métrico). (N.T.)

[19] O autor refere-se à mudança de posição do magistério que desde o início da revolução foi muito reticente e até obstrutivo em relação a ela. (N.T.)

Na medida em que a escola se tornar próxima, necessária e responder às questões do camponês, então, eliminará algumas das desconfianças e ceticismo em relação à escola que se observam aqui e ali entre os camponeses. E quando o camponês sentir que a escola é muito útil para ele, que ela ajuda a sua vida e melhora a sua economia, então também a ausência da criança no trabalho do lote de terra da escola diminuirá significativamente.

A questão central, dessa forma, está em *aproximar a escola das necessidades da economia camponesa.*

Neste momento, nós consideramos este caminho como o único correto, pois tal colocação da questão irá, por um lado, criar uma ótima base para a Escola da Juventude Camponesa, que se constrói no Primeiro Grau, e de outro, dará mais possibilidade desta mesma escola manter o caráter de educação geral, sem desviar-se para o caminho da agronomização estreita, tendência que embrionariamente já existe.

Possivelmente, as Escolas da juventude camponesa virão exatamente a ajudar o Primeiro Grau a introduzir os elementos do trabalho agrícola na sua prática, as quais terão que cuidar da adequada mudança, junto com a Juventude Comunista e os jovens leninistas, já que elas têm agora um significativo desenvolvimento no campo. Estas organizações serão as principais interessadas no trabalho agrícola na escola de Primeiro Grau.

Contra esta colocação da questão, às vezes replicam dizendo que é melhor, no lugar de uma economia de brinquedo nas escolas, apoiar-se na participação direta da criança no trabalho dos adultos, na economia familiar, uma vez que deste trabalho igualmente a criança se desviou; além disso, este trabalho não é um jogo, mas uma coisa séria. Estas considerações são certas para as crianças mais velhas, para as Escolas da Juventude Camponesa, as de Sete Anos ou o Segundo Grau. Mas elas quase não se aplicam em relação ao Primeiro Grau, primeiro porque influenciar pedagogicamente o trabalho da criança (na economia familiar) no Primeiro Grau e simultaneamente levar em conta este trabalho é extremamente difícil. As crianças no Primeiro Grau ainda não são capazes de lidar independentemente com as tarefas na ausência prolongada de ajuda de um guia. Segundo, o trabalho em uma economia própria sob administração da escola deve ter caráter real e educativo, isto é, deve trazer *elementos do novo*, alguma *inovação,* às vezes contra a opinião circundante. Isso pode ser possível para os adolescentes das Escolas da Juventude Camponesa, mas isto não está nas possibilidades da criança do Primeiro Grau, que na escola deve apenas adquirir hábitos de apreciar o novo e aperfeiçoar a gestão da economia. Certamente, isto em nenhum momento significa que não seja preciso basear-se na própria experiência de trabalho dos estudantes, isso é preciso que se faça. Mas a escola não deve privar-se de uma economia escolar própria, pequena.

A questão para as escolas de tipo urbano é completamente diferente.

Nós consideramos indiscutível a posição de que toda escola deva, em nossa época, em maior ou menor grau, estar em contato com a agricultura. A questão da aliança entre operários e camponeses, cidade e campo, durante muito tempo ainda será uma questão atual para nosso período de transição. Para a escola, isto será não apenas uma questão de familiarizar-se com a agricultura, mas também uma influência cultural da cidade no campo. Cada cidadão da URSS deve conhecer, em alguma medida, a agricultura, porque, de uma forma ou de outra, terá que participar no fortalecimento desta aliança. Mas para isso, não é suficiente que a escola *se limite apenas ao estudo* da agricultura. A escola, qualquer escola urbana, deve, por pouco que seja, *participar* diretamente do trabalho agrícola. Cada estudante, em algum período de sua permanência na escola, deve ter a possibilidade de *sentir a terra*, compreender sensivelmente o que é o trabalho na terra. Isto pode e deve se ligar não somente com o estudo das Ciências Naturais da produção, mas também com o conhecimento do campo e com o trabalho social entre camponeses.

Realmente, introduzir isso na vida das escolas de massa, especialmente nos grandes centros, indubitavelmente, é extremamente difícil face aos obstáculos de caráter material. Mas é preciso enfrentá-los gradualmente; esta propensão deve ser vencida definitivamente. Se, por ora, isto é inexequível, então não se deve, apesar disso, tentar pôr sob esta impossibilidade, fundamentos teóricos como querem algumas escolas da capital com a questão denominada "escola de verão".

Às vezes, estas se referem à escola de verão como um tipo de escola do trabalho essencialmente diferente da escola do inverno, baseada em jogos, Educação Física, esporte etc. É bom que tudo isso esteja presente, mas é mau se com este círculo de atividades se encerra o conteúdo da escola de verão (acrescentando-se algumas excursões ao campo). Nós também apoiamos o ponto de vista de que não se deve, durante todo o ano letivo, conduzir o trabalho na escola de uma mesma maneira, comumente do tipo da escola do inverno. Ao contrário, deve-se por todos os meios variar o tipo e a natureza do trabalho escolar e da vida escolar, na dependência das estações do ano, e isto é para nós uma das exigências importantes da Cultura Física.

Esta mudança do tipo de trabalho ocorre especialmente no período da escola de verão – primavera e verão – mas junto com isso nós pensamos que é preciso fortalecer a ligação da escola de verão com o trabalho agrícola, pelo menos para uma parte dos estudantes (para grupos definidos), dentro de proporções razoáveis. Nós falamos sobre proporções razoáveis porque em parte a tendência de limitar a escola de verão ao esporte e exercícios livres aparece como reação contra limites não razoáveis de trabalho agrícola da criança, depois de tarefas de inverno cansativas insensatas.

Um pouco diferente é a questão das colônias infantis suburbanas, das cidades e comunas, que dirigem sua própria economia em áreas dos sovkhozes,[20] lotes de terra etc. É uma excelente forma de organização desde que não se fechem em si mesmas e não se isolem do mundo exterior. Entretanto, mesmo nestes tipos de instituições infantis, há uma série de pontos que nos obrigam a refletir seriamente.

Um primeiro aspecto diz respeito à questão de se colocar a condução de toda a produção, às vezes grande, exclusivamente nas mãos das crianças. Não é necessário que objetemos a isso, ao contrário, a colocação de toda uma produção sobre as próprias forças da instituição infantil em dados casos é necessária e algo útil. Mas na prática, frequentemente, observa-se que esta produção é demasiadamente grande para um dado montante das forças de trabalho infantil.

Os órgãos locais, por zelo e não pela razão, desejando garantir uma base material satisfatória para as instituições infantis, para que elas possam honrar plenamente sua manutenção, atribuem muitas vezes fazendas de considerável tamanho a elas, as quais não poderão, de modo algum, ser exploradas exclusivamente com as mãos das crianças. Um simples cálculo prova que uma criança de dez a quinze anos, tendo dado um determinado e significativo tempo ao trabalho escolar, não pode garantir com seu trabalho na agricultura, suficiente receita para alimentar-se, vestir, calçar e cobrir o alojamento, luz e aquecimento, materiais escolares e o pessoal que trabalha. Isso é impossível, ao menos atualmente, com nossos processos de

---

[20] Sovkhoz: grandes empresas agrícolas estatais. (N.T.)

trabalho da terra, com falta de um capital básico suficiente, com nossa pobreza geral e com nossos preços de produtos agrícolas comparativamente baixos. Mas isto é possível *parcialmente*. E necessário. As conclusões que podem ser tiradas em relação a este primeiro aspecto, são as seguintes.

Em primeiro lugar, a extensão da fazenda deve ser tal que as crianças realmente possam dominar por si mesmas. A extensão deve sofrer redução ainda maior, se levarmos em conta a exigência, *obrigatória* para uma instituição infantil agrícola, de ter uma economia de *elevado cultivo*, ou seja, a exigência de sua máxima *intensificação*. Isto tudo significará *renunciar* a uma instituição infantil *autofinanciada*, no sentido antes indicado.

Em segundo lugar, o trabalho agrícola deve ser colocado *como uma questão de ordem pedagógica*. Claro que isso não significa, de forma alguma, que se vá, com isso, deixar de lado as próprias tarefas econômicas. Ao contrário, o trabalho agrícola, como tarefa pedagógica, do nosso ponto de vista, pelo seu próprio significado, inclui as tarefas de ordem econômica e entrelaça-se fortemente com estas. Mas nossa abordagem afasta o risco de uma sobrecarga involuntária da criança com o trabalho agrícola em detrimento de seu trabalho educativo, ou seja, tanto o trabalho econômico como o trabalho educativo vão se fundir. De fato, uma prática separada prejudica o trabalho escolar que sofre com a pressão das necessidades econômicas postas pela separação entre essas formas de trabalho.

Em terceiro lugar, o trabalho das crianças, as normas de trabalho, a participação nesta ou naquela forma de trabalho deve ser *fixada e controlada pelo médico*. Como nós podemos ver em qualquer colônia infantil com fazenda própria, nós quase sempre somos confrontados com rapazes com uma sobrecarga de trabalho físico pesado.

Um segundo aspecto no qual devemos colocar atenção é a própria tarefa de gestão da fazenda em relação à população circundante, a qual consiste em conduzi-la exemplarmente. O trabalho agrícola só se tornará um fator de educação social se, partindo deste trabalho, comparando-o com a atividade de trabalho análoga de outros, se esclarecer o sentido e a importância de nossa luta por melhores e mais altas formas de agricultura. Falando mais claramente, o trabalho agrícola no nosso caso, deve conduzir à compreensão da aliança entre operários e camponeses e avançar daí para as nossas tarefas fundamentais da atualidade.

Dessa forma, tateando nossos objetivos fundamentais na agricultura, a escola deve tentar concretizá-los na prática. A situação de uma colônia infantil com sua respectiva fazenda é muito mais favorável que a da escola urbana com sua oficina, porque tal fazenda pode, sem dúvida, ganhar uma configuração mais perfeita do que a unidade de produção campesina comum e amplamente difundida, acima do que pode existir em uma oficina escolar, se a compararmos com uma fábrica. Da fazenda escolar pode sair o impulso para o desenvolvimento da ideia do cooperativismo, do aperfeiçoamento do uso da terra, da intensificação da agricultura, da eletrificação etc.

A escola em uma grande cidade, entre grandes encantos culturais, apaga-se como centro cultural, mas a escola, com sua própria área de cultivo em uma *localidade rural*, deve *forçosamente* ser um grande centro cultural. Esta tarefa não é apenas econômica, mas, antes de tudo, política e, por conseguinte, também sociopedagógica. Com este ponto de vista – da educação social dos construtores do futuro – também é preciso olhar para a gestão exemplar da fazenda. E isto, de um lado, dá o *devido caráter social ao trabalho das crianças,* e de outro, *sintetiza os aspectos pedagógicos e econômicos do trabalho.*

Há um critério muito simples e talvez o único critério de fato para saber em que medida a fazenda da instituição infantil cumpre sua tarefa cultural – é a *atitude da população campesina circundante em relação a ela*. Se a população vizinha se relaciona com a instituição infantil com respeito, confiança, afeto, significa que a tarefa está sendo satisfatoriamente cumprida. Mas se a população vizinha à colônia se relaciona com ela com arrogância, desdenhosamente, se ela procura roubar algo para si, isto significa que a tarefa pedagógica foi mal organizada.

Se os campesinos locais não estão em uma província de pouca terra e procuram por todos os meios tirar parte da terra da fazenda coletiva da instituição infantil – e nós temos tais casos – significa que a aldeia não compreendeu sua tarefa, que esta não foi cumprida corretamente, não se colocando "perante a aldeia". Estes casos, aliás, são poucos. É preciso assinalar com satisfação que a maioria de nossas colônias infantis consegue significativos resultados nestas relações e conquistam lugar de honra entre os campesinos.

Ao trabalho agrícola nós damos, desta forma, grande importância na escola, como trabalho no sentido pleno da palavra socialmente-produtivo. Este significado é maior, em primeiro lugar, porque nós vivemos em um país onde a agricultura média e pequena é a ocupação básica da grande maioria da população; em segundo lugar, pela razão que na atual forma da atividade de trabalho, a escola pode intervir atuando como um produtor mais qualificado nas relações técnicas e pode, na prática, ser um guia de formas econômicas mais racionais.

VII. A fábrica

Com grande pesar, é preciso constatar que esta forma de trabalho escolar, isto é, trabalho das crianças da escola diretamente na fábrica, junto às máquinas – está completamente ausente na prática da escola de formação geral de massa.[21]

E, entretanto, a lógica da educação do trabalho social, com base nos esquemas do GUS[22] exige isto claramente.

A participação da escola de educação geral no trabalho da fábrica é o problema central da educação da juventude atual. A seguir examinaremos pormenorizadamente o aspecto teórico do problema.

Se abordarmos a fábrica como um complexo tecnológico, tomando os aspectos técnicos da produção com base no assim chamado "ensino da produção",[23] então, é evidente que não teremos nenhum problema teórico a resolver. Antes de mais nada porque, tal enfoque estreito, não dará nenhum resultado real em relação à educação social, assim como também não apresentará nenhuma dificuldade a este respeito. A questão será então colocada da mesma forma como fizemos com as oficinas, sobre as quais falamos no início deste capítulo. Além disso, oficinas bem escolhidas podem dar mais possibilidades para os métodos do "ensino da produção", do que qualquer fábrica de tipo especializado.

Mas, desde o nosso ponto de vista, o enfoque da fábrica deve ser completamente diferente. É preciso tomar a fábrica *como um fenômeno típico da nossa atualidade, com toda a amplitude e com-*

---

[21] Nós não falamos aqui das FZU; o exame delas não entra em nossa tarefa, porque ela agora é mais de tipo profissional. Nós nos referiremos a ela mais abaixo em outra conexão. [FZU – Escolas junto a fábricas que davam formação geral e profissional. (N.T.)]

[22] Conselho Científico Estatal responsável pela organização dos programas de estudo das escolas, presidido por M. K. Krupskaya cuja Seção Científico--Pedagógica elaborou os novos programas distribuídos em 1923. (N.T.)

[23] Ver, sobre isso, o capítulo "O politecnismo do camarada Gastev" em Pistrak, M. M. *Ensaios sobre a Escola Politécnica*. São Paulo: Expressão Popular, 2015. (N.T.)

plexidade de suas ligações com a vida circundante. A escola deve estudar a fábrica como o principal fenômeno da ordem social.

Com este entendimento, a fábrica, incluindo uma fábrica em particular, não será apenas a descrição de um fenômeno *isolado,* o qual a escola estuda sem grande interesse, mas será o foco no qual se concentra a atualidade em suas principais manifestações; será como o nó de inumeráveis fios ligando entre si fenômenos isolados da vida, como um cruzamento de numerosas estradas na vida agitada, como um amplo portal no mundo, e não uma portinhola em um pequeno pátio, como se expressa um dos céticos sobre a fábrica.

A grande produção é antes de tudo o ponto central no qual se cruzam a técnica e a economia; deste nó partem ligações para inúmeros e variados fenômenos da vida.

Tomemos para exemplo as instalações de energia da fábrica. O estudo e a familiarização com a central elétrica da fábrica ou com a fonte de sua energia devem conduzir-nos para a questão da transformação da energia em geral, para a natureza variada das fontes de energia e às máquinas motrizes (técnica); daí nós passamos para o mapa geoeconômico das diferentes fontes de energia e à luta mundial por elas, com base nas possibilidades técnicas atuais de seu uso econômico para as tarefas da URSS no campo da energia e particularmente da eletrificação. Dessa forma, a central elétrica da fábrica apresenta-se em estreita ligação com questões políticas e econômicas mundiais e soviéticas muito importantes, até as lutas entre grupos imperialistas pela divisão do mundo com base no mapa energético do globo terrestre. Fica claro por si que isso nos leva também às tarefas imediatas da construção socialista no campo da energia e suas particularidades.

Matérias-primas ou semimanufaturados, ponto de partida da produção de produtos, conduzem às questões da sua obtenção, sua preparação preliminar, para questões da geografia econômica, agricultura e elaboração de matérias-primas agrícolas, e para questões mais uma vez da técnica e tecnologia em ligação com a economia. Aqui, ao lado das exigências da indústria, colocam-se para nós as tarefas da agricultura – e a questão da mútua relação entre o proletariado e o campesinato ganha uma interpretação também desde este ponto de vista.

A máquina-ferramenta coloca uma série de questões de natureza econômica, sem falar das técnicas, que se baseiam ao final de contas, na Física, Mecânica, Matemática e Química. Daqui nós passamos para questões da produção de ferramentas, para formas básicas de matérias-primas para o metal, sua obtenção e elaboração, à luta em escala mundial pelas fontes de metal, a qual junto com a luta pelas fontes de energia são o centro fundamental da atualidade, como desenvolvemos anteriormente. Aqui se concentra, em essência, na luta imperialista. Por outro lado, passamos das máquinas-ferramentas para um problema central e longo ligado à nossa indústria, isto é, a questão da elevação do trabalho produtivo, com os principais e variados lados desta questão e os caminhos de sua resolução.

Tomamos em seguida o produto pronto, sua venda, consumo, venda no mercado, comércio, cooperação; nós enfatizamos a questão da aliança entre a cidade e o campo e voltamos novamente na mesma questão fundamental de nossa política (e economia), ou seja, a questão sobre a classe operária e camponesa.

A relação de uma dada produção com uma análoga a ela através de um truste, sindicato, administração da indústria soviética, nos leva à essência e às tarefas do regime soviético. A relação de uma dada produção com outras que são vitalmente necessárias para ela (matéria-prima, energia, máquinas, produtos auxiliares) conduz ao entendimento da ligação interna de toda a economia da URSS (e da mundial) entre si, à questão da combinação de indústrias.

Mas este é um lado do problema. Se vamos agora para o lado do operário, somos levados também para uma série de ligações. O operário, seu salário, o sindicato, o operário de hoje e de ontem, sua vida, ligação com o camponês – não pelo econômico, mas pelas condições de vida (operário-meio camponês) – e ainda o Partido, a Juventude Comunista, a situação da mulher e outros.

Nós examinamos apenas uma parte muito pequena destas linhas que vão da fábrica para a vida. No sentido pleno da palavra, *toda* a atualidade desemboca na fábrica. A fábrica pode ser imaginada como o centro de uma enorme e sólida teia de aranha, de onde parte uma grande quantidade de fios, ligando entre si a periferia mais próxima e a mais distante em numerosos nós de vida grandes e pequenos. Esta teia é o esqueleto, o sustentáculo de toda a atualidade, isto é, o objeto central da atenção de nossa escola.

Desta maneira de olhar para a fábrica, decorre também a tarefa da escola em relação a ela. Para a escola, o objeto de estudo da grande produção – na fábrica – não deve ser tanto a fábrica em si mesma como centro do esqueleto, do sustentáculo. Consideramos que a principal tarefa na escola é a *exploração, com os estudantes, dos fios e nós provenientes da fábrica*. Os estudantes ganham, então, como se diz agora, uma *diretriz definida no estudo da fábrica*. Estes estudos levarão os estudantes, com clara consciência da necessidade disso, para esta ou aquela questão científica, ou melhor, para todo um conjunto de questões científicas e práticas, para as quais a escola deverá dar respostas em todos os seus estudos e no trabalho educativo. O ensino escolar, na verdade todo o trabalho da escola, terá aos olhos dos estudantes plena justificação, significação, necessidade e grande peso, determinada coloração social e ampla perspectiva. Disso, será muito fácil também passar para a *justificação* na consciência da criança e à ligação com os interesses legítimos da atividade social dela e de toda a escola.

Por esta via, se cria a procurada síntese do trabalho com a ciência. Esta síntese não é obtida diretamente através do "ensino da produção", mas nascerá com base na educação geral e ampla do trabalho.

Do que foi dito, fica claro que o estudo da produção – da fábrica – em nenhum caso deve ser um assunto indiferente, algo como um objeto externo ao nosso "eu", que não toca profundamente os próprios sentimentos. A fábrica não deve ser uma coisa estranha para nós, mas um assunto próximo, que responde aos interesses das crianças, desenvolvendo nelas o espírito e legitimando a escola, *criando nelas uma visão de mundo*. Falando de uma forma mais simples, as crianças devem *viver* a fábrica com interesse, com uma ligação sólida.

O trabalho na escola em suas outras formas (nas oficinas, agricultura e outros) completa com diferentes aspectos ou prepara em algum grau o acesso à produção fabril.

Eis o objetivo fundamental.

Seria possível alcançá-lo sem a participação direta das crianças no trabalho fabril?

Pensamos que é quase impossível.

Apenas se confrontado diretamente com a fábrica em seu cotidiano, nas condições diárias, lado a lado com o operário e com o adolescente operário, não na qualidade de espectador ou excursionista, mas como trabalhador que experimenta com as próprias mãos sentir o trabalho fabril, pode-se provocar as *emoções necessárias para a educação social*. Sem isso, o ensino *não terá alma* – se podemos assim nos expressar –, isto é, ficará sem a metade mais importante da razão de ser da educação escolar.

Eis porque consideramos a questão sobre o trabalho, isto é, sobre o trabalho direto na fábrica, tão essencialmente importante.

Dessa aproximação ao trabalho fabril, o estudante pode tirar uma série de conclusões sobre as formas de organização deste tipo de trabalho.

Antes de tudo, o trabalho na fábrica em nenhum caso pode ser substituído pelo trabalho nas melhores oficinas equipadas, digamos, as escolas FZU em fábricas.

A condição básica deve ser a participação no trabalho produtivo ao lado do operário e do adolescente operário. Qualquer outra forma é uma imitação que não alcançará de forma plena os objetivos fundamentais.

Na escolha da fábrica (se é possível escolher) não deve ter importância decisiva a variedade e amplitude do aspecto técnico da produção. É importante uma produção não especializada e de elevado nível técnico, mas de tipo massivo, por exemplo, têxtil, metalúrgica e outras. No entanto, em nossa opinião, isso não tem uma grande importância.

A escolha da seção ou seções nas quais as crianças vão trabalhar também não é essencial, se não for abordada desde um ponto de vista técnico; que se trabalhe em qualquer seção importante; o parecer definitivo nesta questão pertence ao médico escolar, desde o ponto de vista da saúde da criança.

O importante é que psicologicamente as crianças sintam-se em algum grau coparticipantes (mesmo os pequenos) da própria produção; é importante também que seja dada a possibilidade de pesquisar amplamente e familiarizar-se com a fábrica em todas as suas partes possíveis.

Consideramos uma condição indispensável um contato próximo da criança com a população operária da fábrica, com sua vida, trabalho, interesses, preocupações, costumes, com a participação em todos os possíveis aspectos da vida da fábrica (assembleias gerais, cooperativas, clube da Juventude Comunista, célula do partido, festas revolucionárias, liquidação do analfabetismo e outras).

Nossa colocação da questão possibilita-nos também sugerir a idade em que a criança pode tomar parte no trabalho fabril. Tendo-se em mente o trabalho propedêutico nas oficinas, como um estágio para a fábrica, a idade admissível nas condições de trabalho fabril e amplas tarefas colocadas às crianças pela fábrica, poderia ser, por exemplo, no 6º ano escolar, ou talvez, mais corretamente no 7º ano de estudo, com uma duração, por exemplo, de um trimestre (no inverno).

As seguintes questões são muito importantes para a prática: organização do trabalho da criança na fábrica, duração do trabalho (no ano e na semana), método de usar a experiência acumulada e uma série de outras. A elas é difícil dar uma resposta pormenorizada, assim como não se tem suficiente experiência fundamentada.[24]

Assim é o aspecto teórico da questão. Mas seria possível imaginarmos a concretização prática destes princípios, perguntaria o leitor?

Hoje, infelizmente, estes princípios são, em grande medida, mais ou menos irrealizáveis, mas *amanhã* – e este amanhã em condições favoráveis pode começar em três ou cinco anos – esta será a *única* política correta de educação

---

[24] Tanto quanto conhecemos, a única escola que coloca para si o objetivo de participação sistemática das crianças no trabalho fabril e que demonstra este trabalho já há cinco anos é a Escola Experimental-demonstrativa Comuna do Narkompros P. N. Lepechinsky em Moscou. Os resultados de seu trabalho estão expostos na publicação *Escola-Comuna do Narkompros*. Ed. Rab. Prosv., Moscou, 1924, e também nos artigos do autor "Escola e Fábrica" na revista *Na putyakh k novoi wkole*, n. 2, 1922, e no. 6, 1923. Lá são expostas pormenorizadamente as experiências práticas de concretizar esta tarefa. [O livro a que o autor se refere, Escola-Comuna, está traduzido e publicado pela Expressão Popular: Pistrak, M. M. *A Escola-Comuna:* São Paulo, 2009. (N.T.)]

comunista na Escola de Sete Anos em centros industriais ou junto a grandes fábricas.

As dificuldades práticas consistem em que a questão sobre o trabalho fabril da criança é um problema recíproco – da escola e da indústria. Se o trabalho fabril é uma das questões fundamentais para a escola, então, para a nossa indústria, por enquanto, ele é uma tarefa bastante secundária, e com as condições atuais da nossa indústria, seria muito difícil colocar na ordem do dia esta discussão.

Atualmente, em relação à melhoria de nossa indústria, nós atingimos apenas o nível anterior à guerra, e juntamente com a melhoria da indústria, ocorreu também sua *reconstrução,* a qual não se encontra, apesar de tudo, em um estágio pelo qual já possamos passar para um caminho plano, liso e amplo da reconstrução comunista da economia. Por enquanto, nós lenta e obstinadamente, passo a passo, com dificuldade, cruzamos através de penhascos e desfiladeiros, subindo a montanha.

Com tais condições da indústria, poderia parecer um luxo a nossa indústria se dedicar a uma questão que lhe é secundária. Mas isso é apenas a aparência. Esta questão, uma tarefa secundária para os *dias atuais* da nossa indústria, terá grande importância para o *caminho geral do desenvolvimento* da nossa economia.

Nossas tarefas nos dias atuais não podem se limitar apenas à criação de bons especialistas, à introdução das mais altas formas de tecnologia, ao planejamento de nossa indústria e sua ligação com a agricultura. Todas estas tarefas prioritárias podem ser completadas com o apoio e imediata participação das massas, envolvidas direta ou indiretamente em nossa economia, isto é, quase todos os *trabalhadores.* Isto é um axioma, é a base do nosso regime soviético. Mas é a *escola que prepara* o elemento humano para a *economia. É absolutamente necessário um con-*

tato muito estreito da economia com a escola, se nós queremos ter pessoas que claramente compreendem as linhas fundamentais da nossa construção, que participam nela ativamente e que a coloque como sua causa mais próxima e mais cara. As tarefas da terceira frente – da educação – entrelaçam-se de forma muito estreita com as tarefas da segunda frente – da economia. Um dos pontos de junção destas frentes se dá no campo da escola.

Esta participação da criança em grande escala no trabalho da fábrica é plenamente possível e não reflete negativamente na produção, não traz à produção danos materiais no trabalho, não atrapalha o trabalho da empresa, como mostra o exemplo das escolas fabris FZU.

É verdade que as tarefas das escolas fabris FZU são mais restritas; a participação do estudante na produção é mais responsável, remunerada, leva em conta a produção e, portanto, subordinada a um regulamento específico. O trabalho da juventude das FZU é fortemente regulamentado e, portanto, não é um obstáculo, como dizem alguns. Na experiência com o trabalho de estudantes na produção da Academia de Educação Comunista Krupskaya e do Instituto K. Libknekhta de Moscou, o trabalho não tem caráter de especialização como no caso das FZU, mas assemelha-se a um tipo que é próximo do desejado, do nosso ponto de vista, dando bastante resultado positivo e não sendo um obstáculo à produção, não trazendo danos materiais e é bastante organizado. Assim, este possível prejuízo que tal participação da *escola de educação geral* no trabalho da fábrica pode trazer à produção, não pode ser considerado fundamentado. Disso também nos convence (e convenceu a gestão da fábrica de tecelagem Moskvoretskoi) a experiência de trabalho na fábrica da Escola Comuna do Narkompros que já dura cinco anos e demonstra incondicionalmente a afirmação feita.

O movimento em direção à ligação da escola com a fábrica nos últimos tempos começou a ampliar-se. A iniciativa, como sempre, pertence à Juventude Comunista, a qual compreendeu há muito o problema. Esta ideia libertada do rótulo de irreal e fortalecida com a experiência das escolas das regiões industriais, e especialmente com a experiência da organização dos pioneiros nas fábricas, já ganha forma concreta. Já existe uma deliberação do colégio do Narkompros sobre o que se chama de "a escola do trabalho junto às fábricas"; na última Conferência de Toda a Rússia para a questão da escola de Segundo Grau (junho de 1925), foi aprovada uma resolução detalhada sobre este tipo de Escola de Sete Anos e em que lugares começará a sua organização.

Por enquanto, em todos os documentos sobre "a Escola de Sete Anos junto às fábricas" não se fala nada sobre o trabalho direto das crianças na produção. Todo trabalho nesta escola deve ser fortemente ligado à vida e aos interesses da massa operária, à produção, ao trabalho social na produção. Tudo isso é verdade e correto, mas isto ainda não é tudo. A Escola de Sete Anos na fábrica deve em algum ano escolar (achamos que seria melhor no 7º) *conduzir a criança por um período determinado de trabalho direto na produção.* Nós não pensamos que os autores do projeto das Escolas de Sete anos junto às indústrias sejam contra isso; a questão é que não é possível sem suficiente e reiterada experiência, introduzir tal tipo de trabalho por determinação do Narkompros. Mas, é necessário preparar-se para isso, tanto a escola como as instituições industriais.

É absolutamente necessário, portanto, que a questão da participação da criança no último ano da Escola de Sete Anos em centros produtivos no trabalho da fábrica, como uma das questões fundamentais de ensino, seja levada pelo Narkompros ao poder soviético, ao Partido e à classe operária. É necessário conduzir uma ampla campanha para divulgar as ideias fundamentais da educação social e a necessidade de se ter uma educação ligada à produção. É preciso que cada administrador, cada engenheiro, cada supervisor e operário compreendam o significado do trabalho da criança, o significado do trabalho da escola. É preciso despertar o interesse ativo de toda a população pela questão da escola, pela questão da educação da juventude. Este é o nível cultural que precisamos ter a todo o custo e o mais rapidamente possível, se pensamos seriamente sobre uma nova cultura mais elevada.

Para encerrar, algumas palavras sobre as FZU.

Como está nestas escolas a questão da participação na produção? De acordo com a proposta, o estudante da FZU participa da produção e com base nesta participação deve receber determinada educação geral e suficiente qualificação profissional. Na realidade, a parte da educação geral da FZU (na maioria dos casos, é claro) não tem nenhuma ligação com a produção, ela ocorre separadamente; no que se refere à educação profissional, isto é, à especialização, ao ensino técnico, a participação direta na produção dificilmente é atingida e, na maioria dos casos, as FZU têm *sua oficina escolar separada*, na qual ocorre a preparação profissional independentemente. Em outras palavras, não se experimenta a síntese da produção com o trabalho da escola.

Isto no campo da *educação* geral. No *ensino,* as crianças das escolas FZU, como tal, não trabalham; isto é assunto para a Juventude Comunista (e felizmente).

Seria correto isso? Profundamente incorreto. O resultado disso é visível. Os estudantes não articulam a educação geral e profissional *em suas cabeças e* não apenas no plano do professor, de fato eles não sentem *necessidade* nesta parte da educação geral.

Esta articulação deve ocorrer como resultado da *educação da produção;* a escola FZU deve preparar aquela juventude que com clareza poderia produzir, por si, a ligação de sua produção com todos os fenômenos da modernidade, que compreenderia as tarefas e objetivos da nossa construção econômica geral, seu reflexo nos ramos industriais, em especial nos mais próximos dela, e na sua produção em especial e, mais importante, consideraria estes objetivos e tarefas *como seus*.

Hoje, a escola FZU não atinge estes objetivos; toda sua estrutura, todo seu sistema é insuficiente para isto. Eis porque a célula da Juventude Comunista na escola FZU vê-se obrigada frequentemente a introduzir correções nas formas e técnicas desta educação, as quais com outra estrutura de escola seriam supérfluos, tais como: alertar com ajuda da influência verbal para a disciplina na produção e o interesse na produção etc.

As tarefas educacionais da escola FZU na manufatura e na produção são realizadas com dificuldade; por enquanto, ela vai basear toda a capacitação apenas no Primeiro Grau da escola ou mesmo inferior, porque dá qualificações profissionais sem suficiente apoio no fundamento geral da educação do trabalho.

Nós caminhamos para a construção da FZU como uma Escola de Sete Anos. Naturalmente, é isso que será a "Escola de Sete Anos junto às fábricas". E se o último ano desta escola for dedicado ao trabalho na fábrica com os objetivos da *educação social e da educação geral*, então as crianças obterão uma escola fabril de sete anos e ela terá atingido seus objetivos.

VIII. O trabalho de "serviço"

O termo trabalho ou atividade de "serviço" foi introduzido pela Juventude Comunista,[25] mas não recebeu divulgação, não

---

[25] Juventude Comunista organizada no Komsomol, a qual era uma organização da juventude do Partido Comunista da União Soviética. O nome é a abreviatura de Kommunisticheskiy Soyuz Molodiozhi (Коммунистический союз молодежи) ou União da Juventude Comunista. Esta organização acolhia

sendo, contudo, substituído por nenhum outro. Por trabalho de "serviço" entende-se todo trabalho que não é dirigido para a produção imediata de valores materiais.[26] O termo "atividade de serviço" surge por não se considerar suficientemente correta a inclusão deste tipo de atividade como um trabalho produtivo do trabalhador na máquina ou do camponês no arado. Não há outro termo e nós iremos usá-lo para significar proporções um pouco mais amplas.

A atividade de "serviço" abrange, por exemplo, as seguintes formas de trabalho:

a) o trabalho dos funcionários do aparato estatal (nos cargos mais baixos e médios) e órgãos sociais: escrituração, chancelaria, secretariado, serviço secreto, aparato soviético de base etc., e o serviço das empresas de produção: comitês de fábrica, contabilidade, inventário, estatística, trabalho sindical etc.;

b) o imenso domínio das cooperativas em suas diferentes formas (de consumo, de economia rural, de crédito, de artesanato), e no comércio do Estado;

c) o trabalho dos educadores nos diferentes campos, começando com o jardim da infância e escolas e terminando com os de bibliotecas, ocupações em clubes, eliminação de analfabetismo, casas de leitura etc.;

d) atividades variadas no campo da saúde pública e outras formas de trabalho análogas.

Todas estas formas de atividade exigem um significativo exército de trabalhadores de baixa e média qualificação. O problema da sua preparação racional e soviética não é menos

---

jovens entre 14 e 28 anos. Para as crianças com menos de 14 anos, existia o Movimento dos pioneiros. (N.T.)

[26] Nesta tradução, estamos mantendo o nome desta parte dado pelo próprio autor – cf. no original russo de 1925, 2ª edição – "Обслуживающий" труд (p. 70) – Trabalho de "serviço" (aspas de M. M. Pistrak). (N.T.)

importante do que a tarefa de preparação dos operários qualificados. E mais do que esta, ela se torna atual e séria.

A tarefa de preparação dos operários para as atividades de "serviço" não pode ser considerada pela escola de forma estreita, como uma tarefa de ensino de uma série de hábitos e habilidades profissionais, que dão, depois da escola, meios de subsistência – e só.

A restrição da tarefa a limites estreitos de profissionalização converteria a escola em "cursos de estenografia, datilografia e contabilidade", que continuariam idênticos aos cursos anteriores à revolução. A escola deve ensinar, antes de tudo, a ver em todas estas formas de trabalho postos definidos na atual luta geral do proletariado e na sua construção. Cada uma destas formas análogas de trabalho deve ser considerada pela escola como um trabalho socialmente necessário. Cada forma de "trabalho de serviço" deve ser concebida pelos estudantes, *no quadro geral de toda a construção socialista, como trabalho social, necessário e útil – trabalho socialmente importante em seu respectivo espaço.*

Tal interpretação *especial* introduz a atividade de "serviço" na escola como um dos elementos da educação social do trabalho.

Este tipo de trabalho pode ter lugar na escola sob duas formas.

Antes de tudo, como uma atividade *unilateral* da criança tendo significado para a escola e para as crianças, mas pela qual os estudantes não têm responsabilidade formal perante outros órgãos que não sejam os estatais e sociais da própria escola. Nós subentendemos por isso, aquele tipo de atividade da criança que é possível na escola de Primeiro Grau, e o qual não torna a criança *objetivamente* uma colaboradora perceptível do trabalho social (ainda que, subjetivamente, talvez, a criança tenha certeza que sim). Por exemplo, todo tipo de pesquisa e questionários ou outros métodos que as escolas (mesmo as crianças já no Primeiro Grau) realizam neste ou naquele campo. Os objetivos aqui são internos à escola. Tais tipos de atividade podem levar em parte também aos trabalhos referidos por nós antes, não exigindo qualificação.

Muitas vezes, no exercício destas atividades, as instituições e órgãos externos à escola não levam a sério as crianças, no entanto, tais trabalhos vêm ao encontro das necessidades da escola, tendo em vista suas finalidades educativas.

Aqui pode-se incluir todo tipo de trabalho feito pelos pioneiros:[27] documentação de impostos, por exemplo, sobre gêneros alimentícios,[28] redação de cartas para analfabetos, coletas de dinheiro em prol da Alemanha ou do MOPR[29] etc. Em algum grau, estas formas de atividade relacionam-se com o trabalho social da escola, e por estas, externamente, se responsabiliza a própria escola, e não o estudante individualmente.

Este tipo de atividade começa quase com o 1º ano de ensino e, gradualmente, vai tornando-se mais complexo. Continuamente vai crescendo, juntamente com a responsabilidade (externa) pelos resultados do trabalho, e dessa forma, ao final, em alguma medida, pode tornar-se bilateral, no sentido pleno da palavra, isto é, torna-se um trabalho socialmente útil e necessário.

Mas, se agora esta atividade *unilateral* largamente se difunde na escola – e quanto mais a escola deseja livrar-se da limitação

---

[27] Movimento dos pioneiros, organização ligada ao Partido Comunista da União Soviética que organizava as crianças com até 14 anos de idade. (N.T.)

[28] Imposto sobre alimentos naturais provenientes de agricultura camponesa, introduzido em 1921, junto com o controle de excedentes, até 1923. (N.T.)

[29] Organização Internacional para a Ajuda aos Combatentes da Revolução – foi uma organização estabelecida através de uma deliberação do Comintern em contrapartida à Cruz Vermelha para ajudar revolucionários ao redor do mundo. (N.T.)

de suas quatro paredes, isolando-se da vida, mais amplamente este tipo de atividade será abraçado por ela – então, a atividade *bilateral*, como nós a chamamos, quase não é colocada na ordem do dia da escola, ainda que ela tenha grande importância.

Este problema ganha especial importância para a Escola de Nove Anos, para a escola de Segundo Grau, em ligação com a questão da *colocação das finalidades desta*.

Nosso sistema nacional de educação começa agora a desenhar-se da seguinte forma: educação geral (nos próximos anos geral e obrigatória) de Primeiro Grau, com uma duração de quatro anos, ou seja, uma escola de ensino universal. Nas regiões industriais a escola geral e obrigatória deverá gradualmente tornar-se de sete anos. A escola FZU é imaginada como uma adição de dois ou três anos a mais,[30] tendo tarefas de educação geral básica de sete anos que junta a educação politécnica e a geral, suficiente para qualificar na produção em um dado ramo da indústria. No campo, sobre os quatro anos iniciais acrescenta-se mais três anos na Escola da Juventude Camponesa, formando juntos uma escola específica de sete anos que se adapta às necessidades da agricultura, com inclinação agrícola.

Falta ainda a questão do Segundo Grau, a questão da Escola de Nove Anos. Qual é o seu lugar?

Com satisfação, nós, por longa inércia, resolvemos a questão assim: a Escola de Nove Anos é a escola que prepara para o ensino superior; partindo disso, por inércia também, o volume e conteúdo do curso de Segundo Grau silenciosamente orientou-se segundo as exigências do ensino superior. E visto que o ensino superior ainda está distante, não sendo afetado pelos novos princípios e em sua maioria sendo dado na forma

---

[30] Três anos a mais que, adicionados aos quatro anos da escola de educação geral mencionada antes, somam sete. (N.T.)

antiga, então, o magistério do Segundo Grau, mais inerte em matéria de transformação da escola do que o Primeiro Grau, mantém esta compreensão sobre o que se chama de "educação média", mesmo que a constituição social da escola de Segundo Grau, em significativa parte, especialmente nos anos finais de ensino, não tenha nem operários e nem camponeses, mas todos os outros – intelectuais antigos, pequena-burguesia, burguesia e de ideologia mercantil – tradicionalmente buscando a possibilidade de "terminar o ginásio para cair no mundo" – e assim, os preconceitos – e preconceitos nocivos – sobre o Segundo Grau como um nível preparatório para o ensino superior, continuam tenazmente vivos até agora.

Em primeiro lugar, a escola de Segundo Grau não pode ser *apenas* um grau escolar preparatório ao ensino superior, e isso por diferentes razões.

Principalmente porque orientar os níveis escolares inferiores por exigências e questões da educação superior é radicalmente errado. Dos que se formam no Segundo Grau, uma porcentagem muito pequena passa para o ensino superior, mesmo com condições normais (agora ele é ridiculamente pequeno). Mesmo depois que as Faculdades dos Trabalhadores[31] gradualmente deixarem de ser um fenômeno temporário, esta porcentagem não crescerá muito.[32] Fundamentalmente, a massa termina sua formação no Segundo Grau. Portanto, não há nenhuma justificativa para que os programas da escola de Segundo Grau e seu plano de trabalho sejam definidos pelo ensino superior.

---

[31] Faculdade dos Trabalhadores – instituições de educação geral para a preparação em instituições de ensino superior de jovens operários e camponeses que não tinham o ensino secundário, entre 1919 e 1940. (N.T.)

[32] Deve-se ter em mente que as Faculdades de Trabalhadores se tornarão instituições permanentes por muitos anos a partir do ano em curso; não se deve também esquecer que os camponeses têm um grande acesso a elas.

O Segundo Grau deve ser algo diferente. Talvez um tipo elevado de escola de educação geral? Em algum momento isso ocorrerá, começando no momento em que o nível de nossa cultura, bem-estar material e as condições do regime futuro exigirem uma escola de educação geral elevada para todos. No presente momento, ela poderia ser apenas privilégio de uma insignificante minoria. Não se deve, é claro, criar tais privilégios.

Decorre disso claramente a colocação da questão: *ou é preciso eliminar completamente do Segundo Grau o seu Segundo Concentro,[33] ou seja, o 8º e 9º anos de ensino; ou é preciso dar a ele uma orientação com objetivos específicos, que concretizem tarefas práticas definidas, respondendo a exigências e problemas atuais de nossa construção soviética.*

Nós consideramos absolutamente correta a segunda solução, a qual também é indicada pelo Narkompros.[34]

Isto, é claro, não significa que se deva fechar as portas da escola superior aos formandos do Segundo Grau. O Segundo Grau deve dar a possibilidade de que os mais capacitados continuem a formação também no ensino superior. Mas esta não é a *única* e nem mesmo a mais importante tarefa do Segundo Grau.

O Segundo Grau deve ser orientado a objetivos específicos, para que os dois últimos anos dele, em seu Segundo Concentro,[35] tenham uma série de inclinações no sentido de tornar a escola "prática". Analogamente às escolas FZU,[36] a

---

[33] Concentro é uma subdivisão interna a um determinado nível de ensino, por exemplo, o Segundo Grau com 4 anos, tem dois concentros: o primeiro é composto pelos dois primeiros anos (6º e 7º anos) e o segundo pelos dois últimos (8º e 9º anos). A denominação mais próxima que temos em português é "ciclo" (como nos casos das redes de ensino que adotam progressão continuada). (N.T.)

[34] Órgão superior da educação soviética: Comissariado do Povo para a Educação. (N.T.)

[35] Refere-se ao 8º e 9º anos, ou seja, aos anos finais de ensino do Segundo Grau. (N.T.)

[36] No original, "fabzabycha", escolas de sete anos junto às fábricas – FZU. (N.T.)

qual será construída com sete anos, o Segundo Concentro do Segundo Grau deve ser a *escola da "atividade de serviço"*, tendo como tarefa um círculo significativo de atividades de trabalho para o qual o jovem deve preparar-se.

O que foi dito antes é, agora, completamente evidente e já decidido pelo Narkompros. A concretização futura destas posições básicas aponta para diferentes formas e abre uma série de pontos para discussão.

O primeiro deles é: deveria o Segundo Concentro do Segundo Grau ser organizado separadamente do Primeiro Concentro na forma de uma escola completamente independente (semelhante aos "cursos" de dois anos profissionais, como fez Moscou)? Nos inclinamos a responder negativamente a esta pergunta: criar uma inclinação prática na escola de Segundo Grau na direção da preparação do operário de "trabalho de serviço" não deve significar organizar uma escola *especial* de sete anos. Se fosse assim, então o certo seria falarmos coerentemente na eliminação completa do Segundo Concentro e sua substituição por uma rede de escolas técnicas, as quais já existem em nosso sistema nacional de ensino. Assim, esta questão não se coloca para o Segundo Concentro. Não valeria a pena também, então, falar sobre os princípios da reorganização do Segundo Concentro. Mas isto não é bem assim, e aqui estão algumas das razões.

Em primeiro lugar, a organização de um curso de tipo profissional de dois anos independente, facilmente pode levar a uma extraordinária estreiteza em sua preparação, como já dissemos antes. Uma profissionalização estreita e apressada forçosamente conduzirá a um enfraquecimento da formação geral que é o centro da escola, e a especialização alcançada não terá uma suficiente e sólida ligação com toda a atualidade, com as tarefas gerais da construção soviética. Não é necessário muito tempo, talvez, para que o estudante seja colocado como uma engrenagem específica de uma grande máquina complexa, entretanto, há o risco de que não tenha tempo para conscientizar-se do lugar desta engrenagem no conjunto de toda a máquina e compreender sua estrutura global e o trabalho geral de toda esta máquina. No entanto, as formas de atividades de serviço enumeradas antes exigem, antes de tudo, uma boa *educação geral* e apenas *algum grau* de especialização.

Em segundo lugar, a tarefa do Segundo Concentro não é a mesma que a das escolas técnicas. Estas preparam, por assim dizer, "mestres" e o Segundo Grau deve formar "aprendizes".

Este aspecto está fortemente ligado com um segundo ponto de discussão: o caráter da própria especialização. A questão aqui é a seguinte: se para a profissionalização reservamos dois anos inteiros com a manutenção da obrigatoriedade de um mínimo de educação geral, então não deveríamos limitar a profissionalização somente a uma pequena especialização em uma dada profissão? Ou, ao contrário, tendo em vista a necessidade de manter um mínimo de educação geral, não seria melhor dar na escola apenas uma introdução geral em uma especialidade prática?

Em essência, a questão pode aqui ser resumida como segue: de que operário de *massa* nós precisamos no "trabalho de serviço"? Precisaria tal operário de uma boa formação multilateral ou, ao contrário, um bom conhecimento completo de um único processo de trabalho? Consideramos que ele precisa tanto de uma como da outra – de uma boa preparação geral (com uma boa introdução geral em uma dada atividade de um ramo prático) e de um bom conhecimento em alguma especialidade. Em realidade, o que será de um professor do campo que quase nada saiba sobre como trabalhar com adultos, ou não tenha como ajudar a organizar um jardim de infância de verão ou o lote de terra? Ou, que utilidade tem um contador para nós se ele não conhece as formas de trabalho em cooperativas? A questão, entretanto, é se a *escola* poderia preparar tais operários? Aqui começam as divergências propriamente ditas.

Pensamos que a escola não pode e não sabe realizar inteiramente esta tarefa. O objetivo da escola é preparar as crianças para que, *em curto tempo, com pouco gasto de energia e força, adquiram experiência* (com um pagamento mínimo à vida "pelo ensino") e *além disso, de modo independente, possam se tornar tais operários.*

É notório que mesmo depois do ensino superior especializado, na prática, ainda há muito para ser aprendido. Nenhuma escola está em condições de substituir plenamente a "escola da vida real". Mas a tarefa da escola é fazer com que os adolescentes entrem nesta "escola da vida" com o menor custo possível. E se é assim, então a tarefa da escola consiste, em primeiro lugar, em dar ao estudante um bom desenvolvimento politécnico e social geral para orientação prática na vida; em segundo lugar, orientar o estudante em uma profissão específica preponderantemente por meio da prática, para tornar menos oneroso para ele o choque direto com a prática e ensiná-lo a dominar, independentemente, os fenômenos circundantes compreendendo-os; em terceiro lugar, acostumá-lo a pensar a sua prática cientificamente, saber propor questões teóricas a partir de problemas práticos e procurar independentemente sua solução científica.

A resolução desta tarefa no Segundo Concentro, quase não deixa possibilidade para uma profissionalização aprofundada, ainda que de maneira muito estreita – portanto, deve-se recusar a especialização estreita e aprofundada no Segundo Concentro do Segundo Grau.

Ela será substituída por dois outros objetivos mais importantes: 1) A colocação correta da formação politécnica e social, bem como a introdução nos fundamentos de uma dada profissão (em uma inclinação); 2) A atividade prática da criança amplamente conduzida em um campo de trabalho escolhido, o qual deve ser bem ligado com o eixo da educação geral, e também com as bases teóricas gerais da "inclinação" profissional. Eis porque nós consideramos mais correto colocar a questão sobre como "tornar prático" o Segundo Concentro, a partir de uma base politécnica geral, do que com a "profissionalização" ou "especialização".

Tal colocação da questão contém em si o risco de duas tendências incorretas, das quais é preciso antecipadamente prevenir.

A primeira tendência é a tentativa de voltar a escola de Segundo Grau para o velho caminho contemplativo da escola de "educação geral", com o desejo oculto de manter o Segundo Grau como um "ginásio soviético" de preparação para o ensino superior. A necessidade de manter o eixo da educação geral e politécnica da escola, a objeção contra a especialização estreita – tudo isso dá motivo para fazer tal "correção" na profissionalização, permitindo que da reorganização do Segundo Concentro nada fique.

A segunda tendência é a compreensão incorreta da prática dos estudantes em uma dada inclinação profissional. Hoje já se pode observar em alguns lugares que a prática no Segundo Concentro foi substituída por "aulas práticas" em laboratórios ou gabinetes – análises mercadológicas, em exercícios de correspondência comercial, em um manual de gestão contábil etc. Em outras palavras, aqui há, por um lado, o retorno à antiga escola de comércio (sob a denominação de "inclinação para cooperativas"), e de outro, à preparação estreita de especialistas por caminhos teóricos e livrescos.

Deve-se lutar contra ambas as tendências nas "inclinações" profissionais. A colocação correta do problema da prática no Segundo Concentro nos conduz para a questão de uma nova forma de trabalho na escola, a qual nós antes chamamos de *atividade bilateral*.

A tarefa da escola neste nível consiste em fazer, praticamente, alguma preparação de pessoas com bons princípios sociais e com papel originariamente auxiliar – aprendizes. Seria necessária aqui uma preparação teórica extraordinariamente alta? Não, mas é preciso que se tenha a habilidade de realizar *de fato* o trabalho. No entanto, tal habilidade só pode ser criada *no processo de trabalho prático nas condições reais de uma situação viva*, e não entre as paredes de um laboratório que nunca substituirá a prática da vida real. Isto não significa é claro a negação do laboratório – ele tem o seu lugar. E na medida em que a atividade "de serviço" deverá ocupar um grande lugar no trabalho escolar, ainda na escola de Primeiro Grau, então no Segundo Concentro é necessário apenas fortalecê-la, torná-la mais específica, séria e responsável. Dito de outra forma, é necessário: *1) Que os jovens no Segundo Concentro do Segundo Grau estejam ligados, durante determinado número de horas por semana, ou durante um prazo bastante longo, ao trabalho em algum órgão do Estado, da economia, de uma instituição, ou de uma empresa; 2) que este trabalho esteja de acordo com os interesses da instituição no que diz respeito a seu volume e responsabilidade; 3) que este trabalho seja científica e socialmente esclarecido e aprofundado na escola.*

As crianças fazem tal trabalho com dupla responsabilidade – perante a escola e perante aquela instituição na qual a prática do estudante se desenvolve.

A organização do trabalho na escola, de acordo com a tendência que tentamos desenvolver neste livro, prepara as crianças para esta atividade duplamente responsável. A partir de deveres de trabalho de tipo mais simples no interior da escola, através de hábitos técnicos de trabalho, o estudante passa para o trabalho social da escola, no qual ele participa como membro de um coletivo, e daí, passa para a prática individual com responsabilidade individual perante organizações do Estado e da sociedade externas à escola.

Evidentemente, esta forma de trabalho deve ser realizada de preferência nos últimos anos escolares; ela facilita a supressão das barreiras que separam a escola da vida; a entrada do estudante na vida, depois de terminada a escola, deixa de ser um salto no desconhecido, tornando-se uma transição bastante fácil e, quanto mais passar despercebida, melhor será para o estudante.

Não podemos aqui, devido às características do tema examinado, dar mais detalhes para esclarecer a questão sobre o Segundo Concentro do Segundo Grau. Nós gostaríamos de fazer apenas algumas conclusões relativas aos princípios que decorrem da nossa colocação da questão sobre a prática dos estudantes.

Talvez a conclusão principal que determina toda a natureza do próprio problema da profissionalização (ou, como dizemos, da "concretização da prática"; nós aqui mantemos um ponto de vista particular) consiste no seguinte: podemos desenvolver em grau máximo a individualidade do estudante com uma inclinação para trabalhar em uma dada profissão, sem criar toda uma série de "sub-inclinações".

De fato, raramente pode-se conseguir colocar todas as crianças em condições completamente idênticas na prática. Na maioria dos casos, por exemplo na educação, teremos que colocá-las em diferentes ocupações em um ramo comum, por exemplo, no jardim da infância, na escola de Primeiro Grau, no destacamento dos pioneiros, nas escolas elementares de eliminação do analfabetismo, nas casas de leitura, no clube e na biblioteca.

Na prática, tal distribuição seria quase inevitável, no caso do trabalho na educação. Ou para quem tem inclinação para o trabalho com cooperativas: na ajuda da contabilidade, nas lojas das cooperativas, nos armazéns ou na administração etc. Simultaneamente, podemos dar a todas as crianças de uma dada inclinação um conhecimento teórico básico comum aos integrantes desta.

É natural então: 1) respeitar a vontade e a inclinação do estudante na escolha da ocupação para realizar a prática do trabalho; 2) além da teoria geral dada para todos, deve-se ter também trabalho independente com tarefas individuais ligadas com a prática escolhida e que ajude o conhecimento teórico de um dado campo prático; 3) atrair para a orientação do trabalho do estudante operários especialistas sob a orientação dos quais e com ajuda dos quais a criança realiza sua prática.

A segunda conclusão refere-se às diferentes etapas da atividade prática do Segundo Concentro. Podemos destacar três. A *primeira* etapa ocorre no início do 8º ano e nós a chamaríamos de etapa de orientação. Aqui, o estudante entra pela primeira vez em contato com a prática real, por exemplo, na qualidade de observador ou de auxiliar técnico.

Nesta etapa, ele acumula impressões novas e fundamentais, faz importantes observações que mostram a ele onde está a essência dos problemas práticos. O valor desta etapa consiste em que surge para o estudante a compreensão das formas de trabalho que ele observa, suas dificuldades reais, suas ligações com o ambiente de sua realidade, fazendo surgir problemas teóricos fundamentais para o estudante ligados a uma dada profissão.

Com esta base, já é possível construir solidamente uma elaboração teórica de pontos fundamentais, ligados com uma dada inclinação, e ao mesmo tempo passar para a *segunda* etapa da prática, ou seja, à realização de determinado trabalho em uma dada instituição, à transformação do estudante em um trabalhador real com uma ocupação definida, mesmo que por enquanto na condição de auxiliar. Esta segunda etapa irá transcorrer paralelamente e em ligação com o trabalho em matérias aplicadas específicas.

Gradualmente, da segunda etapa se passa à *terceira*, isto é, trabalho independente em ligação com o trabalho em cima de problemas práticos específicos. Concretamente, apresentamos a questão da seguinte forma: no 9º ano de ensino (talvez na sua segunda metade) as atividades típicas com aulas cessam e cada estudante, *em ligação com sua prática* específica, recebe uma tarefa prolongada de alguns meses, que tem significação e valor prático, isto é, um determinado *tema de um projeto*. Esta terceira etapa nós a denominamos, portanto, de etapa de projetos. Tal *projeto* deve: 1) revelar a habilidade do estudante para lidar com a formulação do problema e as formas previstas de sua resolução; 2) fortalecer e aprofundar hábitos para a aplicação e uso de dados teóricos, elaboração de fontes bibliográficas, pesquisa e elaboração de dados etc.; 3) mostrar a orientação do estudante em sua especialidade; 4) ter interesse e significado prático na escolha da especialidade do estudante.

Para o exame do projeto apresentado, chamam-se especialistas, de preferência sob orientação dos quais se realiza a prática do estudante. Melhor ainda se estes próprios especialistas-práticos propõem também o tema do projeto na suposição de futuro uso prático dos resultados do trabalho.

Não é difícil ver que, em grande medida, a natureza das etapas da prática do estudante define todo o caráter da "concretização da prática" do Segundo Concentro e em muito resolve um determinado aspecto do ponto discutido e mencionado antes.

A terceira conclusão é sobre a natureza da passagem do estudante da escola para a vida. Como já falamos antes, a atividade prática do jovem pode resultar em uma passagem harmoniosa dos bancos escolares para a participação prática na vida. Esta passagem através da terceira etapa de projetos da prática modifica o caráter tradicional da "formatura dos estudantes". Até agora, nos acostumamos a preparar os que se formam na escola através de um purgatório de provas de todos os tipos e nomes – através de "chamadas orais", "trabalhos de prova" etc., ou se quisermos, simplesmente através de trabalhos forçados camuflados de exames. Sempre e inevitavelmente, tal caráter de término da escola conduz a um claro e desenfreado aumento de manuais teóricos estreitos, mais trabalho formal--livresco para "treinar para exames".

Em vez de diminuir cada vez mais este tipo de trabalho, nós comumente o levamos ao ponto mais alto, e então, interrompe-mo-lo após uma longa fermata,[37] jogando o jovem ou a jovem na vida, onde eles sem ajuda se debatem como um cachorro na água, lutando no mar da vida. Nós propomos exatamente o contrário. Muito tempo antes do término da escola (seis meses antes), o estudante dedica todo o seu tempo exclusivamente ao trabalho prático e a um projeto – conduzido de forma completamente independente – o qual deve, na medida do possível, facilitar a sua entrada na vida, perante a qual o estudante já responde por seu trabalho.

Estes são, a nosso ver, os princípios da participação das crianças no trabalho "de serviço" e as conclusões que decorrem disso sobre a natureza do Segundo Concentro do Segundo Grau.

Mas aqui nós nos enfrentamos com um problema de outra ordem.

É evidente que não é apenas a escola que está interessada no "trabalho de serviço" jovens, mas também, em grau não menor,

---

[37] Fermata: uma notação musical que exige que o músico prolongue uma nota, às vezes até o dobro do tempo, e é seguida de uma parada. (N.T.)

as instituições estatais, sociais, econômicas e outras nas quais os estudantes vão trabalhar.

Até então, os estudantes eram admitidos neste trabalho (naqueles casos onde eram realizadas tentativas semelhantes a este tipo) por acordo entre a escola e esta ou aquela organização. Acordos desse tipo tinham, na maioria dos casos, um caráter puramente privado. Mas com a colocação ampla e de massa da questão do trabalho dos jovens em diferentes instituições e empresas, seria impossível limitar-se a uma solução amadora. Isso significa que o problema deve ser resolvido pela *via legislativa em escala nacional.* Requer-se o estabelecimento de formas claras de trabalho dos jovens; é necessário que haja uma espécie de "armadura" protetora dos adolescentes nos vários campos do "trabalho de serviço". As escolas que se colocam no caminho da condução de seus estudantes através de uma prática semelhante, devem começar a obter a correspondente regulamentação legislativa.

Mas não é somente esta a tarefa imediata.

Mesmo a efetivação de uma "armadura" legislativa para os adolescentes do Segundo Concentro não dá os resultados desejados se os operários-especialistas adultos, sob supervisão de quem os jovens trabalham, não souberem relacionar-se com eles como educadores que ajudam a escola em sua tarefa imediata, isto é, a preparação da nova geração. Para que essa atividade de trabalho das crianças, fora das paredes da escola, tenha os efeitos necessários em relação à formação delas, *é preciso que a ideia da educação pelo trabalho não seja patrimônio apenas de uma casta de sacerdotes – os professores da escola.* Mesmo se todo o magistério, sem exceção, dominasse plenamente a ideia da educação pelo trabalho, nós avançaríamos lentamente na construção da escola, se junto com isso esta ideia não tivesse grande difusão entre amplas camadas da população, entre as massas operárias, entre os adultos com as quais os jovens vão se defrontar no seu processo de trabalho.

Assim, a saída dos jovens dos limites das paredes da escola, transfere parcialmente para a "vida" a educação, isto é, para toda a população adulta com a qual o jovem entra em contato. Nós, professores, deixamos de ser, assim, os únicos especialistas aos quais a população confia seus filhos, lavando as mãos nesta questão. Significa que cada operário, cada camponês, cada funcionário deve, em primeiro lugar, compreender o que faz a escola, como ela educa, o que cada jovem faz fora das paredes da escola, por que ele faz isso; em segundo lugar, cada um deles deve sentir a necessidade de ajudar a escola na educação das crianças e dos jovens. Idealmente, toda a população adulta deve tomar parte ativa na educação da juventude, os professores e a escola devem ser, nesta questão, como orientadores.[38]

Mas agora, não são raros os casos em que muitas pessoas "educadoras" veem nas tentativas da educação pelo trabalho uma "estupidez" que deve ser abandonada e "obrigar o jovem a estudar pelos livros"; frequentemente nos deparamos com que o camponês olha para uma excursão de pesquisa como um passatempo inútil no qual em vão se gasta sapato; nós conhecemos mais de um caso, quando na loja da cooperativa e nas instituições soviéticas, mandam-se as crianças de volta avisando "dizem que vocês estão apenas perambulando muito 'folgados' por aí; deviam sentar para fazer ditado" etc.

Estes casos, talvez já não sejam tão frequentes. Mas para erradicá-los, e principalmente, infundir na população relações favoráveis à educação pelo trabalho, e temos muito a fazer. Em primeiro lugar, é claro, a população deve ver na própria escola, de fato, a superioridade da nova educação, isto é, *a escola deve*

---

[38] Em russo: "rukovoditelyami". (N.T.)

mostrar esta superioridade. Mas, além disso, o magistério deve colocar para si, uma tarefa social primordial – a *difusão ampla da compreensão das ideias da escola do trabalho.* Isto, é claro, deve fazer não apenas o magistério, mas também o partido, o sindicato, as organizações sociais e, claro, o Narkompros. Mas o magistério deve fazê-lo em primeiro lugar; esta é sua tarefa imediata. Com a introdução da compreensão da escola do trabalho, os êxitos da educação pelo trabalho estarão mais assegurados.

Mas a melhor propaganda é a propaganda feita com o próprio trabalho. A propaganda da escola como um todo. A tarefa de propaganda pela ação ainda nos leva para outro aspecto, para as formas de atividades de trabalho descritas antes, ou seja, para o "trabalho social sem qualificação técnica" e para o trabalho social da escola e da criança, o qual nós denominamos antes de "unilateral". Estas formas de atividades são valiosas, pois elas são acessíveis, em uma ou outra de suas formas, a toda a escola, mesmo não tendo nem oficinas e nem ligação com a produção.

A maior vantagem deste tipo de trabalho está em sua variedade, e por isso também a possibilidade de escolha de determinadas tarefas para diferentes escolas, diferentes idades, diferentes objetivos específicos. Para se convencer disso, é suficiente observar os inúmeros exemplos de trabalho social da escola e do movimento dos pioneiros já existentes – da leitura de jornal para os camponeses até a organização de casas de cultura camponesa e de leitura; dos jogos com crianças do campo até a organização nas escolas dos jardins de infância de verão, parques infantis de verão e creches infantis no campo; do reparo dos barris de bombeiros até a construção da ponte; da ajuda na colheita da safra pelas famílias camponesas até a regulamentação da exploração do solo de toda a aldeia; da participação na liquidação do analfabetismo até a criação de uma rede de locais para liquidar com o analfabetismo, destinada para a população não organizada em associações como cozinheiras, empregadas domésticas, donas de casa etc.

Toda esta atividade tomada da prática de diferentes escolas é possível. Elas são um pouco unilaterais pela natureza da atividade, mas variada pela esfera que abarcam. Elas podem ser ainda mais significativamente variadas, se a ideia da importância das atividades sociais e de serviços da escola na educação de lutadores e construtores da sociedade comunista, torna-se reconhecida por todos e difundidas.

É preciso enfatizar que este pensamento começa a receber correto reconhecimento também nos quadros da escola. Vejamos alguns fatos.

Na primavera de 1924, o plano do governo de Moscou empreendeu uma pesquisa no comércio e indústria de Moscou, incumbindo da tarefa as escolas de Segundo Grau do Departamento de Educação de Moscou (os envolvidos eram do 7º e 8º grupos das escolas de verão). A pesquisa foi realizada por meio de um questionário e deu, como se diz, um abundante e interessante material. É preciso saudar por todos os meios este belo primeiro passo. Nesta direção deve-se divulgar a ideia de que a escola é um centro cultural que pode ser útil de muitas maneiras e boa para conduzir tais tipos de atividade. É preciso que o passo dado pelo plano do governo de Moscou receba o devido reconhecimento do Partido e da imprensa soviética e seja imitado. Infelizmente, a escolha do momento e do caminho da pesquisa foi sem sorte e não esteve em correspondência com o aspecto pedagógico do trabalho em grau suficiente.

Em Gomel,[39] o parque da cidade foi transferido para a jurisdição do destacamento dos pioneiros que o mantém ple-

---

[39] Gomel é uma cidade da Bielorrússia. (N.T.)

namente em ordem, tendo nele uma série de suas instalações, conduzindo lá seu trabalho com a população.

Em Voronezh[40] a administração usa a escola para as suas necessidades de pesquisa, coletando dessa maneira os materiais necessários.

É necessário assinalar também outros exemplos nos quais as escolas não foram utilizadas pelas instituições, quando o uso delas daria bons resultados e seria, ao mesmo tempo, muito útil para as crianças.

Assim, por exemplo, no outono de 1924 foi feita uma pesquisa na região de Moscou por membros do Conselho de Moscou. Ali, infelizmente, as escolas não foram tidas em conta como ajudantes ativas e apenas quando a pesquisa foi iniciada, a informação chegou até o Departamento de Educação de Moscou, o qual utilizou a escola para esta tarefa, apenas parcialmente. Mas a pesquisa caiu em um período morto da escola (início do outono) – não houve avaliação prévia do momento.

Nós consideramos uma necessidade fundamental *que o interesse de todos pela escola e pela educação das crianças seja tão grande que não haja possibilidade de se ter um empreendimento de tipo semelhante sem que apareça imediatamente a ideia sobre a escola e sobre a possibilidade dela ser convidada para a tarefa de uma ou outra forma.*

Isso ainda não ocorre. Nós somos muito pouco educados para saber usar a escola em pesquisas da realidade. Mas nós também somos muito pouco educados para desprezar uma força cultural como a escola.

Esta ideia deve ser difundida amplamente e de todas as formas. Deve-se lutar de todas as maneiras pela sua concretização.

---

[40] Voronezh é uma cidade da parte europeia da Rússia. (N.T.)

IX. A Organização Científica do Trabalho

O problema da Organização Científica do Trabalho (OCT) é um dos mais atuais do nosso tempo, de especial importância para a URSS, pois ele se liga (ou melhor, é o fundamento) com as tarefas de recriação, e principalmente, reconstrução de toda nossa indústria e gestão da economia. A Organização Científica do Trabalho (OCT) que surgiu e desenvolveu-se na América e Europa ocidental como forma de intensificação do trabalho, tendo como objetivo fortalecer a exploração do operário e a ampliação do lucro do capitalista, pode e deve ser transformada para nós em seu contrário, isto é, deve tornar-se um forte meio de elevação da produtividade, de uso racional da energia do operário, de construção econômica e planificação de nossa economia, orientada e administrada pelos trabalhadores de acordo com os interesses dos trabalhadores. A Organização Científica do Trabalho, de instrumento de exploração, transforma-se em instrumento de libertação.

Mas, transformando-se em seu contrário, a OCT exige de nós outras condições e outros fundamentos para seu desenvolvimento, em vez daqueles do capitalismo ocidental. Se lá a OCT é introduzida de cima para baixo, como um plano determinado, forte e friamente pensado para espremer do trabalhador em oito horas (e em muitos lugares em dez ou doze horas) semanais o máximo que ele possa dar no auge das suas forças, demitindo-o, digamos, aos quarenta anos de idade, excluído como um limão espremido, como um incapacitado para o trabalho, colocando em seu lugar um operário saudável e forte da enorme reserva de forças humanas, que não tem emprego, então, para nós, a OCT *não pode deixar de ser realizada de baixo para cima,* com a participação de toda a massa operária na tarefa da Organização Científica do Trabalho, criando um claro entusiasmo ao redor desta tarefa, colocando a OCT como um dos métodos para consolidação de nosso longo avanço no campo da revolução social.

Imaginamos que obter resultados positivos com a OCT só é possível nas condições de engajamento da mais ampla massa de trabalhadores na compreensão das ideias da Organização Científica do Trabalho e na concretização de suas práticas.

Se é assim – e as coisas se passam exatamente assim – o problema da Organização Científica do Trabalho assume uma grande importância, tornando-se para a escola, que forma e prepara a atividade de amplas massas, uma questão atual que é indispensável introduzir na escola, de alguma forma.

Isso pode ser feito por dois caminhos. O primeiro – e este é o mais simples – consiste em introduzir na escola uma nova disciplina, "a Organização Científica do Trabalho", escrever os manuais correspondentes e começar a ensinar OCT nesse ou naquele grupo do Segundo Grau. O segundo caminho, mais difícil, mais minucioso, mais "trabalhoso", consiste em colocar todo o trabalho escolar, em particular todo o trabalho prático da escola no terreno da OCT.

Decididamente, nós nos manifestamos contra o primeiro caminho e a favor do segundo. Antes de tudo porque a Organização Científica do Trabalho não é ainda uma ciência suscetível de ser popularizada nos limites de uma disciplina escolar. Encontramo-nos ainda no processo de *criação* da OCT como ciência, procuramos o caminho, colocamos os marcos. Pensamos que é prematuro, e mesmo arriscado, acreditar que seja atualmente possível a popularização dos princípios científicos da organização do trabalho para ensino na escola.

Em segundo lugar, a OCT supõe principalmente sua aplicação na vida. Trata-se de uma disciplina que só ganha sentido em suas aplicações práticas. Se nós nos colocamos a tarefa de que os jovens, futuros operários da Rússia Soviética, possam assimilar mais e mais as aplicações da OCT, é indispensável que *sejam educados* nos fundamentos da Organização Científica do Trabalho. Da mesma forma, por exemplo, desejamos organizar a escola e o trabalho educativo com fundamentos marxistas, sustentamos o marxismo em cada canto da vida escolar, mas, no entanto, seria pouco provável que alguém pudesse pensar em introduzir o marxismo na escola sob sua forma filosófica, econômica e histórica enquanto disciplina escolar. Isto seria pouco acessível em escala mesmo para os jovens mais velhos do Segundo Grau, e mesmo assim seria possível apenas para alguns mais desenvolvidos, para os quais nós poderíamos organizar um círculo de estudos apropriado. Mas, para toda a massa de crianças, desejaríamos conseguir unicamente: que elas, na prática, *sentissem* a abordagem marxista em tudo; que se criasse, por assim dizer, uma *atitude marxista frente ao mundo*, com base na qual se forja neles, em idade mais velha, uma *visão de mundo marxista*. Também dessa forma devemos colocar a questão da OCT. Não é necessária uma exposição da OCT como uma disciplina, mas é absolutamente necessário que as crianças diariamente vivam na atmosfera da OCT; que elas diariamente se convençam da importância e necessidade da OCT; que a OCT penetre em toda a vida escolar, tornando-se parte integrante dos interesses e aspirações das crianças, organicamente ligados *à sua vida e ao seu cotidiano*. Assim, a criança desenvolverá o gosto por tais tipos de assuntos e de questões. E então nosso objetivo será plenamente alcançado.

Com qual método isto será colocado em prática? Aqui temos dois aspectos da questão os quais dependem de dois aspectos na Organização Científica do Trabalho. Um refere-se ao trabalho individual, o outro é a sua organização coletiva.

Uma das tarefas da OCT consiste no estudo dos métodos de racionalização do trabalho individual. Ela nasce da racionalização dos movimentos e dos esforços musculares, isto é, da procura de formas com a ajuda das quais pode-se, com maior economia tanto no sentido de tempo como também no sentido de gastos musculares e de energia nervosa, automaticamente e quase inconscientemente, realizar uma série de movimentos e executar um trabalho bem definido, por exemplo, corte com cinzel, limar uma superfície plana etc.

Nesta tarefa entra também a racionalização de instrumentos para processos específicos, disposição e planejamento de instrumentos e materiais no espaço da máquina, para que tudo esteja definido, em lugar racionalmente escolhido, à mão etc.

O estudo científico da racionalização dos movimentos e esforços musculares é difícil e seria pouco provável de ser conseguido pela escola; os demais aspectos podem e devem ser colocados na escola quase em qualquer tipo de trabalho físico, a começar da limpeza dos banheiros ou a varrição do assoalho e terminando com o trabalho no torno. Aqui é importante *chamar a atenção do estudante* para este lado do trabalho, levar registro, anotar o tempo com o relógio nas mãos, tirar conclusões dos dados obtidos, em resumo, levar as crianças a se interessarem pela OCT; mostrar a eles, com exemplos da realidade concreta, em que medida isto é importante e como pode ser atingido com meios simples já nos estágios iniciais da racionalização, por assim dizer, com "bom senso".

Aqui é oportuno nos determos no ponto de vista do Instituto Central do Trabalho (ICT) e esclarecer porque ele nem sempre é válido na escola. O ICT no processo de racionalização dos movimentos e esforços musculares estudou alguns milhares de importantes processos de trabalho produtivo e obteve determinados resultados que dão a possibilidade de ensinar racionalmente estes processos de trabalho. O método (geral, é claro) consiste em que o operário deve antes assimilar pelo treinamento uma série de determinados movimentos e então ele passa para um determinado processo de trabalho no banco do carpinteiro, e após estudá-lo, passa para o que segue, enquanto ele não assimila todas as técnicas racionais necessárias. O objetivo aqui consiste em dar ao operário a correspondente qualificação e habilidade para despender economicamente suas forças.

Mas o objetivo da escola de educação geral não se limita a dar alta qualificação ao estudante, pois nossa tarefa é, principalmente, educativa e, em segundo lugar, educativo-politécnica.

Em analogia ao que ocorre no ICT com seus objetivos, aqui, o estudante deve ser conduzido para os objetivos da escola.

Nós já esclarecemos, antes, porque consideramos importante que os estudantes façam algum *objeto efetivamente necessário* desde o início do trabalho nas oficinas escolares, e não tenham que primeiro estudar uma apresentação das técnicas de trabalho, por exemplo, "peças e cinzelamento desnecessário de rebarbas". Nós pensamos que não devemos assumir o ponto de vista do ICT (tendo em vista os nossos objetivos de educação geral e não de especialização), pois aqui, os objetivos são diferentes. A confecção de alguns objetos já desde os primeiros dias, mesmo os mais simples e para iniciar, até malfeitos, é mais importante na relação educativa do que as técnicas racionais de um dado processo de trabalho, que exigem treinamento prévio e comparativamente grande tempo para seu estudo com perfeição.

Quando passamos do trabalho *individual* para o trabalho coletivo, desenha-se ante nós outro grupo de tarefas da OCT que se refere ao planejamento e organização racional da realização de um determinado trabalho por um coletivo; que se relaciona com a organização de algum trabalho regular ou periódico de uma instituição mais ou menos complexa; com a organização de um aparato administrativo ou executivo etc. Este conjunto de tarefas tem, tanto na vida como especialmente na escola, maior importância ainda, porque nós na escola, na grande maioria dos casos, estamos diante de um trabalho coletivo, nela realizamos coletivamente algum trabalho em particular, e toda a atividade de auto-organização escolar deve conduzir à correta organização dela, pois a própria escola é uma grande e complexa organização. A tarefa de educar hábitos organizacionais como tarefa da escola, é tão óbvia que não requer nem propaganda, nem esclarecimento específico. Mas ela pode ser realizada de uma forma mais ou menos racional, e por isso é necessário o *estudo* de certos elementos da organização.

Pensamos que a introdução dos elementos da Organização Científica do Trabalho em todos os eventos da organização da escola ocorre como segue. Todo trabalho empreendido pelas crianças coletivamente, por exemplo, reunião aos sábados na escola,[41] organização de saraus[42] ou festas, excursão para um lugar longínquo, auto-organização na escola, pode ser dividido em três partes: em primeiro lugar, *um plano de trabalho previamente formulado* que inclua o planejamento do trabalho no tempo, no espaço, a divisão dos recursos humanos e materiais; depois segue-se o momento da *execução do trabalho*, com participação direta das crianças na condução do plano previsto na prática; e finalmente, o *balanço do trabalho realizado*, ou seja, coleta de dados durante sua execução sobre o andamento da realização do trabalho, processamento destes dados, seu exame, crítica e as correspondentes conclusões.

Tal ordem também deve ser colocada para o trabalho da criança. Começando pelos casos mais simples, devemos gra-

---

[41] Reunião de trabalho voluntário em que cada estudante realiza algum trabalho socialmente necessário. (N.T.)

[42] O sarau é uma reunião festiva que ocorre à tarde ou à noitinha com a apresentação de eventos musicais, serestas, cantos etc. (N.T.)

dualmente conduzir as crianças para as tarefas mais complexas de planejamento do trabalho coletivo, para a criação de planos organizacionais, ensinando a elas a prática da avaliação prévia de todas as condições e circunstâncias. A execução do trabalho, na maioria dos casos, não caminhará segundo o plano estabelecido, sempre havendo um ou outro desvio. Mas é preciso que as crianças aprendam a identificar, durante o processo, os desvios do plano previsto, ou melhor, a formular corretamente todo tipo de balanço do trabalho. O balanço é um momento importante. Mas os dados da avaliação não devem ser reunidos apenas para o próprio processo de avaliação, como infelizmente ocorre com frequência, mas devem servir de base para o estudo de todo o processo de trabalho. O balanço correto nos ajudará a distinguir, primeiramente, as causas ocasionais que obstaculizam a realização do trabalho segundo o plano traçado, isto é, causas que não dependem de nós e que não reforçam o plano original. Depois, esclarecemos aquelas circunstâncias as quais nos obrigam, no processo de trabalho, a recuar do plano inicial, mas que nós não levamos em consideração, não levamos em conta oportunamente, embora tivesse sido possível fazê-lo. Finalmente, destacamos os nossos erros e falhas no plano organizado, devido a nossa insuficiente habilidade em organização. Tal balanço crítico, do tipo "avaliação da avaliação", nos dá material para *apreciar as mudanças futuras do plano e a direção das buscas por novas formas de organização*. Por este caminho, nós não apenas desenvolvemos nas crianças hábitos de organização, mas infundimos neles o gosto pelas formas racionais de planejamento e avaliação, isto é, o gosto pelos problemas fundamentais da OCT.

Esboçamos aqui apenas o esquema do trabalho, o qual pode ser modificado e alterado em diferentes direções. Nós não estamos dizendo que cada passo da escola será construído desta forma. O importante é a ideia de introdução dos princípios da OCT na escola, na atmosfera em que as crianças vivem e trabalham. Nos anos mais velhos de ensino, a introdução da OCT em todo o processo escolar, pode ser fortalecida e pode finalizar com alguma conclusão teórica sobre os elementos da OCT. Com este sentido, é possível se falar em *ensino da Organização Científica do Trabalho*.

A dificuldade de introduzir por este caminho os elementos da OCT na escola deve-se ao fato de que é preciso que haja conhecimento sobre a OCT, já que ela não é amplamente difundida. Assim, nós mesmos não organizamos o trabalho pedagógico e do pessoal da escola com base na OCT por não termos nem motivos, nem gosto e nem os conhecimentos necessários. Mas, passo a passo, a OCT será introduzida na escola como uma companheira indispensável do trabalho escolar, começando pelo autosserviço através do planejamento da auto-organização escolar complexa e do trabalho nas oficinas, no campo, na horta ou trabalho pessoal de cada estudante até chegar a algumas conclusões gerais sobre a OCT.

X. Conclusões

A análise das diferentes formas específicas de trabalho realizada anteriormente esclarece o fundamento de nosso ponto de vista sobre o trabalho na escola.

De todo o exposto, claramente decorre uma tese fundamental: o problema sobre o *trabalho na escola não pode ser colocado separadamente das finalidades gerais da educação.*

Não é o trabalho em si, o trabalho abstrato,[43] como se fosse em si a própria essência natural dos elementos que educam, o que deve servir de base para a educação pelo trabalho.

---

[43] "Todo o trabalho é, por um lado, dispêndio, no sentido fisiológico, de força humana, e é nesta qualidade de trabalho igual, [abstrato] que ele constitui o valor das mercadorias. Todo o trabalho é, por outro lado, dispêndio da força humana sob esta ou aquela forma produtiva, determinada por um objetivo particular,

O trabalho, enquanto gasto (ainda que racional) de energia cerebral ou muscular, tem peso e importância ínfima em relação às *nossas finalidades da educação*. Sob tal concepção de trabalho pode-se introduzir tudo que seja conveniente, até mesmo um trabalho forçado como o de memorizar manuais nos dias que antecedem os exames. Isto (sem brincadeira) se tentou fazer no período de recusa do trabalho na escola e do retorno puramente ao estudo. Não negamos *um certo* valor ao princípio do esforço pessoal no ensino, mas isto é uma pequena parte de um problema mais geral sobre a educação comunista do trabalho.

Não, a base da educação comunista é antes de tudo o trabalho tomado na perspectiva geral de nossa atualidade, o trabalho socialmente consciente, na base do qual *se forja inevitavelmente uma determinada compreensão da realidade atual*, isto é, o trabalho que introduz a criança desde o início no *trabalho socialmente necessário*[44] *na atividade das pessoas*.

Para isto, não é suficiente só o *estudo* da atividade de trabalho das pessoas, mas é necessário indiscutivelmente, na medida das possibilidades e adaptada para uma dada idade, uma participação séria no trabalho social, participação socialmente consciente e que desperta uma série de impulsos internos, uma série de emoções de tal ordem que transformam o ensino desapaixonado na escola em algo distinto, bonito, cheio de energia, entusiasmo e ímpeto revolucionário e que forja um método de abordagem para a vida, com convicção e uma visão de mundo.

---

e é nessa qualidade de trabalho concreto e útil que ele produz valores-de-uso ou utilidades. Tal como a mercadoria tem, antes de tudo, de ser uma utilidade para ser um valor, assim também o trabalho tem de ser, antes de tudo, útil, para ser considerado dispêndio de força humana, trabalho humano, no sentido abstrato do termo." Marx, K. *O capital*, Vol. I, Tomo I, Cap. 1, Seção 2: Duplo Caráter do Trabalho Representado na Mercadoria. (N.T.)

[44] Trabalho concreto e útil, produtor de valor de uso. Ver nota anterior. (N.T.)

Nisto está a diferença de princípio da nossa ideia de escola do trabalho em comparação com a escola dos reformistas burgueses na Europa e na América.

Três conclusões fundamentais surgem de nossa atitude em relação ao trabalho.

A *primeira* diz respeito à essência da educação.

Em que está a essência da educação no próprio sentido estrito da palavra? Educar socialmente uma pessoa significa dar a ela informações de apoio para resolver a contradição entre o "eu e o outro", entre o "indivíduo e a sociedade", isto é, dar o fundamento para a avaliação ética de si, como um membro da sociedade, para resolver a questão sobre *seu lugar* nesta grande luta que é tão densa na atualidade.

Não podemos seguir pelo caminho que, no melhor dos casos, tínhamos no tempo pré-revolucionário: "Veja, aqui está o seu conhecimento, decida por si mesmo como vai agir, como você vai relacionar-se com a sociedade na qual você vive". Dissemos: "no melhor dos casos", porque, geralmente, os conhecimentos transmitidos na antiga escola deveriam educar em uma determinada direção autoritária, por sua natureza e conteúdo – só os míopes não enxergavam isso.

A escola soviética deve ter tal organização que a criança, pela marcha da vida escolar, diariamente, se vê na contingência de responder para si mesma esta questão – "eu e o outro" – e responder com precisão, unicamente pela forma justa.

A escola deve conduzir a questão de forma que responder a esse problema seja uma necessidade interna férrea da criança, uma necessidade de importância prática. E isto significa que a criança deve frequente e continuamente se encontrar em situações em que esta questão vitalmente não pode deixar de ser colocada e vitalmente não pode receber uma resposta ambígua. Isto só pode ser alcançado no processo de atividade das crianças, no processo de sua atividade prática, atividade importante e significativa para as crianças, com elas e com o ponto de vista delas, baseado, por conseguinte, no trabalho que tem sentido social, isto é, atividade que provoca uma necessidade, de alguma forma dirigida ao conhecimento. Daí decorre nosso olhar para o trabalho na escola, antes de tudo, como um fenômeno de ordem social. Daí também decorre a grande atenção dada ao trabalho social da escola como uma das mais importantes formas de trabalho coletivo.

A *segunda* conclusão é sobre o papel cultural da escola, que cresce com base no trabalho.

O papel da escola como centro cultural entre a população circundante não é negado pelo pensamento pedagógico da Europa Ocidental e da América. Além disso, alguns representantes do pensamento pedagógico democrático supõem que unicamente através da escola é possível "pela paz", pelo caminho do "progresso gradual" alcançar um futuro melhor, a felicidade humana. Entre esta forma de ver a escola e a nossa há uma profunda diferença de princípio e de prática.

Nós, como marxistas, olhamos para a escola como uma superestrutura cultural edificada sob um determinado modo de produção e, portanto, também as relações sociais não dependem da vontade dos indivíduos e dos reformistas. Na sociedade dividida em classes, a escola, ou irá servir, evidentemente, aos interesses da classe dominante, isto é, neste caso não se pode falar sobre qualquer papel cultural real dela na questão da libertação das classes oprimidas, que constituem a maioria da população; ou esta serventia é dissimulada de todas as formas e então o magistério torna-se, objetivamente, instrumento das classes dominantes, nem sempre consciente subjetivamente e, por vezes, até pensando de forma honesta que move livremente a cultura para frente. Nesse segundo caso, o qual agora, em época de enganação "democrática" das massas, tem lugar com frequência nos países "progressistas", o professor, subjetivamente sincero e que está a serviço da cultura, enfrenta-se com o impasse das contradições de classe.

Nos Estados Unidos da América observa-se nos últimos 20 ou 25 anos um fortalecimento do desenvolvimento para aperfeiçoar os métodos de produção agrícola. Na tarefa de elevação cultural da agricultura, em alguns Estados, as escolas do campo jogaram um papel excepcional (nós deveríamos estudar os métodos de trabalho destas escolas e adaptá-los para nossas condições!). Será que a situação do arrendatário que obteve uma dupla colheita de espigas melhorou? De qualquer maneira, não na mesma proporção. Ele está obrigado a ter uma significativa intensificação do trabalho, mas o melhor, através de cooperativas, fica inteiramente com os bancos, é levado pelos grandes bancos, pelas companhias exportadoras de cereais etc.

A quem, nestes casos, serve a escola em seu papel de centro cultural? Não estaria suficientemente claro?

Os professores americanos mais progressistas sentem bastante bem a anomalia da situação, mas infelizmente, compreendem mal sua razão de ser. Os melhores professores democratas e pacifistas começam a tomar consciência de que a "solução teórica do problema da educação é muito difícil na América, se é que não é impossível". E isso é correto, caso se pretenda resolver o problema da educação na América "sem mexer em todo o resto"!

A questão é radicalmente diferente nas escolas da URSS. A tomada do poder, em outubro de 1917, pela aliança entre a classe operária e a camponesa, significou um salto "do reino da necessidade para o reino da liberdade". Esta ideia, é preciso compreendê-la no sentido de que, com a tomada do poder, com a tomada das fábricas e usinas, com a expropriação da terra dos fazendeiros e tendo esmagado as classes dominantes, o proletariado agora *dirige* toda a transformação da vida no interesse das amplas massas trabalhadoras; dirige também o planejamento de nossa economia, com o que a partir de agora a marcha das coisas não se submete mais cegamente às relações de produção que independem da vontade das pessoas ("reino da necessidade"), porque as próprias relações de produção estão nas mãos do proletariado e com esta ditadura de classe, são conscientemente dirigidas para o bem de todos ("reino da liberdade"). Todo o sentido de uma revolução social está em que os processos que até então escapavam à vontade humana, passam agora a ser subordinados a ela.

Isto, decisivamente, muda também nossas tarefas, o peso e a importância daquelas iniciativas culturais e até mesmo dos "representantes da cultura", que até a tomada de poder pelo proletariado não davam para as massas populares quase nenhum resultado e levavam ao beco sem saída das contradições de classes. Sobre a grandiosidade e *plausibilidade* destas tarefas, escreveu Lenin em seus últimos artigos. Eis um dos trechos de Lenin em "Sobre a cooperação":

> Em que consiste o plano fantástico dos antigos cooperativistas, começando com Robert Owen?[45] Em que eles sonharam com uma transformação pacífica da sociedade moderna pelo socialismo sem levar em conta uma questão básica como a questão da luta de classe, da conquista do poder político pela classe trabalhadora, da derrubada da classe dominante de exploradores. E por isto, estamos certos ao considerarmos este socialismo 'cooperativista' inteiramente fantástico, algo romântico, até mesmo vulgar ao sonhar que, com simples cooperativas, a população possa transformar inimigos de classe em colabora-

---

[45] Robert Owen (1771-1858) foi um reformista social galês considerado um dos fundadores do socialismo e do cooperativismo. É considerado um socialista utópico. Foi um dos mais importantes socialistas utópicos. (N.T.)

dores de classe e a luta de classes, em paz entre classes (a assim chamada paz cidadã) [...]

Mas, o que aqui se fala sobre os cooperativistas-utopistas, pode em grande medida aplicar-se aos reformadores utopistas--escolares, aos pedagogos que acreditam somente na força da educação.

> Mas veja como a questão muda agora, quando o poder dominante está nas mãos da classe operária, uma vez que o poder político dos exploradores foi derrubado e que todos os meios de produção [...] estão nas mãos dos trabalhadores.
>
> Agora temos o direito de dizer que o simples desenvolvimento da cooperação é idêntico para nós [...] ao desenvolvimento do socialismo, e que, ao mesmo tempo, ele nos obriga a reconhecer uma mudança radical em nosso ponto de vista a respeito do socialismo. A mudança radical consiste em que, anteriormente, o centro de gravidade encontrava-se e devia mesmo se encontrar, na luta política, na revolução e na conquista do poder etc. Mas, agora, *o centro de gravidade se desloca na direção de uma organização pacífica do trabalho 'cultural'* [ênfase posta por M. Pistrak]. Eu estou convencido de que o centro de gravidade para nós transfere-se para o trabalho intelectual, se não fossem as relações internacionais e a necessidade de lutar para defender nossas posições no plano internacional. Mas se deixamos isso de lado e nos limitamos às relações econômicas internas, para nós o verdadeiro centro de gravidade do trabalho se encontrará agora no trabalho intelectual.

Depois de indicar a tarefa da transformação de nosso aparelho de Estado, Lenin continua:

> Nossa segunda tarefa é o trabalho intelectual para o camponês. E este trabalho cultural com o campesinato, com objetivo econômico, tem em vista exatamente a cooperação. Em condições plenas de cooperação nós ficaríamos com os dois pés no solo socialista. Mas estas plenas condições de cooperação incluem em si tal cultura do campesinato (precisamente o campesinato como

massa colossal) que *esta plena cooperação não é possível sem uma completa revolução cultural* [ênfase M. Pistrak].

[...] Para nós, esta revolução cultural é suficiente para que nos tornemos um país inteiramente socialista.

Não é preciso demonstrar ao leitor, em primeiro lugar, o papel imenso que a escola deve e vai desempenhar nesta revolução cultural e, segundo, que a ação cultural da escola não se chocará com o impasse das contradições insolúveis, porque "nós começamos não pelo fim, como era aconselhado pela teoria (todas pedantes), porque nossa revolução política e social precedeu a revolução cultural, revolução cultural na qual, não obstante, agora nos encontramos." (*Idem*.)

Todo o dito esclarece a diferença de princípio que existe entre nós e os países burgueses em relação ao papel cultural da escola. Para nós, o papel cultural da escola é incomparavelmente maior e, o que é mais importante, temos todas as chances de pleno sucesso, o que não há na sociedade burguesa.

Dessa constatação surge uma diferença prática. O papel cultural da escola não pode ser efetivado sem a ligação do seu trabalho com o trabalho geral e com a construção socialista, porque o papel cultural da escola não é um papel que dependa só dela, que tenha o objetivo de "pela força espiritual" consertar as injustiças do sistema social, mas é um papel que decorre da lógica desta reconstrução da vida, a qual é determinada pela passagem para a ordem socialista, ou seja, *um papel auxiliar em todo o desenvolvimento produzido unicamente pela vontade dos trabalhadores.*

E isso supõe, em primeiro lugar, a participação no trabalho geral e também a existência de formas específicas de trabalho, que ligam diretamente a escola e a vida (trabalho social da escola); e em segundo lugar, o desenvolvimento máximo dos momentos de trabalho coletivo, com os quais a escola como um todo, pode e deve atuar como um coletivo de trabalho organizado.

Deste papel da escola, como centro cultural, decorre também a tarefa de introduzir gradualmente cada um dos jovens individualmente na atividade prática de trabalho.

A *terceira conclusão* é sobre a "ligação do trabalho com a ciência".

Depois de tudo o que foi apresentado, é fácil ver quão ingênua é a colocação desta questão quando se propõe basear o trabalho de ensino do conhecimento formal de diferentes matérias escolares, em um conjunto de processos de trabalho. Em tal colocação da questão (e a ela conduz todas as tentativas anteriores), todo o problema limita-se a uma questão de método, com o que este problema é colocado fora da dependência das finalidades gerais da escola.

Como este problema é colocado na nossa interpretação?

Primeiramente, é preciso levar em conta que nem o trabalho e nem os conhecimentos científicos constituem fins em si mesmos. Isso significa que a questão não está nem na própria ciência e nem no próprio trabalho, mas em algo mais geral, exterior, que define o lugar tanto da ciência, quanto do trabalho no sistema geral da educação. A questão está nas *finalidades gerais da educação do ser humano* postos para o novo regime soviético; por estas finalidades, o trabalho é definido como a participação ativa na construção da atualidade, na escola e fora dela, e a ciência como uma prática generalizada e sistematizada, isto é, como uma interpretação desta atualidade para a determinação do lugar de cada um nela. Quer dizer, não é a imediata junção do ensino e processo de trabalho, mas a sua ligação às finalidades gerais da vida. É compreensível, portanto, que na escola o momento específico da atividade de trabalho da criança e o ensino possam transcorrer também sem a imediata

ligação com as "disciplinas", e que os conhecimentos científicos-
-teóricos, e mesmo os abstratos, possam, eventualmente, ser
aprendidos puramente pelo caminho teórico, sem aplicação
ao correspondente "processo de trabalho". O importante é que
o trabalho e os conhecimentos científicos tenham uma única
orientação, que a teoria seja generalizada e sistematizada pela
prática, e que a prática, afinal de contas, seja baseada nos conhecimentos científicos.

É importante apenas que os conhecimentos teóricos não
sejam uma coisa em si, para assimilação dos quais aplica-se o
trabalho, mas que o trabalho e a ciência sejam sintetizados na
marcha geral para o regime socialista, para que eles conjunta
e inseparavelmente conduzam para as nossas finalidades da
educação.

A busca da ligação entre o trabalho e a ciência não está na
mesquinharia metodológica do "ensino do trabalho", apenas
com valoração dos próprios conhecimentos teóricos em si. Esta
conexão deve ser procurada na síntese natural da teoria e prática, a qual é compreensível e facilmente levada até a consciência
do jovem nas finalidades dos trabalhos e atividades de ordem
socialmente útil.

O método do "ensino do trabalho (e da produção)", porque ele refere-se ao uso do princípio da motricidade, irá dessa
forma, ser colocado em seu pequeno e devido lugar. O centro
de gravidade da questão escolar estará na *construção do sistema
de educação comunista.*

O TRABALHO EDUCATIVO

I. Conteúdo e natureza do material educativo[1]

No primeiro capítulo, já abordamos a questão do conteúdo do trabalho educativo, indicando a necessidade de rever nossa habitual compreensão sobre o que deve ser dado na "educação de nível médio". A solução geral da questão pode ser assim formulada: por educação geral, a ser dada pela escola soviética, deve-se compreender o volume de conhecimentos, hábitos e habilidades possível de ser assimilado em uma dada idade, o

---

[1] O autor usa três termos bastante próximos para designar o conteúdo do trabalho educativo: дисциплина, предмет е материала. Os dois primeiros, claramente se referem a "disciplina" e "matéria". Mas o terceiro pode ser tanto "material" como "matéria" – nesta ordem. Neste caso, a opção do tradutor foi pela primeira: "material". O entendimento do autor sobre o termo "material educativo" é dado por ele mesmo no livro: "*Até aqui, falamos todo o tempo sobre a organização dos materiais educativos. Mas, do que já foi dito por nós sobre o que deveria ser um programa, fica claro que não são apenas as matérias escolares que devem estar ligadas em cada tema do complexo. É preciso o máximo esforço para que todos os aspectos da vida escolar, do trabalho e da atividade das crianças sejam unificados por uma concepção geral do trabalho*". Por isso ele denomina este capítulo de "trabalho educativo" e por isso entendemos que o termo "material educativo" se refere a "todos os aspectos da vida escolar" que apoiam a realização deste "trabalho educativo". Neste sentido, "material educativo" não é apenas livros e manuais. (N.T.)

qual conduz plenamente à compreensão marxista da atualidade e foi definido unicamente para este fim.

Para decifrar esta definição, primeiramente devemos colocar duas questões: uma sobre o conteúdo do trabalho educativo e outra, sobre a sua natureza (ou seja, sobre sua capacidade de lançar luz no processo de trabalho).

Atualmente, essas questões devem ser consideradas solidamente resolvidas para a escola de Primeiro Grau. Apesar de todos os defeitos dos programas do GUS[2] para o Primeiro Grau, inevitáveis em uma primeira aproximação da solução, eles respondem completamente a essas questões. O futuro trabalho do GUS com os programas para o Primeiro Grau, em relação ao material educativo, conduzirá, com toda a certeza, a um cuidadoso balanço da experiência da escola de massa, ao futuro aperfeiçoamento e finalização dos programas com base nesta experiência e para a futura concretização da escola soviética do trabalho, isto é, para uma atenção concentrada na questão tanto do trabalho da escola de Primeiro Grau, como do trabalho social da escola de Primeiro Grau, especialmente no campo.

Um pouco pior está a situação no Segundo Grau e na Escola de Sete Anos.[3]

A eliminação das finalidades gerais de classe da antiga escola conduziu, ao mesmo tempo, a que, ao invés das tarefas específicas de cada disciplina escolar se guiarem por finalidades gerais, cada disciplina se movesse para estabelecer autonomamente sua própria compreensão das finalidades, isolando-se das suas vizinhas. Essa situação continua a predominar aqui e ali, impedindo frequentemente a correta colocação do problema.

---

[2] Conselho Científico Estatal responsável pela organização dos programas de estudo das escolas, presidido por N. K. Krupskaya, ligado à Seção Científico--Pedagógica do Comissariado do Povo para a Educação. (N.T.)

[3] Em russo: семилетке. (N.T.)

Quebrou-se o gelo, por enquanto, apenas em relação à Sociologia. Mas, Física, Matemática e Ciências Naturais, que representam fielmente as disciplinas que são dadas por professores especialistas, têm dificuldade para alterar a noção habitual sobre a independência e o valor educativo de suas disciplinas.

É preciso, então, estabelecer o seguinte: a disciplina escolar não é a transferência da ciência *pura* para a escola e sua adaptação à idade da criança.

Nos níveis superiores do trabalho científico produz-se uma separação *subjetiva* entre a assim chamada ciência pura e sua aplicação prática imediata. A criatividade científica *subjetiva*, o trabalho do cientista, tem como objetivo puramente o conhecimento em si mesmo. Mas na escola, a ciência deve ser dada apenas como instrumento de compreensão e transformação da realidade, do ponto de vista das finalidades gerais da educação. Dos estudantes que saem da escola, 99% serão futuros trabalhadores práticos, e não cientistas, e não se deve, portanto, transpor o enfoque puramente científico do laboratório para a escola de massa, onde se tem por finalidade a *educação social*. A própria afirmação de que a criança, como futura trabalhadora prática, não terá nenhum contato com a ciência "pura" em seu caminho pela vida, mas que afirma ser preciso, mesmo assim, de alguma forma, dá-la na escola, demonstra que é exatamente o contrário, ou seja, que é preciso dar na escola apenas aquilo que lhe é útil mais tarde.

Isso não quer dizer que neguemos a necessidade de fornecer conhecimentos científicos aos estudantes. Ao contrário, nós devemos dá-los em maior grau e de forma mais científica do que na escola antiga. Falando seriamente, a escola antiga dava uma imitação de ciência, uma ciência que nunca seria aplicada na vida depois. Basta perguntar aos especialistas em ciências sociais ou em linguística: será que muitos deles fizeram ou fazem uso da Matemática (por exemplo, trigonometria) ou da Física (com aquele conteúdo que foi dado no liceu)? Podemos dizer com certeza que quase nunca. E isso não porque eles não tivessem onde aplicar esta ciência, mas porque os antigos conhecimentos escolares eram inaplicáveis.

Eles possuíam uma qualidade: a de ser fácil e completamente esquecidos, mesmo depois dos mais ferozes exames.

Nossa escola não precisa deste tipo de "ciência". Devemos dar na escola apenas aqueles conhecimentos *científicos* que, em primeiro lugar, não sejam esquecidos, mas que sejam gravados profundamente; em segundo lugar, aqueles cuja necessidade seja incontestável *para as crianças*; e em terceiro lugar, conhecimentos que correspondam às finalidades principais da escola e ajudem na concretização destas. Em outras palavras, nós devemos, não perseguindo a quantidade, dar com qualidade aquele conhecimento que ajuda o estudante a *dominar solidamente os métodos científicos fundamentais para lidar com os fenômenos da vida, isto é, o conhecimento necessário para dominar a atualidade.*

Por um lado, isso significa que devemos abandonar, sem lamentações, partes inteiras de nossas disciplinas escolares habituais, conservando apenas o necessário, sendo que a necessidade desta ou daquela parte é definida pelas finalidades da escola. É preciso falar sobre esta evidente necessidade porque comumente tenta-se encaixar nos marcos do ensino de nove anos, o antigo curso das instituições escolares médias, esquecendo-se, que ele em essência tinha 11 anos;[4] nos últimos anos isso também aconteceu em relação às Escolas de Sete Anos, pois, como dizem, "como pode um estudante que termina a Escola de Sete Anos não saber, digamos, ótica ou o binômio de Newton."

---

[4] Passava-se aproximadamente dois anos em classes de preparação.

Por outro lado, significa que, na dependência das necessidades dos objetivos da escola e também da sua tarefa básica, é preciso acentuar e reforçar esta ou aquela matéria, uma à custa de outra, dotando as mãos do estudante com um método científico efetivo.

E ainda por um terceiro lado, isto conduzirá a uma unificação do ensino ao redor de um objeto comum de pesquisa, independentemente das disciplinas isoladas que existam.[5] Na escola, uma disciplina não tem um conteúdo completamente independente, unicamente definido pela própria disciplina científica e pelos seus objetivos. Diferentes disciplinas escolares examinam em essência o mesmo conteúdo, ou mais precisamente, diferentes aspectos de um mesmo objeto multifacetado da atualidade.

A ideia por trás dos esquemas do GUS dá suficientes elementos para concretizar e realizar estas exigências.

II. O programa de estudos e o "plano da vida escolar"

O leitor provavelmente se lembra que existia, nos primeiros anos da Revolução, uma tendência que se manifestava *contra* os programas obrigatórios que vinham dos órgãos centrais. O programa, dizia-se, limitará a criatividade do professor, o programa regulamentará seu trabalho, colocando a escola no leito de Procusto,[6] secará e enfraquecerá o pensamento pedagógico, impedindo a criação de uma nova escola. Em resumo, eram esses os argumentos apresentados contra os programas obrigatórios. Esta tendência era, no fundo, uma reação contra a antiga

---

[5] Isso será desenvolvido dentro da noção dos Complexos mais adiante. (N.T.)

[6] Figura da mitologia grega que convidava viajantes para sua casa onde tinha uma cama para eles. Se o viajante fosse maior que ela, cortava-lhe a perna até que coubesse; se fosse menor, o esticava até atingir o limite da cama. (N.T.)

escolástica na escola, um protesto contra o esmagamento do livre pensamento do professor.

A prática não justificou as esperanças de que o magistério, liberado dos grilhões dos programas, criasse por si mesmo uma nova escola. Houve um fracasso. O professor da escola de massa recuperando a liberdade de atuação, perdeu-se, não soube o que fazer e forçosamente seguiu pela linha de menor resistência, voltando ao antigo caminho traçado, pelo qual ele se ligou à tradição, aos preconceitos pedagógicos persistentes e aos costumes. Aqui e ali introduziram-se correções indispensáveis na marcha costumeira do trabalho escolar. Apenas em raros oásis, entre os professores mais novos da escola de massa, começou a se desenvolver uma nova escola, cometendo com isso muitos erros, tropeçando e caindo. A razão fundamental do fracasso residiu no fato de que, no lugar do programa, não foi dado quase nada e, mais importante, não houve uma colocação marxista completamente clara e definida da questão escolar, que desse ao professor uma base sólida para suas próprias pesquisas, ou um critério de avaliação para seu trabalho, um fio condutor para onde ir.

Em 1920-1921 estas insuficiências foram levadas em conta e o Comissariado do Povo para a Educação criou os "Programas-modelo para a Escola Única do Trabalho" (e mais tarde também para a Escola de Sete Anos). Os programas tinham um caráter orientador e não obrigatório. Segundo essas instruções, "as localidades" elaborariam seus programas locais, considerando as condições locais, aproximando-os do ambiente real. Estes programas ajudaram bastante a destruir muitas ideias falsas do nosso tempo, habituais na imaginação dos professores e que se mantinham na escola; mas os programas ainda tinham muitas imperfeições. Seu defeito fundamental consistia em que não unificavam todo o trabalho escolar em uma única abordagem e decorriam de objetivos fundamentais da escola com pouca precisão e clareza; eles tinham vantagens como programas de *estudo,* mas representavam em si apenas uma *reforma* dos conteúdos antigos, e não a *revolução* completa que era indispensável.

Uma clara reviravolta revolucionária foi feita com o esquema do GUS. Ele imediatamente colocou em outra direção o peso da questão dos programas.

Não é necessário expor, aqui, em profundidade, os esquemas do GUS, pois eles são conhecidos. Nos deteremos apenas nos seus traços mais importantes.

O esquema do GUS tem um enfoque marxista da atualidade.

Ele a analisa em seus elementos constitutivos, selecionando aqueles mais importantes e necessários para compreender esta atualidade do ponto de vista comunista, da forma mais acessível para uma certa idade e sintetiza estes elementos. Cada elemento do esquema do GUS é justificado do ponto de vista dos objetivos fundamentais da escola e é um elo necessário de uma única corrente.

Todas as exigências que nós podemos fazer a um programa de estudo estão contidas nos esquemas, se eles forem corretamente estudados.

Em primeiro lugar, os esquemas do GUS dão um *critério para seleção dos materiais,* obrigando a rever os conteúdos das matérias escolares, e mais do que isso, obrigando a verificar a própria necessidade de cada uma delas. Nos esquemas, isso está claramente expresso em relação às ciências sociais, e menos em relação às disciplinas de Ciências Naturais, e isto é uma insuficiência dos esquemas.

O esquema do GUS dá também indicações sobre aqueles aspectos que nesta ou naquela disciplina devem ser destacados e acentuados; ele indica, por exemplo, qual deve ser a natureza do trabalho educativo; a partir dos esquemas é claramente visível o significado dos elementos da técnica e da tecnologia na Física e na Química; a produção (e não uma abordagem contemplativa nas ciências biológicas) é a constante ligação entre as disciplinas científico-naturais e as ciências sociais (uma transição da técnica para a economia e vice-versa) etc.

Finalmente, o esquema do GUS, em toda sua essência, aponta para uma inseparável ligação entre si de todas as disciplinas escolares, cujo trabalho deve atender a finalidades últimas e únicas da escola e tem um ponto de partida comum, fazendo com que estas finalidades últimas residam, não no plano do próprio ensino das disciplinas, mas no plano social. Em outras palavras, o trabalho com os esquemas só é possível tendo como resultado a síntese.[7]

Nós, é claro, de forma alguma consideramos ideal e acabada a forma atual dos esquemas do GUS. Neles existem algumas falhas. Há erros em determinados lugares, muitas generalidades e faltam certos aspectos que ainda não foram considerados. Mas, em sua ideia básica, ele é incontestável. Representando em si apenas uma solução aproximada e primeira, os esquemas serão aperfeiçoados e desenvolvidos no futuro, especialmente depois do balanço da experiência das escolas com os esquemas do GUS.

Mas, para que a experiência das escolas tenha pleno valor, é necessário que o trabalho com os esquemas do GUS seja colocado na escola com suficiente intencionalidade e que os próprios esquemas sejam corretamente compreendidos por ela.

Entretanto, é exatamente aqui, nos parece, que nem tudo vai bem. Uma série de aspectos que está na base da ideia central dos esquemas, está sendo subestimada.

---

[7] Síntese entre o ensino das disciplinas e o trabalho social. (N.T.)

Nós temos atualmente programas elaborados com o esquema do GUS para o Primeiro Grau e para o Primeiro Concentro[8] do Segundo Grau, isto é, para toda a Escola de Sete Anos. *Por enquanto*, eles são apenas programas de *ensino*. Compreendemos muito bem que a Seção Científico-Pedagógica do GUS, que fornece os programas para todas as escolas, seja obrigada a agir com excepcional cuidado e publicar somente aqueles materiais e em tal forma que possam ser, sem grande dificuldade, introduzidos na escola de massa comum. Mas é incontestável (e todos os dados o provam) que a Seção Científico-Pedagógica do GUS avançará mais, englobando todos os aspectos da escola, na medida em que surja sólida possibilidade de recomendar à escola, autorizadamente e com segurança, inovações baseadas tanto na teoria, como na prática.

Mas aquilo que se explica como um compreensível cuidado de uma instância científico-pedagógica central, de forma alguma deve ser transformado em princípio pela escola de massa. Apesar das ressalvas, apesar das indicações de que o trabalho da escola não se organiza tão somente para a atividade de ensino, a escola, tendo em mãos os novos programas, compreendeu e aceitou-os quase que unicamente por este lado do ensino e colocou, principalmente, todo o seu propósito em como *ensinar* pelos programas do GUS. Todo o barulho, toda a discussão, todo o debate "sobre os complexos e habilidades do GUS" gira unicamente em torno da interpretação de como ensinar pelo programa do GUS e deixa escapar todo o restante da vida da escola, todo o restante da vida e do trabalho da escola, sobre os quais os esquemas e programas do GUS não falam claramente, mas que está contido em todos eles.

---

[8] Dois primeiros anos do Segundo Grau. (N.T.)

Os programas que devem ser utilizados *imediatamente* pela *escola*, não devem ser apenas programas de *ensino*. Devem ser *programas e planos de educação* no sentido amplo dessa palavra. Vamos agora esclarecer nosso pensamento.

É completamente compreensível, e foi aceito generalizadamente, que nossas escolas não podem viver e trabalhar, todas elas, de acordo a um único modelo, mas que cada escola deve levar em conta as condições específicas nas quais ela é obrigada a trabalhar, tais como as condições econômicas e de gestão locais, costumes, quantidade de crianças, dimensões da escola, a base material da escola etc. Em primeiro lugar, é natural, portanto, que desde o ponto de vista de um órgão central, nunca se poderia atribuir programas e planos que pudessem ser aplicados a quaisquer condições; desde um órgão central pode-se dar apenas *linhas gerais*, orientações gerais; a contragosto, o órgão central dá apenas algo esquemático. Em segundo lugar, está claro que cada escola deve adaptar os programas e planos às suas condições específicas.

No entanto, estes programas que elaboram *para si cada escola*, não devem ser apenas destinados a ensinar. Devem ser elaborados, claramente, planos de atividades de trabalho das crianças, que dependem em grande medida das condições locais.

Os programas devem conter indicações sobre a ligação entre seu material educativo e estas atividades de trabalho, em suas várias formas. Esta ligação deve ser conduzida não no sentido de um método de ensino do trabalho ("método de laboratório de trabalho"), mas no sentido da articulação do trabalho e do material educativo com a marcha geral da vida escolar.

Os programas devem fazer uma síntese com a autodireção escolar; eles devem, pelo menos, levar em conta a auto-organização dos estudantes.

Cada escola deve escolher para si uma determinada parte do trabalho social, deve ter seu "trabalho social" preferido. Este trabalho social da escola deverá também ser coordenado com todo o desenvolvimento do trabalho educativo e com todo o restante da vida escolar.

Os programas devem ser ligados com todo o tipo de trabalho em clubes, festinhas, espetáculos, apresentações e feriados festivos.

Os programas devem conter indicações sobre em que medida sua execução pode e deve estar ligada com o plano de trabalho dos pioneiros na escola ou com as células da Juventude Comunista.

A educação Física, a organização científica do trabalho, o trabalho nos círculos, as excursões para lugares próximos e distantes, a escola de verão – tudo deve ser de alguma forma ligado com os programas em um todo único.

Em uma palavra, os programas devem englobar a vida escolar como um todo, ligados pelas finalidades gerais da educação.

"Então, não serão mais programas, mas planos de vida", dirá o leitor. Sim, planos de vida, se é mais conveniente dizer. E por que não deveríamos passar de programas de ensino para "planos de vida"? Será que nós, com toda a marcha de desenvolvimento de nossa escola, não caminhamos para isso?

Os planos de vida, que englobam também os programas de ensino no estrito sentido da palavra, tornaram-se uma necessidade, porque a escola transformou-se de *um local de ensino de crianças, em um local de vida infantil.*

A nosso ver, temos necessidade, atualmente, de três coisas.

Em primeiro lugar, passarmos de ensino para educação, e de programas para planos de vida.

Em segundo lugar, exigir que todas as escolas elaborem, com base inevitavelmente nos programas esquemáticos e diretrizes gerais indicadas pelos órgãos centrais, planos detalhados de seu trabalho, "planos de vida", ou como agora muitos dizem, "planos de produção", com um ano de antecedência, levando em conta as indicações anteriores sobre os aspectos relativos às condições concretas da escola.

Em terceiro lugar, com base na prática de massa é necessário que o órgão central (o GUS) generalize e sintetize esta experiência, impulsionando-a e dando fundamentação teórica e indicações práticas gerais para a marcha do futuro desenvolvimento da escola.

A necessidade de cada escola elaborar planos anuais da vida escolar é ditada ainda por outras circunstâncias.

Na primeira edição do presente livro, um ano atrás, nós escrevemos o seguinte:

> Olhem para as escolas um pouquinho mais animadas ou para as escolas experimentais do Comissariado do Povo para a Educação e províncias. Vocês encontrarão nelas a auto-organização, círculos de estudo, trabalho, destacamento de pioneiros, células da Juventude Comunista e tantos outros.

Mas nelas há um defeito geral: as crianças estão demasiadamente sobrecarregadas; isso não é apenas um defeito, mas quase um crime.

Atualmente, após um ano de experiências, podemos redobrar o que foi dito, por um lado, pelo fato de que o discurso da sobrecarga das crianças está agora em quase todas as escolas, especialmente nas cidades e, por outro, o problema da sobrecarga das crianças tornou-se um problema atual em relação a nossa juventude; sobre ele fala-se por todos os lados; sobre ele se organizam grandes campanhas.

Mas nada mudou e tudo está como antes.

Mas qual a razão do aparecimento da sobrecarga? Ela ocorre porque as exigências apresentadas pela vida à escola, pela escola e pela vida às crianças, não são calculadas quanto ao tempo e não estão baseadas na avaliação das forças das crianças. Realmente, vejamos os interesses de um estudante ativo: a célula da Juventude Comunista e a vanguarda dos pioneiros exigem seu trabalho; a auto-organização toma forças e tempo; é necessário e agradável trabalhar nos círculos; amanhã, é preciso fazer um artigo para o jornal mural; na oficina há trabalho urgente; levar adiante o ensaio para a próxima festa ou aniversário; e ainda com disposição, trabalhar no destacamento dos pioneiros, na vigilância, preocupar-se com a organização dos dados das excursões, tarefas de Física e ciências sociais, entre outras obrigações.

Mas, por outro lado, olhemos para o trabalho de um pioneiro ou de um membro da Juventude Comunista: na maioria dos casos, ele realiza no destacamento ou na célula quase o mesmo que na escola: o pioneiro estuda os fenômenos da natureza enquanto está no acampamento, lê, escreve, desenha, trabalha na oficina; o membro da Juventude Comunista estuda o movimento da juventude à luz da luta revolucionária do proletariado em geral, interessa-se pelos acontecimentos atuais, conduz a propaganda antirreligiosa, lê livros sobre a história do movimento operário e a história do Partido etc. Mas tudo isto também já faz parte, em maior ou menor grau, do trabalho da escola. Mas será que levamos em conta todos estes interesses dos estudantes no plano geral de trabalho? Geralmente não. Mas se os levarmos em conta, se em geral considerarmos tudo o que entra no círculo de interesses dos estudantes da escola atual, então encontraremos nas diferentes partes da vida escolar, muitos destes pontos comuns que podem ser unificados.

Muitos poderiam ser condensados no tempo, evitando-se o paralelismo. Isto não apenas condensa o trabalho, mas também reanima aquele trabalho que nem sempre interessa para as crianças. Isto exige, de parte da escola, um plano anual de toda a vida escolar.

É claramente evidente que um plano anual da vida escolar não apenas deve levar em conta o paralelismo de atividades, a condensação de trabalho, mas também construir com bases sólidas a exigência da Cultura Física, a qual nós criminosamente menosprezamos até agora. Esta negligência da Cultura Física, entre outras coisas, é decorrência de que nunca antes *todos* os aspectos da vida da criança foram abarcados pelo olhar educativo da escola, pois garantimos apenas a parte do ensino; o resto da vida da criança fora da escola, em casa, para nós quase não interessava. Certamente, essa negligência deveu-se muito às condições materiais dos professores e da escola, mas isso não muda o fato.

Podem nos objetar dizendo que é impossível manter um plano da vida escolar, no nosso entendimento desta palavra, porque a organização dos pioneiros e da Juventude Comunista não é da competência da escola; que o professor e a escola não se envolvem em toda uma série de aspectos da vida e da atividade dos estudantes, e por isso, são influenciados até por conclusões que pregam a necessidade de que seja a *escola* a orientar, digamos, o movimento dos pioneiros ou até mesmo são influenciados por amargas recriminações, e às vezes também por observações irônicas sobre a educação "social" das crianças.

A questão sobre a inter-relação das crianças e da organização política dos pioneiros com a escola é uma questão à parte, que será mais à frente examinada em detalhe por nós. Aqui apontamos o seguinte:

Em primeiro lugar, é indubitável que a organização político--social das crianças e da juventude deve articular seu trabalho com o da escola. Em relação a isso, tudo já foi definido. O órgão central do Partido e da Juventude Comunista já deram e dão as correspondentes diretivas.

Em segundo lugar, as próprias organizações dos jovens e das crianças colocaram na ordem do dia a questão da sobrecarga de trabalho e podemos estar seguros de que farão frente a ela sem esquecer dos interesses da escola.

Em terceiro lugar, estas organizações, de todas as formas, querem uma forte ligação de seu trabalho com o professor, e a escola não tem motivo para queixar-se da dificuldade de um pleno acordo e linguagem comum nesta questão, se ela assimilar a linha correta de relacionamento com estas organizações.

Em quarto lugar, se está correto tudo o que nós falamos no capítulo sobre o "trabalho" – em relação ao envolvimento das amplas massas da população na questão da educação das crianças– então, disso é preciso também tirar uma conclusão prática sobre a eliminação da casta pedagógica de professores e encontrar métodos corretos de, juntamente com toda a vida, educar as crianças, a saber, juntamente com as organizações externas à escola, isto é, encontrar métodos de coordenação da escola com as influências que atuam sobre as crianças, mas que estão fora das suas paredes.

Em quinto lugar, o dito antes impõe uma conclusão: o plano anual da vida escolar não deve ser apenas elaborado por pedagogos, mas deve ser elaborado juntamente com os adolescentes, com as crianças e organizações da juventude, com organizações dos adultos, de um modo ou de outro em contato com a escola. Caso contrário o plano não será vivo. Mais que isso, ele não terá nada em comum com a ideia de educação social que nós aqui desenvolvemos.

E, apesar de tudo isso, nós pensamos que a responsabilidade *pedagógica* pelo plano de vida escolar (não falamos sobre a responsabilidade apenas formal, é claro) permanece com o coletivo pedagógico da escola.

Assim, o plano de vida da escola obriga-a a dar mais um passo – colocar-se determinados limites, livrar-se de partes não essencialmente importantes, em particular do que é supérfluo em nossos programas escolares, o que ainda se tem em elevado grau.

O plano de vida escolar elaborado por cada escola para si mesma, a cada ano, é um complemento necessário para quaisquer programas fornecidos pelos órgãos centrais. Tendo tal plano elaborado detalhadamente, nós facilitamos muito e colocamos em base científica também o acompanhamento do trabalho escolar.

Com tal passo mútuo – ou seja, pela complementação dos atuais programas dos órgãos centrais (e também sua reelaboração em relação a uma maior apropriação da vida escolar) e pela sua adaptação em um plano escolar de todo o trabalho da escola, para cada escola –, nós vamos ter, no lugar de um programa de ensino, o surgimento de um *sistema de educação comunista*, baseado nos esquemas do GUS.

Na questão dos programas, a história de nossa escola fecha seu círculo. Começamos com a negação dos programas em nome de abolir os grilhões do professor e que a ele impediam de criar a nova escola. Através da negação desta negação, através dos novos programas, nós chegamos na necessidade de dar ao professor a possibilidade, mais que isso, encarregá-lo da obrigação de elaborar pessoalmente o plano da vida da escola.

Essa síntese só se torna possível porque a criatividade do professor, agora, na nossa escola atual, pode se apoiar na sólida fundamentação da essência da educação social.

III. O complexo

O trabalho com os complexos é incorretamente chamado de *método* dos complexos. É um termo inadequado, sendo mais exato falar de técnicas de trabalho em um método geral de pesquisa, porque com os complexos pode se empregar o método de trabalho de laboratório, de excursão, heurístico e outros. Mais correto seria, portanto, falar sobre um *sistema de organização do material educativo em complexos.*

O sistema por complexos tem atualmente ampla divulgação e reconhecimento entre o magistério. Mas a interpretação deste termo é extremamente variada e contraditória. A literatura existente sobre esta questão quase não dá uma compreensão suficientemente clara do sistema por complexos na escola do trabalho.

> Sobre os complexos e o sistema de complexos foram escritos livros inteiros e ao final o 'complexo' converteu-se em um feti-che, e aquilo que estava claro no início transformou-se em algo confuso, em algum truque pedagógico.[9]

As principais interpretações do complexo poderiam ser assim resumidas.

Uma das primeiras interpretações do complexo (por ex.: "O poço" de F. N. Krasikob) consiste no seguinte: toma-se algum objeto, o qual é examinado do ponto de vista de alguma disciplina ou série de disciplinas congêneres. Por exemplo: o poço, examinado do ponto de vista do ciclo de Ciências Naturais; o lago e a floresta enquanto agrupamento vegetal etc. Desta mesma ordem são: relógio de parede, aurora e crepúsculo, a fogueira do ponto de vista da Física e outros.

Tal enfoque para o complexo resolve a tarefa *metodológica*, isto é, a introdução da aplicação prática nesta ou naquela disciplina e só. A particularidade deste enfoque está no seguinte.

---

[9] Krupskaya, N. K. "Sobre os complexos", programas para o Primeiro Concentro da escola de Segundo Grau. Moscou: Gosizdat, 1925. [O texto faz parte da publicação da Ed. Expressão Popular: Krupskaya, N. K. *A construção da Pedagogia Socialista*: escritos escolhidos. São Paulo: 2017. (N.T.)]

A seleção do objeto de pesquisa é determinada ou por condições fortuitas – pelo interesse casual das crianças ou pelo impacto de um dado objetivo em seu campo visual – ou então pelo método dessa ou daquela matéria, que em algum momento *oportuno* toma para análise um ou outro objeto.

O complexo é um visitante ocasional na escola, que entra na escola somente de vez em quando; tal enfoque não exige a reformulação de todo o material na forma de um complexo.

Não há razão para negar o valor de tais complexos se os consideramos como técnicas metodológicas. Mas tal compreensão dos complexos não tem nada em comum com a organização sintética de *todo* o material educativo na escola, a qual exige a essência dos esquemas do GUS.

Posteriormente, por complexo começou a se entender, mais amplamente, tomar um objeto e reunir ao redor dele, por um determinado tempo, todo o material educativo.

Foi um passo adiante no sentido da concentração do ensino. Mas na prática surgiram, em primeiro lugar, questões e dificuldades que exigiam, antes de tudo, uma análise teórica; e, em segundo lugar, erros que tornavam o sistema por complexo quase sem valor, do ponto de vista das finalidades da escola. As dificuldades apareceram, sobretudo, na aplicação do sistema por complexos à Escola de Sete Anos e à escola do Segundo Grau. Contra os complexos no Segundo Grau apresentaram-se uma série de objeções, que apontavam para a impossibilidade de sua aplicação nos grupos mais velhos. Acreditamos que as objeções e as discussões resultam de um mal-entendido em toda uma série de questões do sistema por complexos.

O sistema por complexos não deve ser visto como uma simples técnica metodológica de organização de matérias. Tal visão nos conduzirá (e conduz) a uma busca da raiz do ensino por complexo na antiga escola, voltando até mesmo para Uchinsky.

O desejo de encontrar uma continuidade das ideias metodológicas quase sempre conduz à dissimulação dos limites de demarcação colocados pela Revolução de Outubro para diferenciar o velho e o novo, desvalorizando e afastando para um plano secundário o ponto mais importante, isto é, a fundamentação sociopedagógica do sistema por complexo na escola soviética.

Como já falamos antes, o esquema do GUS se coloca a tarefa de ajudar os estudantes a entenderem a atualidade do ponto de vista marxista, isto é, estudar a atualidade não de forma estática, mas dinâmica. O estudo da atualidade passa pela familiarização com os fenômenos e objetos em suas *mútuas relações*, pelo estudo de cada objeto, de cada fenômeno desde diferentes pontos de vista. Este estudo deve revelar as relações mútuas de aspectos específicos entre si, esclarecendo a transformação de um grupo de fenômenos em outro, ou seja, o estudo da atualidade deve ser *dialético*. Apenas tal conhecimento da atualidade é um conhecimento *marxista*. Daí decorre a exigência da organização do material em um sistema por complexos, que assegura abarcar a atualidade dialeticamente. E se é assim, então também o próprio sistema por complexos não é, para nós, simplesmente uma boa técnica de ensino, mas um *sistema de organização do material educativo*, justificado pelas finalidades da escola.

Com este ponto de vista é que se deve abordar o sistema por complexos.

Aqui aparece uma série de questões de ordem prática: primeiro, sobre *a escolha* do objeto para o complexo (tema do complexo) e sobre a *relação* dos complexos entre si; segundo, sobre o *enfoque para estudo de cada tema do complexo*; terceiro, sobre a *organização do trabalho pedagógico* para o complexo; quarto, sobre a *organização do trabalho das crianças* no tema do complexo. Todas estas questões são, igualmente, tanto metodológicas como também de ordem sociopedagógica.

A seleção dos temas fundamentais dos complexos, do nosso ponto de vista, não pode ser determinada pela exigência de construir um curso sistemático dessa ou daquela disciplina. A seleção do tema do complexo deve ser determinada *unicamente pelo conteúdo dos esquemas do GUS*. Cada tema proposto para estudo do complexo não pode ser ocasional, nem um objeto ou fenômeno realmente sem importância (mesmo que em um dado aspecto ele possa ser muito importante para a escola), mas deve ser também significativamente importante *do ponto de vista da ampliação da compreensão da atualidade para a criança*. No artigo "Sobre os complexos", citado antes, Krupskaya assinala com razão que "quanto mais os complexos ampliam o horizonte da criança revelando o real e as suas ligações básicas, mais os complexos, criando ligações artificialmente, dificultam o entendimento da realidade para a criança." E continua: "Eis porque é importante que no ensino não exista um complexo geral, mas exista um complexo definido, que esclareça da melhor forma possível a ligação entre os fenômenos."

Colocar toda uma escola para trabalhar durante um mês ou mais sobre um tema como "a vaca" apenas porque se pode dar muitas informações através dele, até muito necessárias, significa fazer uma montanha parir um rato, se *temos em mente as finalidades da educação*. Casos como esse, entretanto, existiram.

Lembro-me como em 1918 ou 1919, alguém, explicando o pensamento de que a escola precisa tornar-se viva, estudar a vida circundante e não a escolástica inacessível às crianças, deu o seguinte exemplo: você sai da escola, alguém tropeça num tijolo, o tijolo atrai a atenção das crianças, torna-se um tema de conversas; o tijolo pode servir para dar uma grande quantidade de conhecimentos, hábitos, habilidades que abarque até duas semanas. Pode ser que isto tenha parecido um novo passo em 1918. Mas, *atualmente*, é inadmissível tal enfoque para o complexo, o qual casualmente toma um objeto que interessa à criança, mas não se entrelaça em conexão geral com a atualidade. Devemos decididamente nos afastar destes complexos, tais como poço, fogueira, vaca, lago, se estes complexos se apresentam para trabalho de um dado grupo como um tema geral independente. Estes objetos não têm em si mesmos uma importância determinante na nossa atualidade.

O critério que determina a escolha do tema dos complexos reside no *plano social*, e não na pedagogia "pura". O complexo deve, sobretudo em conteúdo, ser socialmente significativo e importante para compreender a atualidade (no sentido indicado no primeiro capítulo).

Quando temos um tema geral do complexo, podemos dividi-lo em uma série de temas parciais. Junto com tais temas parciais podemos encontrar objetos em si mesmos com pouca importância. Mas se eles são tomados em ligação geral com todos os temas, se eles entram no tema geral como um elo necessário e justificam sua essência, importância e lugar, então tais temas são admissíveis, pois eles têm um lugar. Toda a essência da questão, aqui, está exatamente na *ligação geral com o tema fundamental*, para o qual se exige que tenha uma importância.

De tal exigência para a escolha do tema do complexo, pode-se tirar duas conclusões.

Em primeiro lugar, sobre a ligação dos temas dos complexos entre si. Como a importância não está nos temas parciais do complexo, eles não deveriam ser isolados uns dos outros. Os temas dos complexos somente se justificam a si mesmo, se eles representam uma *série de elos de uma única corrente que conduz ao domínio da atualidade*. Os temas devem encadear-se uns com os outros; um após o outro devem seguir uma ordem determinada, conduzindo gradualmente à ampliação do horizonte do estudante, introduzindo em nossas crianças uma precisa e nítida compreensão sobre nossa vida e luta, que educa em uma determinada direção. Assim, apenas gradualmente englobando dialeticamente a matéria, pode-se concretizar as tarefas colocadas ante a escola. A ordem da sequência dos temas dos complexos é determinada pelo esquema do GUS.

A segunda conclusão responde à segunda das questões antes colocadas sobre o enfoque para o estudo de cada complexo. Para cada complexo, podemos ter duas abordagens: ou como um objeto preciso, delimitado, estudando-o somente como um fenômeno concreto definido, ou estudando-o como o *objeto principal*, ligado por muitos fios com toda uma série de outros fenômenos não menos importantes, ou seja, como fenômeno que tem aspectos *típicos*, comuns a outros fenômenos análogos, como fenômenos que têm raiz na vida social que, por sua vez, em algum grau, o determina. Explicaremos essa ideia com um exemplo.

No programa do 3º ano da escola do Primeiro Grau, temos um tema: "Ser humano". Aqui se examina a constituição do corpo humano, sua alimentação, o trabalho dos músculos e dos nervos, a proteção da saúde e do trabalho etc.

Pode-se analisar o ser humano apenas como uma criatura biológica e só, mas pode-se a partir do mesmo tema ir analisar, digamos, o trabalho humano socialmente necessário, colocando o problema do trabalho livre e do trabalho dependente; passando para as formas sociais do trabalho, para a luta contra a exploração, à revolução social; o problema da alimentação pode ser colocado em ligação, digamos, com os órgãos governamentais de alimentação e a cooperação; o tema da proteção da saúde levará às doenças sociais, à luta que travamos contra elas aqui e nos países burgueses, à medicina soviética etc. Abordando assim o complexo "ser humano", vamos imediatamente tocar na relação existente entre esse tema e o que se segue depois dele no programa: "A Revolução de Outubro", a qual pode ser iluminada desde o ponto de vista da luta por melhores formas de trabalho humano, pela libertação dos trabalhadores da opressão, da exploração etc.

Esses dois complexos: "O ser humano" e "A Revolução de Outubro", estão, dessa forma, internamente relacionados, digamos, como se um penetrasse no outro.

É evidente que o segundo enfoque de análise é mais correto, porque, por um lado, ele torna o próprio objeto do complexo mais amplo abarcando uma série de fenômenos da atualidade, esclarecendo a ideia geral; por outro lado, tal enfoque assegura a ligação dos complexos entre si em uma corrente única que se desdobra gradualmente.

Esquemática e graficamente, tudo isso pode ser representado da seguinte forma: o objeto concreto do complexo é representado por um círculo em uma determinada superfície. Se o estudo do complexo se limita apenas à superfície contida no círculo, nós teremos o primeiro enfoque. Mas, se o objeto em questão é ligado a outros por uma série de conexões, ocupa não somente a superfície imediata do seu círculo, mas através de uma série de conexões ocupa também a superfície de círculos concêntricos a si mesmo, com raios significativamente maiores que o seu, diríamos que o complexo tem uma *periferia* que nos afasta dos limites do objeto concreto dado e o relaciona com fenômenos mais gerais.

Planejando uma série de complexos em uma determinada sequência, é preciso ter em mente que esta parte periférica dos complexos alargados deve se superpor parcialmente uma à outra, criando, dessa forma, uma *ligação entre os complexos* que não é artificial, mas que *decorre* diretamente da natureza do conhecimento de cada complexo. Este enfoque dá impulso a uma série de *generalizações* no estudo de cada complexo, que serão tanto mais amplas e completas, quanto maior for a idade das crianças.

A resposta às primeiras duas questões colocadas antes esgota, no essencial, a importância do sistema de organização do material educativo em complexos na nossa escola; por esta resposta, justifica-se o sistema por complexos como o único que dá a possibilidade de tanto selecionar, como também estudar o material educativo de forma marxista. Mas é fácil também ver que a não concretização de requisitos fundamentais que se referem à escolha dos temas dos complexos, sua ligação sequencial, enfoque para o estudo e para generalizações sociais, esvazia toda a significação do sistema por complexo, mesmo com os melhores métodos de organização do trabalho.

A terceira questão – sobre a organização do trabalho pedagógico no complexo – não encontra nenhuma dificuldade no Primeiro Grau, onde um grupo inteiro de estudantes encontra-se sob a condução de um único professor. Além disso, na medida em que no Primeiro Grau é dado somente um conhecimento propedêutico, ele não apresenta também dificuldades de colocação do material de estudo em ligação com o complexo.

Mas este problema é um obstáculo nos grupos mais velhos da Escola de Sete Anos e no Segundo Grau, onde, em primeiro lugar, o ensino não se encontra *nas mãos de uma única pessoa, mas de um grupo de especialistas* e, em segundo lugar, onde é mais *difícil reunir e sequenciar a exposição das disciplinas do curso e também organizar, pelo sistema por complexos,* todo o material educativo.

Para dar uma resposta mais ou menos completa a esta questão no Segundo Grau é preciso analisar previamente uma série de pontos específicos e ajustarmos a compreensão de algumas questões.

A primeira delas é sobre a *duração do trabalho* no tema do complexo. Aqui é preciso levar em conta a idade da criança.

No Primeiro Grau, especialmente nos primeiros anos de ensino, as crianças não estão em condições de concentrar sua atenção por um tempo mais ou menos prolongado neste ou naquele objeto ou tema.

Ali, os temas serão analisados por uma, duas ou no máximo três semanas, adaptando-se à idade da criança.

Nos dois grupos mais velhos, a duração do complexo será ampliada; os programas do 3° e 4° anos podem conter até 5 ou 7 temas, isto é, eles somariam em média um mês ou até um mês e meio cada.

Ao mesmo tempo, os próprios temas tornam-se mais amplos, englobando um círculo de fenômenos mais significativo. No 5°, 6° e 7° anos de ensino, os temas do complexo podem ser calculados com um tempo mais longo – de três meses a meio ano escolar –, mas já no 7° ano, possivelmente um ano inteiro, o que é plenamente possível no 8° e 9° anos de ensino.

Em segundo lugar, junto com aumentar o tempo de trabalho, o próprio complexo torna-se mais aprofundado. Se nos primeiros anos de ensino escolhemos para os complexos objetos concretos que se encontram no campo visual da criança; se concentramos sua atenção em um dado objeto, e só indicamos ligeiramente sua ligação com uma série de outros fenômenos; então, com o aumento da idade, o complexo torna-se cada vez mais aprofundado, aquela superfície interna representada pelo círculo, fica significativamente aumentada e ainda mais significativa torna-se a área de seu anel periférico.

As generalizações ganham cada vez mais e mais atenção; o estudo de um dado fenômeno concreto tem cada vez mais o significado de ser um ponto de partida para assimilar uma série de ideias, conhecimentos e hábitos que abarcam cada vez mais amplamente partes da atualidade.

Segundo Krupskaya, em artigo que indicamos antes:

A tarefa da segunda etapa é ainda dar às crianças a possibilidade de orientação na realidade viva. Mas aqui a aproximação já deve ser mais profunda, ela deve repousar no estudo do próprio fenômeno, suas leis internas, a lógica de desenvolvimento interna. Somente com base no estudo aprofundado das classes específicas de fenômenos, da análise aprofundada de suas possibilidades futuras, pode-se dar conta plenamente da síntese do fenômeno.[10]

A terceira questão refere-se ao método de estudo do complexo. *A natureza do trabalho no complexo também irá mudar na dependência da idade da criança.* Nos primeiros anos da escola, quando o complexo dura aproximadamente duas semanas, é possível prender diretamente a atenção das crianças nos aspectos concretos do objeto do complexo durante todo o período de tempo. Aqui, pode-se falar de unificação do ensino, em cada dia, ao redor de um determinado complexo. Mas, quanto mais a idade das crianças aumenta, mais se enriquece o complexo e mais diferenciado torna-se o trabalho no complexo. O tema do complexo pode ser, então, dividido numa série de temas parciais, a atenção das crianças pode ser dividida ao longo destes temas parciais, mas *com a condição de manter solidamente estabelecida na consciência das crianças as ligações internas entre eles.*

Assim, o trabalho no complexo não terá uma linha única de continuidade ao longo de toda a extensão do ensino (unificado ao redor de um objeto concreto definido), mas será um trabalho variado sobre questões diversificadas postas pelos temas parciais que se *unificam em uma única ideia geral fixada pelo tema global do complexo.*

Quanto maior a idade, mais o processo ramifica o trabalho em vários outros a partir de um único ponto, bifurcando a

---

[10] *Idem.* "Sobre os complexos", de N. K. Krupskaya.

atenção e complicando mais o caminho. Por isso, é necessário manter a unidade do enfoque dialético para o complexo.

Uma organização do trabalho desse tipo terá lugar especialmente no Segundo Grau. Aqui não é indispensável e seria, até impossível, organizar o trabalho de forma que cada particularidade do complexo fosse examinada todos os dias e por todas as disciplinas simultaneamente. Tal tentativa colocaria a questão no mesmo caminho metodológico estreito, o qual inevitavelmente, como já indicamos em outras partes, nos conduziria a um beco sem saída. O complexo na escola do Segundo Grau não é uma reunião de todas as disciplinas de ensino, a cada momento, para analisar alguma particularidade do tema do complexo, mas a unificação dessas disciplinas em torno de uma *única ideia*, de um *único objetivo*, cuja consecução tem em mente o tema do complexo.

Eis o que o programa da escola do Segundo Grau diz a respeito do assunto:

> Sem dúvida é errado compreender o complexo no Segundo Grau dessa forma, como se todas as disciplinas em um mesmo momento e hora e na mesma extensão de trabalho, estudassem uma mesma particularidade do complexo. Tal 'articulação' de todo o trabalho da escola é demasiadamente simplista e leva a ideia dos complexos ao absurdo. O complexo pelo complexo, o complexo como um fim em si mesmo, é inútil.
>
> Que valor tem, por exemplo, este tipo de trabalho no complexo: o sociólogo pesquisa, digamos, uma sapataria; o cientista da natureza deve obrigatoriamente fornecer 'para o complexo' o conhecimento sobre os animais, cujo couro é adequado para fazer sapatos; o químico dedica-se, mesmo contra sua vontade, ao curtimento do couro; o físico, depois de um grande esforço e com dificuldade, imagina por si mesmo um 'tema' sobre o trabalho dispendido na perfuração de solas com um furador; na aula de idioma alemão, declinam-se as palavras 'sapateiro', 'sapato' e 'linhol'; o matemático resolve problemas sobre a com-

pra e venda de sapatos; nas aulas de literatura leem-se contos onde aparece obrigatoriamente o sapateiro etc. Tal concepção não é um fenômeno raro.

Aqui não há nada da visão de complexo tal como o definimos antes. Tal organização do trabalho do complexo é nociva e no melhor dos casos é um truque metodológico sem utilidade.

Nossa concepção de complexo não tem nada de comum com tal método de trabalho. As dificuldades que naturalmente aparecem com este método não devem ser estendidas ao sistema por complexos em geral.[11]

Em quarto lugar, é necessário estabelecer uma visão sobre o que é a exposição sistemática da matéria, seu lugar e objetivos na escola. Este ponto constitui o maior obstáculo na escola de Segundo Grau. Atualmente, não se discute mais se há, para qualquer disciplina escolar (inclusive Matemática), apenas um único sistema de exposição possível, inflexível. Uma série de novos manuais provou bastante claramente que a tarefa de exposição sistemática da matéria, permite muitas soluções. A escolha desta ou daquela solução para a tarefa depende, no final das contas, dos objetivos que uma dada disciplina coloca para si. Seria um erro considerar a solução mais correta, aquela que corresponde e é determinada pela metodologia de uma dada ciência, porque, em primeiro lugar, a metodologia da ciência (às vezes algo pouco claramente definido) muito raramente coincide com o sistema de exposição mais aceitável e didaticamente adequado para um curso; em segundo lugar, os objetivos da ciência pura e da disciplina escolar na escola, frequentemente são radicalmente diferentes. Já indicamos várias vezes antes, que nenhuma disciplina escolar tem e pode ter uma finalidade *em si mesma* na escola soviética. As tarefas e os objetivos específicos de cada disciplina escolar

---

[11] Programa do Primeiro Concentro do Segundo Grau, p. 9.

subordinam-se às finalidades gerais da escola. E a estas finalidades gerais também se subordinará a escolha desta ou daquela solução das tarefas de exposição sistemática do curso.

Em particular, a escolha de uma solução irá depender da localização do material no esquema do GUS e da sequência dos objetivos dos complexos, na qual aquele material será organizado. Em outras palavras, a localização do material em um objetivo dos complexos irá influenciar a sua distribuição ao longo de uma dada matéria; o inverso é possível somente de forma excepcional, quando a importância de uma disciplina em uma dada parte do trabalho escolar cresce até ser um eixo ao redor do qual agrupam-se todas as demais matérias.

Somos levados, dessa forma, *não a uma recusa em geral do curso sistemático, mas à recusa da inevitabilidade de se ter que aceitá-lo como uma solução única para o problema; consideramos que a sequência sistemática do curso pode e deve variar (dentro de certos limites) na dependência das exigências gerais da organização de todo o material no complexo.*

Esclarecidos estes pontos específicos, podemos já dar resposta à *terceira questão fundamental*: sobre a organização do trabalho pedagógico por complexos (sobretudo nos anos mais velhos de ensino no Segundo Grau). Sobre isso, pensamos da seguinte forma: no começo do ano, para um determinado grupo de ensino, planeja-se uma série de temas dos complexos em uma certa ordem (1-2-3).

O coletivo de professores estudando cada complexo em suas características fundamentais, esboça as tarefas fundamentais para cada disciplina; cada matéria recebe diretivas muito gerais para organizar o programa de *seu* trabalho. Com base nestas orientações, cada disciplina (individualmente pelo professor ou na comissão metodológica) elabora *seu* plano de trabalho mais detalhado.

O professor deve ter em mente duas linhas de pensamento: em primeiro lugar, deve ponderar o que exatamente em um dado complexo se exige de sua matéria para compreender a ideia fundamental do complexo (e aqui, cada professor deve ser em algum grau sociólogo e marxista), e o que ele poderá realizar com *um grupo, com um dada composição de estudantes e em dadas condições de desenvolvimento*; em segundo lugar, em linhas gerais, ele deve apresentar para si mesmo como para ele é mais adequado ordenar seu material. Sintetizando ambas as exigências, entrelaçando as duas diretrizes, o professor toma sua decisão sobre o lugar e o papel de sua matéria no tema geral. Com base em tal síntese ele compõe o *programa da disciplina para um dado ano.*[12]

Todos os programas elaborados dessa forma confluem, durante a terceira fase do trabalho, para o debate de todo o coletivo pedagógico (ou conselho escolar) onde, depois de introduzidas as modificações ou correções para sua maior coordenação mútua, os programas finalmente são aceitos e reunidos em um *plano geral de trabalho.*

Apenas a discussão coletiva dos programas específicos e sua subordinação à ideia geral do complexo pode garantir o sucesso do trabalho.

Um trabalho desse tipo só tem sentido se for *coletivo*; sem trabalho coletivo, nada sai. *A condição fundamental para o sucesso do sistema por complexos no Segundo Grau é a união do trabalho do coletivo pedagógico e a subordinação dos interesses particulares de uma dada matéria às exigências gerais.*

Deveriam todas as disciplinas escolares, sem exceção, participar no complexo? Seria em alto grau desejável que todas

---

[12] Com a publicação dos programas do GUS para o Primeiro Concentro, à luz desta parte do trabalho do coletivo pedagógico, é significativamente mais fácil.

participassem do trabalho geral. Mas, infelizmente, temos muito pouca experiência no trabalho por complexos, e poucos bons exemplos de complexos bem elaborados e verificados pela prática, para que essa exigência possa ser concretizada com êxito. Entre as matérias escolares existem algumas cuja ausência no trabalho geral do complexo quase nem é percebida, por exemplo: a Música; Cultura Física; as Línguas Estrangeiras, em parte; Artes, em parte (mas nem sempre) etc. Mas, não é necessário um esforço especial para introduzir essas disciplinas no complexo. Das outras disciplinas, dois grupos fundamentais – Ciências Naturais e Matemática, e Ciências Sociais e Língua Materna – todas sem exceção podem e devem estar articuladas com o tema geral do complexo, iluminando algum aspecto deste.

A dificuldade que aparece com o perigo de uma determinada disciplina ficar fora do complexo, pode ser enfrentada pelo fato de que não é todo o tempo do ano escolar que uma disciplina deve ter plena carga. Não é difícil de se ver que podemos dar menos tempo para um dado tema da Física, do que é admissível conceder para outros temas; assim, não é necessário que a Física tenha todo o seu tempo; ela pode diminuir seu trabalho, dando parte de seu tempo para outra matéria, para a qual, no trabalho de um dado tema, tenha-se fixado um tempo pequeno. Este tempo poderá ser devolvido à Física (nós temos exemplos) em outro período de trabalho. Não é difícil combinar o trabalho para que, *durante o ano*, cada disciplina não fique fora do número de horas que lhe foi concedido ou tenha menos do que o esperado de seu tempo. Este balanceamento pode ser *anual*, mas ele de modo algum precisa ser *semanal*, como nós costumamos fazer.

Nos primeiros momentos, é possível que existam dificuldades, aparentemente intransponíveis, para disciplinas específicas participarem no tema do complexo. Pensamos que é melhor uma supressão temporária de uma disciplina do jogo, do que termos ligação excessiva e artificial, imperceptível e, principalmente, uma *ligação pouco clara* para a criança. Apenas pela experiência podemos obter a arte de sempre se achar uma saída para o tema do complexo. Quanto mais acumularmos experiência, mais facilmente iremos descobrir as ligações de uma dada disciplina com o complexo.

Trabalhando coletivamente no tema do complexo, o mais essencial é a questão do *cálculo do tempo que tem cada disciplina.* Pois, pode ser que comece harmoniosamente em um ponto, mas depois de um mês, se desfaça a tal ponto que todo o trabalho vá para o lixo: uma matéria acabou o tema, outra apenas começou etc. O trabalho coletivo comum será quebrado por falta de uma avaliação do tempo.

Além da experiência, a qual quase infalivelmente dita o cálculo correto, um meio importante de não perder a conexão e a união é a *avaliação periódica no processo de estudo do tema do complexo*, isto é, o trabalho coletivo dos professores, mas não apenas na organização do programa, mas também no processo de sua *realização prática.*

Nós nos detivemos por enquanto em um lado da questão, ou seja, na constituição do plano e dos programas para o tema do complexo. Vejamos, agora, alguns aspectos sobre o próprio processo de trabalho.

Como já deve ter ficado claro do que vimos anteriormente, o sistema por complexos, nos últimos anos de ensino, comumente não exige uma ligação diária de todo o ensino, mas principalmente, uma *ligação geral desde seu começo.* Esta ligação deve existir ao final do trabalho. Nós colocamos a questão da seguinte forma: o trabalho no tema começa com a explicação à criança da essência do próprio complexo, indicando porque um dado complexo tem importância para a compreensão destes ou daqueles aspectos da atualidade; dá-se uma visão geral, digamos, uma visão panorâmica de todo o tema, explicando os temas parciais e as tarefas de cada disciplina dentro de um dado complexo. Em seguida, começa o trabalho *independente* de cada matéria, mas *de acordo com o programa e plano, unificadas pelo tema geral do complexo.* É frequente que se encontre muita proximidade em certos temas específicos e em certos pontos de contato com outras disciplinas. *Tudo isso deve ser considerado no plano antecipadamente*, incluindo-se o trabalho comum para duas ou três disciplinas e as discussões comuns. Mas não devemos procurar pontos de contato artificiais, pois é muito mais importante que cada disciplina, *em seu trabalho independente*, tenha em mente sua ligação com o complexo geral, sempre a esclarecendo com os estudantes, mantendo sua atenção na *ideia geral fundamental* do complexo.

A conclusão do trabalho no complexo deve fazer com que o estudante tenha uma clara consciência das ligações internas de todo o trabalho, o que se consegue fazendo um *balanço de encerramento* do trabalho no complexo, tendo como objetivo não tanto a avaliação da assimilação dos estudantes, mas o esclarecimento deles, e para eles, dos resultados do trabalho e do progresso geral. Neste balanço, um mesmo complexo é trabalhado com os estudantes na forma de palestras de encerramento, exposições, apresentações de saraus, palestras para os estudantes ou quaisquer outros meios, mas não mais em suas linhas gerais, não mais com o objetivo de fixar o que é preciso atingir, mas como um estudo feito e já assimilado, compreendido, como uma luz que ilumina a atualidade.

No começo do trabalho, dizíamos o seguinte: vejam este objeto, este fenômeno, necessitamos estudá-lo assim e assim, e é importante compreendê-lo por estas razões. Terminado seu estudo diremos: os problemas que foram colocados no início foram resolvidos da seguinte forma; compreendemos assim e assim; vejam agora o quadro que temos diante de nós; nossos olhos se abriram para tais fenômenos da vida.

A partir disso, surgem perspectivas futuras, novos problemas nascem deste complexo e através de sua periferia ele se liga a novos temas, ao elo seguinte da corrente.

Chegamos agora ao *quarto e último problema* daqueles formulados antes: a questão do trabalho dos estudantes no complexo. A resposta a ela, em essência, já está dada e podemos formulá-la da seguinte maneira: *a organização do material educativo, segundo o sistema por complexos, só tem sentido e importância quando a sua essência está clara para os estudantes.* Se ela está apenas na cabeça do professor, ou está bem redigida apenas no papel, mas as ligações internas de todo o material educativo não são evidentes *para os estudantes*, então melhor desistir deste complexo.

A compreensão pelas crianças das ligações internas no trabalho nos dá, antes de tudo, a possibilidade de não ter medo de perder o caráter sintetizador produzido no trabalho com o sistema por complexos no Segundo Grau, onde cada disciplina tem suficiente liberdade para dirigir seu trabalho independente. Mas a questão não é só essa: o ponto está em que o sistema por complexos não é apenas uma técnica metodológica, mas é um caminho fundamental para a abordagem marxista da atualidade. O sistema do complexo tem por objetivo habituar as crianças a dominar a atualidade dialeticamente; isso não poderá ser obtido sem que elas assimilem, na prática, o método dialético, isto é, esclarecendo para ela o sentido de seu trabalho. Eis porque consideramos o momento da introdução da criança no tema do complexo e o momento da sua conclusão tão importantes. Mais que isso, nós consideramos que a participação direta da criança na elaboração antecipada dos planos (principalmente no Segundo Grau), é uma das mais importantes condições de êxito do trabalho (a isto nós daremos mais detalhes no capítulo sobre a auto-organização). A resposta à quarta questão é clara: o sistema por complexos, enquanto um enfoque indispensável para o conhecimento da atualidade, deve ser, antes de tudo, próximo e compreensível para a criança.

Até aqui, falamos todo o tempo sobre a organização dos materiais educativos. Mas, do que já foi dito por nós sobre o que deveria ser um programa, fica claro que não são apenas as matérias escolares que devem ser ligadas em cada tema do complexo. É preciso o máximo esforço para que todos os aspectos da vida escolar, do trabalho e da atividade das crianças sejam unificados por uma concepção geral do trabalho. Com isso, obtém-se uma grande ligação em toda a vida escolar, e em particular, aumenta-se o valor educativo de todo o trabalho.

Todo o exposto anteriormente, clara e suficientemente, a nosso ver, caracteriza o entendimento do sistema por complexos, o qual, em nossa opinião, é o único que responde corretamente pela aplicação dos esquemas e programas do GUS. Os esquemas do Conselho Científico Estatal, sem o sistema por complexos, que organiza dialeticamente o material dos esquemas, é apenas meia questão. A concepção expressa no termo "sistema por complexos" indica que ele é aplicável a todos os níveis da escola; além disso, ele torna-se mais importante nos níveis mais avançados.

Do nosso ponto de vista, apenas uma falta de entendimento da interpretação do conceito de "complexo" pode explicar a visão bastante difundida de que o complexo pode funcionar apenas no Primeiro Grau e que ele não se aplica no Segundo Grau. Como vimos, o ensino por complexos é plenamente aplicável ao Segundo Grau, quase não perturbando a liberdade de ação de cada disciplina específica. Além disso, o ensino por complexo *justifica* no sistema geral da escola e na consciência das crianças o papel e o lugar de cada uma das disciplinas da escola, mostrando claramente que o conhecimento dos fenômenos da atualidade exige um enfoque multilateral e a aplicação de diferentes ciências. As próprias ciências não se fecham em si mesmas; o sentido do seu estudo torna-se compreensível *no próprio processo de estudo* e não apenas ao final.

Finalmente, o sistema por complexos pressupõe (e esta pressuposição é a única correta) que cada uma das disciplinas escolares examine uma parte determinada do material concreto comum, tendo por objetivo preponderante o domínio dos fundamentos do método científico de pesquisa pelo estudante.

Em ligação com o sistema por complexos, aparece na prática a questão do chamado ensino por ciclos. Comumente a questão consiste em que algumas disciplinas próximas são unificadas nas mãos de um único professor (Ciências Sociais com literatura e língua pátria; Física e Química; Física e Matemática; Geografia e Ciências Naturais com Química etc.); assim, por exemplo, é a prática nas escolas do Tsutranprosa.[13]

Tal "ciclização"[14] deseja obter uma redução no número de pessoas que se encarregam de um dado grupo (Segundo Grau), e facilitar a condução do sistema por complexos.

Nós consideramos a questão da "ciclização" discutível e sujeita a debate e verificação prática.

Contra o sistema de ciclos pode-se apresentar duas objeções. Uma delas tem caráter prático.

Nós não temos e durante muito tempo não teremos professores suficientemente multilaterais e bem preparados, que

---

[13] Цутранпроса (Центральное управление просвещения на транспорте) – Direção Central da Educação no Transporte. (N.T.)

[14] Esta questão assemelha-se em muito ao debate contemporâneo no Brasil sobre "formação por área", na qual um estudante recebe preparação para encarregar-se do ensino de mais de uma disciplina, assumindo congêneres. (N.T.)

possam adequada e responsavelmente conduzir o trabalho em algumas disciplinas, ainda que próximas, mas metodologicamente diferentes. Ainda estamos longe de que nossos professores se especializem em qualquer disciplina, mas se um especialista é levado a reunir sob sua responsabilidade algumas disciplinas, ele involuntariamente irá levar adiante a sua especialidade em detrimento das vizinhas. Esta dificuldade, talvez, não permaneça por muito tempo, mas ainda passarão cinco ou seis anos antes que nossas universidades pedagógicas preparem professores para trabalhar com tais ciclos. E cinco e seis anos, em nosso tempo, é um prazo extremamente longo.

A outra objeção é mais de princípios. Nós já esclarecemos que o objetivo do sistema por complexos de forma alguma consiste em ligar de maneira ininterrupta diferentes disciplinas ao redor de detalhes de cada tema do complexo. A tarefa de cada disciplina é *exatamente, com seu ponto de vista*, empregando *seus métodos específicos*, "analisar os tipos específicos de fenômenos para uma síntese aprofundada deles". O sistema por complexos não se contrapõe ao ensino por disciplinas, ao contrário, de certa forma até o *exige*. Não há necessidade, portanto, *do ponto de vista da exigência da natureza da complexidade*,[15] que o sistema de matérias por ciclo seja substituído ali onde não haja outro projeto. Uma questão diferente é se exatamente aquela série de disciplinas que temos preservado da escola antiga atenderia o espírito de nossa escola e da natureza da complexidade. Talvez a própria divisão em Matemática, Física, Química, Literatura, História Natural etc., não corresponda às nossas necessidades e à metodologia marxista. Mais discutível ainda é se o conteúdo e natureza destas disciplinas têm sua atualidade. Mas esta questão

---

[15] Em russo: "kompleksnosti". (N.T.)

reside em outro plano e não tem relação com o problema do ensino por ciclos e disciplinas.

Nossa objeção, apresentada contra o sistema de ciclos, é reforçada, ainda que possa parecer estranho, pelo fato de se ter eliminado a disciplina de Geografia do sistema de matérias escolares dos programas do GUS. Como se explica isso? Como se explica que a disciplina mais "complexa" – a Geografia – deixará de existir de forma independente e será repartida entre as Ciências Naturais e as ciências sociais?

O fato é que a Geografia, no âmbito de uma exposição escolar, não apresenta seus próprios métodos científicos, mas se vale de partes tomadas de outras ciências, por exemplo, as Ciências Naturais.

As Ciências Naturais, se não se deseja ensiná-las somente sob a forma da biologia, mas mais amplamente, isto é, com base na produção e com propósitos de compreensão dos momentos da produção, não pode prescindir da informação geográfica, caso contrário as Ciências Naturais perdem suas implicações vitais e práticas e continuarão sendo uma disciplina de ordem contemplativa.

Isso é ainda mais verdadeiro nas ciências sociais, onde o estudo da sociedade nunca pode ser conduzido sem informações geográficas. Note que aquela parte da Geografia que perpassa as Ciências Naturais, por um lado, e as ciências sociais, por outro, é *metodologicamente* estranha uma à outra. As ciências sociais e as Ciências Naturais não podem de nenhuma forma ser ensinadas sem a Geografia. O pesquisador das Ciências Naturais e das ciências sociais, mesmo com a existência de uma Geografia dividida, vai introduzir momentos da Geografia em seu ensino. O que resta então para a própria Geografia? Nada, além da orgulhosa consciência de que a Geografia é a mais "complexa" das disciplinas. Os defensores da Geografia, sendo consequentes, deveriam conseguir arranjar as Ciências Naturais e as ciências sociais em um único ciclo de ensino. (Isso foi acordado há três anos.)

Que conclusões tiramos disso? O leitor dirá que nosso argumento joga contra nosso ponto de vista, assim: primeiro, elimina-se a Geografia; segundo, as Ciências Naturais e sociais ampliam-se, absorvendo elementos de diferentes matérias, isto é, tornam-se "ciclos". Nós tentaremos mostrar que as conclusões que devem ser tiradas do que foi dito por nós são um pouco diferentes. São três.

Primeira conclusão: o reagrupamento do material de estudo nas disciplinas escolares pode geralmente levar até a um aumento do número de disciplinas, e não obrigatoriamente a uma diminuição desse número. Assim, o argumento a favor da "ciclização", isto é, unificação de algumas disciplinas com um professor, não se sustenta.

Segunda conclusão: tal redistribuição do material de estudo não tem um caráter externo de *fusão*, mas uma ideia interna que transmite um conteúdo dialético a cada uma das disciplinas, isto é, a metodologia das disciplinas escolares ganha uma base marxista. Estas disciplinas podem, se conveniente, chamar-se de "ciclo", mas o conteúdo desse conceito recebe um sentido completamente diferente.

O problema da "ciclização" aprofunda-se, torna-se mais sério e importante, mas de nenhuma maneira formal.

Terceira conclusão: é sobre se estas disciplinas são necessárias de se ensinar na escola, as quais estão nela desde tempos imemoriais, ou se são outras. Nós antes colocamos sob suspeita se corresponderia às necessidades de nossa escola aquela lista de matérias as quais nós herdamos de anos anteriores. No exemplo da geografia, Ciências Naturais e ciências sociais nós vimos que o esquema do GUS cria *novos* conteúdos para as disciplinas, mesmo que sob velhos nomes. O correto entendimento da complexidade como base dos esquemas do GUS estabelece marcos para tal reformulação marxista e metodologicamente fundamentada do conteúdo e natureza das disciplinas escolares.

Estes processos lentos de reformas, mas certos e contínuos, fazem avançar.

Estas conclusões mostram que a questão sobre os sistemas de "ciclos" ou de "disciplinas" está *colocada erradamente* e por enquanto, talvez, deva-se resolver pelo lado do sistema de "disciplinas", se em geral é possível resolver o problema dessa forma. Em essência, esta questão espera tanto por sua formulação, como por sua longa e difícil solução não formal.

Tudo o que expusemos até aqui sobre o complexo refere--se, sobretudo, ao lado estritamente educativo da questão. Conscientemente analisamos o problema nesse campo, porque exatamente nele, ele foi colocado pela massa do magistério, exatamente nele aparecem as dificuldades, as discussões, as experiências, as falhas, os erros e os êxitos.

Mas isso está longe de ser o essencial. Como se pode ler nos programas do GUS:

> Seria completamente incorreto pensar que *somente* nestas questões (ou seja, nas questões educativas, inclusão de Pistrak) ou até mesmo que principalmente nestas questões, estivesse o centro de gravidade de todo o trabalho educativo e em particular dos problemas do complexo. O sistema dos complexos estará pela metade, se o estudo não for ligado: 1) com o trabalho real das crianças; 2) com a auto-organização – autodireção, organização dos pioneiros e da Juventude Comunista; 3) com a atividade prática social das crianças na escola e fora dela.[16]

---

[16] Cf. Programas do Primeiro Concentro, p. 15.

Essa concepção decorre de tudo o que nós desenvolvemos no presente livro. Uma das tarefas fundamentais que nós devemos colocar ante o ensino escolar é torná-lo, por todos os meios, *ativo*, substituindo o antigo enfoque *contemplativo*. Isto, talvez, seja o mais difícil agora, mas é o problema pedagógico mais atual. Ele é ditado pela unidade das finalidades da educação, e isso nos obriga a entrelaçar em um único trabalho a auto-organização das crianças, o trabalho social da escola e o processo educativo.

É necessário, agora, colocar todas as forças para resolver esta tarefa.

Quais caminhos poderíamos aqui indicar?

Adotando o sistema por complexos, devemos gradualmente acabar com os complexos "sentados",[17] complexos somente para estudar, e firmemente passar para os *complexos de ação*. Na base do complexo deve estar colocada uma determinada tarefa socialmente necessária, isto é, o trabalho; concluindo o complexo, poderia ser colocada a realização de um determinado trabalho na prática.

O correto posicionamento da atividade de trabalho da criança, na nossa perspectiva, transfere-se dos programas escolares para o plano geral da vida escolar, para o trabalho social da escola, o qual escolhe para si determinada parte da vida da qual se abastece, ou seja, tudo isso inevitavelmente nos leva à organização dos complexos de ação.

Na condução prática de tais complexos, nos primeiros momentos, aparecem significativos obstáculos e dificuldades.

Uma delas consiste em que a escola ainda não se consolidou como um centro cultural, fortemente ligado com a

---

[17] Cf. Shulgin, V. N. *O trabalho social da escola e os programas do GUS*. Ed. Rab. Prosv., 1925.

população circundante. Sobre isso nós escrevemos antes com bastante detalhe e, aqui, nós assinalaremos apenas que a tarefa de afirmar o importante papel cultural da escola (que decorre da tese fundamental de nossa pedagogia social) reforça o que estamos discutindo sobre a necessidade de complexos ativos. Dessa forma, uma e outra vez reforça-se a conclusão de que o trabalho pedagógico do professor está inseparavelmente ligado e é indistinguível do trabalho social da escola.

A dificuldade básica será superada juntamente com a mudança do caráter do próprio trabalho pedagógico do professor.

A segunda dificuldade é de caráter prático. Na medida em que os programas do GUS *neste estágio no qual eles são oferecidos ao professor*, orientam-se, principalmente, pelo lado da questão do ensino, então neles não há indicações suficientes de ordem prática e metodológica para organizar o trabalho com base em complexos de ação definidos, sendo que o professor por si mesmo dificilmente encontrará o correspondente caminho *metodologicamente correto* para tal reformulação de seu trabalho. Nós pensamos, entretanto, que este obstáculo em grande medida é imaginário. Se abordamos os programas do GUS não apenas como um programa puramente de ensino (e sobre isso estamos falando constantemente ao longo do livro), se para o professor tornar-se claro, aceitável e próximo o próprio problema das tarefas reais dos complexos, ele descobrirá muitas possibilidades e mesmo *com o programa atual,* seguindo seu pensamento, passará para caminhos novos e eficazes.

A dificuldade aqui não será do programa, mas do erro pedagógico que já é visível em muitos lugares e para o qual é preciso que se previna.

Deve-se evitar que a ligação do complexo com o trabalho social seja compreendida de forma estreita e simplificada, como anteriormente o foi, como "uma ligação da ciência com o trabalho". O professor deseja construir o trabalho de forma que cada tarefa dada – seja um exercício de gramática ou uma experiência da Física – tenha obrigatoriamente uma imediata ligação com esta ou aquela forma de trabalho social. Ou pode acontecer que ele use métodos de estudo que esclareçam como, em base a uma dada forma de atividade, ele organiza seu "curso". Seria isso imaginação? Mais ainda, seria isso necessário?

Não é necessário de forma alguma que seja compreendida desta *maneira simplificada*. Pois, digamos, se a partir do complexo "proteção da saúde" a escola (ou um dado grupo de escolas) inicia a condução de um determinado trabalho de higiene social e sanitária, então, ele não será abandonado pelas crianças tão pronto na classe se termine o estudo daquele complexo. Se fosse assim, então nós chegaríamos ao absurdo de que o trabalho social serviria apenas ao complexo pelo complexo. Por outro lado, pode-se imaginar muitas formas de trabalho social que a escola pode conduzir sem que ele seja realizado de maneira simultânea ao complexo e sem estar imediatamente ligado com o conteúdo do ensino de um dado momento; a informação teórica poderá ser dada, talvez, em generalizações de finalização ou no trabalho de conclusão ou mesmo em outra parte do trabalho. *Fazer coincidir* o trabalho social com o complexo, não é absolutamente uma exigência incondicional.[18]

Isso não significa, é claro, que uma ligação estrita do material educativo com a atividade social não possa ser feita. Ela pode, mas ela acontece através da *unidade das finalidades da educação e através da formalização dos interesses das crianças em uma certa direção social.*

Mas com esta colocação do problema do método de trabalho, as coisas estão longe de serem fáceis. É indubitável

---

[18] Sobre isso veja Shulgin, V. N. *Trabalho social e os programas do GUS.*

que, nesta direção, o GUS vem em ajuda da escola (para isto necessita-se de futuros desenvolvimentos dos programas), mas, é indubitável também que desenvolver tal método é um trabalho da escola, pois a escola torna-se o centro da educação comunista.

Finalizando o estudo da essência do sistema por complexos, nós não consideramos inútil sublinhar ainda uma vez mais que, a nosso ver, a organização do material de estudo em complexos não é uma evolução acabada de longas pesquisas no campo da metodologia pura, que se desenvolveu a partir dos tempos pré-revolucionários antigos e foi herdada, mas uma drástica reviravolta radicalmente determinada por um enfoque marxista da educação, que se expressa nos esquemas do GUS, isto é, uma reviravolta radical para novas ideias sociopedagógicas que nasceram no terreno da grande Revolução de Outubro, fecundadas pelos seus avanços.

IV. As "habilidades" e o complexo

"Habilidades, habilidades, habilidades! As habilidades são necessárias.[19] Mas seriam elas compatíveis com os complexos?"

Eis o tema central ao redor do qual giraram os debates, discussões, conversas e interesses do magistério no último mês, especialmente em Moscou.

Esta questão foi preponderantemente debatida entre os professores do Primeiro Grau, mas depois transferida também para o Segundo Grau.

Por onde passou o debate?

Todos concordam em que as habilidades são necessárias, que a escola deve dá-las em suficiente grau.

---

[19] Habilidades de "ler, escrever, medir, contar". Como se verá, o autor também estende o termo a outros aspectos da formação humana incluindo habilidades de "ordem social, de trabalho e de organização". (N.T.)

Os pontos da discussão consistiram em que uns consideram que as habilidades podem ser dadas com os materiais do complexo, outros (e eles são a maioria) que o material do complexo não dá suficiente possibilidade de assimilar as habilidades necessárias e que, portanto, há necessidade de valer-se de outros materiais para os complexos poderem trabalhar as habilidades.

Alguns até afirmam que a natureza deste material suplementar se define unicamente pela natureza das habilidades para as quais eles são metodicamente selecionados.

Sobre todas estas discussões não valeria a pena falar se não fosse pelas conclusões que alguns tiram assumindo que, como as habilidades não podem ser assimiladas no trabalho com os complexos, então, *ao lado* do trabalho com estes, paralelamente a estes, deveria conduzir-se o trabalho com as habilidades, e estes dois trabalhos não deveriam ser confundidos. E indicam a necessidade de introdução de horas específicas para trabalhar as habilidades. Esta conclusão é formulada da seguinte maneira: o complexo é uma grande descoberta da pedagogia atual, não é necessário acrescentar habilidades neles; o complexo é um "tabu" e, portanto, para não "estragar" o complexo, introduz-se *separadamente* horas para as habilidades.

Nestas discussões e conclusões, na verdade até mesmo já na própria colocação do problema, oculta-se um grande erro pedagógico. Devido a isso, as próprias conclusões estão cheias de muitos perigos.

A raiz do erro está na colocação da questão, ou seja, na incorreta compreensão dos complexos.

Qual é, entre outras coisas, o sentido de um complexo na escola de Primeiro Grau, e mais ainda na escola de Segundo Grau? É que o estudante perceba uma *unidade de finalidade,* para a qual conduz cada parte do processo formativo, finalidade esta que leva tanto à compreensão de uma união viva para a formação de uma determinada parte da perspectiva social do estudante, como também a uma certa *atividade, aspiração, desejo, interesse, exigência, obrigação, responsabilidade do estudante, que provoca a aproximação da criança para participar ativamente na dimensão da vida coberta por um dado complexo.*

Se o trabalho do complexo não conduz a isso, então seu valor é bastante duvidoso. O complexo torna-se contemplativo, um complexo de estudantes "sentados", um complexo de "aprendizagem de certas coisas" nuas, sem quaisquer conclusões para *as próprias crianças.* O ensino não se liga com a *educação.*

A exigência das habilidades de todo tipo (claro, aquelas que de fato são necessárias) deve em si mesmo encontrar lugar inteiramente entre os requisitos, responsabilidades e motivações provocadas pelo trabalho do complexo (na verdade provocado por *todos* os processos educativos-instrutivos da escola). A necessidade destas habilidades deve ser habilmente desenvolvida pelo professor no processo de trabalho, despertando, dessa forma, sua *justificação* na consciência dos estudantes.

Mas uma vez que esta consciência exista, uma vez que o objetivo das habilidades está claro e aceito, pode-se concentrar em sua assimilação, na medida em que o estudante tenha necessidade delas, em um determinado nível; pode ler, escrever, medir, contar, inteiramente sem medo de "sair" do complexo. Haveria aqui uma separação entre habilidades e complexo? Do ponto de vista da unidade interna do trabalho não há, em nenhum nível. Teríamos aqui uma separação formal? Também não, porque o próprio trabalho no complexo consiste, em essência, na obtenção de habilidades de toda espécie e até exige estas habilidades.

É preciso assinalar que a escola do trabalho nas nossas condições amplia significativamente o círculo e a quantidade de habilidades necessárias. Além das habilidades de alfabetização e contas, sobre as quais comumente se fala, a escola deve dar habilidades de ordem social, de trabalho e de organização. Sobre elas nós já falamos suficientemente antes. Por que na discussão *sobre estas* habilidades se esquece das "habilidades e do complexo"? Não separariam as habilidades e o complexo? Ou, talvez, estas habilidades sejam de segunda categoria? Menos necessárias? Não se ocultaria aqui uma divergência essencial?

Exatamente isso. O erro pedagógico básico dos partidários da separação formal entre os complexos e as habilidades oculta-se em que o próprio "complexo" é entendido como uma disciplina especial ou algo parecido, uma espécie de parte do curso escolar, algo que pode ser "passado". "Passar o complexo tal e tal, depois as tarefas das quatro operações, e depois declinações" – por exemplo. Parece aquelas curiosidades do passado que já ganharam a eternidade, quando o professor passava primeiro toda a coluna da "natureza",[20] depois a coluna do "trabalho" e finalmente a da "sociedade", apresentando-as em si mesmas como "disciplinas". Por que não colocar junto também as habilidades? Tal enfoque para os complexos mostra que, para alguns, a principal tarefa de toda escola ainda é apenas a tarefa de ensinar habilidades, isto é, a tarefa da escola está apenas no ensino.[21]

---

[20] Aqui o autor refere-se às colunas do esquema do GUS (natureza, trabalho e sociedade) que devem ser vistas conjuntamente e não separadamente e muito menos como "disciplinas". (N.T.)

[21] Deve-se lembrar aqui, para melhor entendimento, de N. K. Krupskaya, quando propõe que a escola do "ensino", fechada em si mesma, separada da vida e livresca, seja transformada em escola do "trabalho", ligada à vida, à produção, à auto-organização dos estudantes, que Pistrak chama de "princípio sociopedagógico". Sobre isso ver Krupskaya, N. K. *A Construção da Pedagogia Socialista*. São Paulo: Expressão Popular, 2017. (N.T.)

Com este erro, e graças a ele, é fácil esquecer das inúmeras outras habilidades, além da alfabetização e contas, habilidades que, por um lado, são quase impossíveis de se obter fora do trabalho do complexo e sem as quais, por outro, é inconcebível uma aplicação correta dos complexos.

Neste erro oculta-se o perigo de se separar as habilidades, de um lado, e os complexos, de outro.

As "habilidades" e o "complexo" são, então, entendidos como duas partes *diferentes e separadas* da educação escolar. Da boca para fora, são aceitos como tendo igual valor, mas em sua profunda alma as habilidades ocupam o primeiro lugar.

Isto, em parte, explica o caráter apaixonado da discussão.

Em realidade, o ensino das habilidades começa a ser colocado em primeiro plano e, na consciência da criança, ocorre uma bifurcação: agora nós vamos trabalhar com as habilidades, e à tarde teremos a lição do complexo. E como nós ainda não temos suficiente experiência com os complexos (de fato trabalhamos até de forma descuidada e chata); e como há falta de clareza do nosso trabalho entre a população, começa-se, aqui e ali, a se objetar até o "gasto de sapato" nas excursões, e se tem como resultado disso a compreensão de que "as crianças estão cheias do complexo; elas necessitam de habilidades" (apesar deste argumento, em nenhum momento, ter sido apresentado na discussão).

O processo educativo se divide e desvia-se para o lado do antigo caminho batido. Este é o primeiro perigo.

Daí decorre também o segundo perigo. Separar as habilidades da dinâmica dos complexos dá apoio para que alguns metodólogos de prestígio criem, para uma parte do magistério que está fortemente insatisfeita com os novos caminhos dos esquemas do GUS, uma base para voltar a antigas e conhecidas formas de trabalho. Junto com isso, para afastar o magistério da busca de novos caminhos que despertam sua iniciativa e criatividade em novas direções, recolocam-se as "habilidades", de forma a aquietar o professor com o reconhecimento de que já há uma forma de trabalho imediatamente disponível para ele e que esta é a mais correta. Mesmo que conscientemente os defensores da separação entre habilidades e complexo não desejem voltar a renovar caminhos antigos, *objetivamente* fazem exatamente isso. E quem sabe não se aplique a eles as palavras do poeta:

"Eu sei que eles secretamente bebem vinho, pregando publicamente água."

Longe de nós, pensar que toda a discussão sobre as habilidades seja apenas uma ocultação ou mesmo um desejo inconsciente de encontrar tranquilidade nos antigos métodos formais.

Isto não é verdade. A reviravolta brusca para as habilidades explica-se pela saudável reação da população e do magistério à forte queda da boa alfabetização na escola.

Este fato é consequência, por um lado, das condições extremamente graves sofridas pela escola e por toda a geração das crianças nos anos da guerra civil e da nova política econômica – condições, por outro lado, nas quais o trabalho era muito preliminar. Isso se deu pelo entusiasmo inicial com as novas tarefas e métodos que ainda não reuniam suficiente experiência, e deveu-se a que as habilidades tinham sido deslocadas para um segundo plano. O fato da alfabetização cair é real; sua superação é necessária, mas não com o sacrifício dos novos avanços da escola, é claro.

Um dos métodos de luta contra o analfabetismo nas contas, na escrita e leitura é educar o hábito de realizar cuidadosamente, acuradamente e até o fim qualquer trabalho escolar; o hábito de colocar atenção na forma exterior de seu trabalho (gráfica, construtiva, verbal). Isto é especialmente importante no Segundo Grau onde é muito difícil dar tempo especialmente para as habilidades, mesmo sem separá-las do complexo. Em especial na luta contra o analfabetismo, nestas habilidades deve-se aceitar a participação, sem exceção, de todos os membros do coletivo pedagógico, mas não apenas do professor de Língua Materna e de Matemática.

Mas, não raramente (se não na maioria dos casos), a luta pela escrita correta e pela apresentação correta das ideias parece apenas como se fosse de responsabilidade do professor de língua pátria; professores, digamos, da Física e das Ciências Naturais não se interessam de forma alguma por este lado da questão, apenas dando lugar para a correta resolução das questões de trabalho de Física ou ciências sociais dadas aos estudantes. O estudante se acostuma à escrita e apresentação desleixadas, ou melhor, não se acostuma com a maneira culta de dar forma às suas ideias. A luta, aqui, deve ser conduzida por uma única frente por todo o coletivo pedagógico.

Não é difícil ver que nós não nos opomos, de forma alguma, à necessidade de fortalecer o trabalho com as habilidades. Nós somente somos decididamente contra a separação formal delas do trabalho no complexo, porque em essência os complexos não excluem, mas incluem o trabalho com as habilidades. Tal separação nós consideramos muito perigosa. Nós nos juntamos à fala daqueles metodólogos que afirmam que, mesmo no estágio no qual se encontra a metodologia de ensino por complexos *hoje*, é possível conseguir uma união muito estreita entre as habilidades e o complexo. Os metodólogos pesquisam esta questão.

É necessário acumular experiência insistentemente, formalizar os êxitos existentes, dominar por métodos *diretos* a apresentação e fortalecimento das habilidades no processo de todo o trabalho escolar e, particularmente, no complexo. Isto, por enquanto, é mais difícil do que fortalecer as habilidades através de exercícios formais, mas em compensação nós não vamos sair do caminho de uma maior aproximação da escola com a vida real, do caminho da transformação dos complexos de ensino em complexos de ação.

V. A organização do trabalho. O plano Dalton

No longínquo ano de 1918, foi posta em marcha uma ideia de que a reconstrução da escola antiga devia começar com a luta contra os manuais antigos, os programas antigos e o sistema de lições.[22]

Programas, manuais escolares e lições eram os três obstáculos no caminho do desenvolvimento da nova escola. Não é necessário dizer que a questão não estava nestes três atributos exteriores da antiga escola. Acompanhando esta fórmula simplificada, podemos dizer que agora nós temos novos programas, radicalmente diferentes dos antigos (e não apenas em conteúdo, mas na forma, na abrangência e na estrutura); gradualmente nós abandonamos os antigos manuais, cada vez mais passamos para outro tipo de trabalho com livro; mas muito pouco fizemos no campo da luta contra o sistema de lições.

O problema do manual, *teoricamente*, é relativamente simples. É evidente que o antigo tipo de manual não tem mais lugar na escola onde acontece um trabalho vivo e criativo: o manual, no qual se encerrava toda a sabedoria escolar e que era preciso saber do começo ao fim, com as chamadas em "letra pequena" ou sem elas, caiu em desuso; ele deve ser substituído por livros de trabalho, guias, coletâneas de materiais e fontes, vários manuais, literatura científico-popular etc. A questão,

---

[22] Em russo: урочной системы. Pode ser "sistema de lições" e também "sistema de aulas". (N.T.)

agora, mudou para uma *dificuldade prática*: dar de imediato os livros necessários para a escola, sendo que eles ainda precisam ser escritos e é possível que até os autores destes ainda tenham que ser desenvolvidos.

Apenas gradualmente os novos livros nascem e nascerão; por enquanto, neste ou naquele campo, somos obrigados a fazer uso de livros antigos renovados, livros substitutos mais ou menos de boa qualidade.

Bem mais complexa é a questão da organização do trabalho que substituirá o sistema de lições. O sistema de lições muitas vezes e muito fortemente foi submetido à crítica, a qual apontou a falta de conexão, a fragmentação do dia escolar em um caleidoscópio no trabalho, a inconsequência deste sistema do ponto de vista pedagógico etc. Mas após todos estes anos posteriores à revolução, nada de novo e mais ou menos sólido e fundamentado foi proposto no lugar do sistema de lições. O chamado método de "estúdio" (não propriamente um método, mas uma organização do trabalho) que representava em parte uma cópia do sistema de seminários das instituições superiores de ensino, não trouxe uma corrente de forças novas, ainda que parcialmente aqui e ali tenha sido aplicado.

Como também em outros casos, a questão no Primeiro Grau vai bem melhor do que na Escola de Sete Anos (nos anos mais adiantados) e no Segundo Grau. Lá – no Primeiro Grau – é verdade, é mais simples, porque lá nós predominantemente temos não mais que *um* professor por turma, o qual organiza inteiramente todo o trabalho e pode organizá-lo de muitas maneiras diferentes em conformidade com as condições e tarefas da turma. (Aqui frequentemente encontra-se outro fenômeno, isto é, um único professor conduz até quatro ou cinco grupos, até cem ou mais estudantes; isto já é simplesmente um desastre). No Segundo Grau e na Escola de Sete Anos tem-se que considerar a multiplicidade de pessoal de ensino.[23]

Uma das razões que atrapalha o aparecimento de alguma inovação e que talvez seja a razão fundamental, deve ser procurada na situação material do professor.

A falta de meios materiais do professor do Segundo Grau obriga-o a encher-se de aulas demasiadamente (conhecemos um caso na Sibéria em que um professor tem até 65-70 aulas na semana em diferentes lugares). E são muitos estes casos. A contragosto, pesarosamente, trabalha à moda antiga, enquanto isso, as novas formas de trabalho não conseguem deslanchar. Sem falar que é necessário para os professores-especialistas seguirem as novidades da ciência, eles precisam, além disso, reaprender e completar a formação em sua especialidade – e isto incessantemente; eles precisam requalificar-se nas questões pedagógicas e metodológicas, nas ciências sociais etc. Além de tudo isso, precisam, ainda, querer construir um trabalho inovador.

Tudo isso exige tempo. A tentativa de inovar a organização do trabalho dos estudantes eliminando o sistema de lições e o horário rigoroso, exige imediatamente tempo do professor, tempo que ele não tem. A experiência da escola ainda não chegou a esta questão, porque nenhuma delas por enquanto está em condições de assegurar aos seus trabalhadores o suficiente para que o professor, tendo formalmente doze a quinze aulas na semana (e as horas de trabalho reais são de trinta, quarenta ou mais), possa viver com o salário proveniente do seu trabalho em uma só escola.

---

[23] Um grupo de estudantes é atendido por vários professores especialistas em diferentes disciplinas, diferentemente do Primeiro Grau onde um único professor atende um grupo de estudantes. (N.T.)

A esta causa fundamental acrescenta-se ainda a nossa estagnação geral, que nos prende aos caminhos antigos.

Uma série de sinais indica, no entanto, que a mudança já está apontada. Aqui e acolá a escola começa a achar novas formas de organizar o trabalho. A *escola de verão* é uma das tentativas de organizar o trabalho com uma nova tonalidade.

As frequentes excursões, longas ou próximas, dão nova forma ao trabalho e gradualmente vai caindo em desuso as formas antigas de avaliar o trabalho. Mas estes são apenas os primeiros vislumbres.

O problema é ainda tão pouco trabalhado, a experiência ainda é tão insignificante, que quase não há dados para dar suporte a uma fundamentação segura.

Aqui, podemos apenas apontar dois aspectos mais gerais que devem ter seu papel nas buscas por novas formas de organização do trabalho.

Um primeiro aspecto diz respeito ao *trabalho coletivo*. Por trabalho coletivo entendemos não apenas o trabalho em grupo das crianças na mesma sala ou gabinete – isto existiu e existe em qualquer escola. Além disso, isto de forma alguma é necessário.

Por trabalho coletivo compreendemos, em primeiro lugar, a tarefa coletiva do grupo como um todo. Ele pode ser desmembrado, dividido entre subgrupos, sendo que cada subgrupo faz o *seu* trabalho, mas ele é consciente de que é parte do trabalho geral. Esse trabalho é mais coletivo do que o trabalho em uma frente, isto é, onde cada uma das crianças faz o mesmo trabalho, mas por sua conta e risco, como uma unidade autônoma.

Em segundo lugar, ao se fazer o balanço avaliativo do trabalho, é levado em conta a unificação do trabalho dos subgrupos separados em um resumo geral. Com tal organização do trabalho, ante as crianças revela-se o sentido da divisão do trabalho, elas veem com seus próprios olhos como forças separadas, cada uma procedente *de um* lado, somam-se a um objetivo *comum*. Esse enfoque dá bons resultados, particularmente, no trabalho do complexo; às vezes, ele constitui mesmo a única forma possível de trabalho.

Em terceiro lugar, está a responsabilidade coletiva pelo trabalho. Comumente nós damos a cada estudante a responsabilidade pelo seu trabalho individual. Porém, na medida em que o grupo não represente um coletivo coeso, na medida em que a união é vista pela criança apenas como resultado de uma reunião ao acaso, apenas feita em um mesmo lugar para aprender (o que para a criança não é justificativa suficientemente para ter estímulo para a união) então, a responsabilidade coletiva se torna, propriamente falando, a ausência de toda responsabilidade. Se todos respondem, então significa que ninguém responde. Significa que cada um responde por si mesmo.

Mas, se temos de fato um *coletivo de crianças* (sobre a sua importância falaremos mais detalhadamente no capítulo sobre a auto-organização), organizado na base de seus interesses vitais sólidos, pode-se falar sobre responsabilidade coletiva, isto é, sobre responsabilidade de todo o coletivo por cada um de seus membros e de cada um de seus membros por todos. Colocando-se assim o problema, pode-se falar *sobre o trabalho do grupo como um todo*.

Algum dia nós chegaremos à conclusão de que a avaliação do trabalho não pode ser reduzida a "tarefas" (forma oculta de exames individuais), mas na apresentação, por cada grupo ou por toda a escola, de seu trabalho comum, no qual obrigatoriamente cada um toma parte. Talvez, não devêssemos emitir certificados de que "fulano terminou tal e tal nível escolar em tal data, com tal sucesso etc.", mas escrever que "fulano *foi membro de tal grupo*, o qual etc.".

O pertencimento a um grupo já caracterizaria o trabalho de uma pessoa. Já hoje existem escolas (em Moscou e províncias) onde a grande maioria das crianças pertence aos pioneiros e conduzem o trabalho em grupo sendo responsáveis pelo trabalho do grupo como um todo. Mas, aqui, nós já entramos na questão sobre a auto-organização das crianças.

Um segundo aspecto é a exigência dos exercícios físicos da criança.

O sistema de lições, seguramente, afeta nocivamente a saúde e o desenvolvimento normal da criança. É necessário, então, tomar cuidado não somente com as exigências do desenvolvimento intelectual, mas também do corpo físico, o qual é seu portador e, afinal de contas, determina o desenvolvimento intelectual.

Além da diversidade de tipos de trabalho durante o dia e a semana (em muitos lugares já se introduziu um meio dia livre, o chamado dia de clube) é preciso ainda mudar o tipo de trabalho durante o ano. A escola de verão é um primeiro passo para isso, mas é preciso pensar que a questão não se limita a isso, que nós chegaremos a diferentes tipos de escola de "outono", "de inverno", "de primavera" etc. Não haverá, então, necessidade de longas férias, as quais por enquanto são necessárias tanto para as crianças como para os professores, e que para ambos usualmente chegam no inverno, se é possível assim dizer, sem utilidade.

Estes dois aspectos destacados[24] residem em diferentes campos, mas na pesquisa de novas formas de organização do trabalho elas devem ser articuladas e igualmente consideradas.

Poderíamos, na verdade, limitar-nos a essas observações gerais.

---

[24] O trabalho coletivo e a necessidade de desenvolvimento físico. (N.T.)

Nós, na verdade, não levantaríamos a questão da organização do trabalho, neste livro, se não houvesse necessidade de nos determos, ainda que brevemente, no chamado Plano Dalton de laboratório, sobre o qual hoje tanto se fala e se usa por todos os lados.

O Plano Dalton é o tema mais em moda atualmente; mas onde está o segredo do seu encanto para o nosso magistério? Por que há tanta adesão a ele?

A razão fundamental, nos parece, consiste em que o Plano Dalton destrói o sistema de lições que aborrece a todos, substituindo-o por outro que não exige muito tempo do professor. Helen Parkhurst, autora do Plano Dalton, afirma que: "O plano Dalton de laboratório destrói sem piedade o horário.[25] Para a criança, o horário é uma verdadeira maldição. A eliminação do horário é, na realidade, o primeiro passo para a libertação do estudante".[26]

Mas, pergunta-se: o Plano Dalton daria uma nova forma de organização em substituição ao sistema de lições *que plenamente responderia às tarefas e aos objetivos da nossa escola soviética atual*? Poderíamos copiar, incondicionalmente, na nossa escola, as melhores novidades mesmo das melhores escolas *burguesas*?

---

[25] Refere-se ao horário escolar de distribuição das matérias em dias e horas. (N.T.)

[26] Helen Parkhurst (1887-1973) educadora americana que, seguindo ideias de John Dewey, implementou uma nova proposta de organização do trabalho pedagógico que ficou conhecida como Plano Dalton. A proposta deixa o estudante em liberdade para escolher a matéria a ser estudada, a quantidade e ritmo de trabalho. Além disso, promove o pensamento independente e a criatividade e ainda redefine o papel do professor que assume a posição de um facilitador da aprendizagem. A autora vê a escola como um "laboratório social" onde os estudantes são eles mesmos os pesquisadores. O Plano Dalton não é um sistema, um método ou um currículo, é uma reorganização da educação da criança que tenta aproximar o "ensino" da "aprendizagem". Para uma crítica das ideias de John Dewey ver o teórico russo Shulgin, V. N. *Rumo ao politecnismo*. São Paulo: Expressão Popular. 2013 (original russo de 1930). (N.T.)

É preciso ter o hábito de relacionar-se com cuidado e desconfiança com todas as coisas que têm o selo estrangeiro e que importamos para nossas escolas. A crítica destas coisas novas deve ser feita partindo-se dos nossos princípios sociopedagógicos. Com esse ponto de vista, nós decididamente podemos dizer que o Plano Dalton, ao lado de seu evidente valor para nós, é também muito problemático e até nocivo. As tentativas de planejar o trabalho com base no Plano Dalton e que tem como apoio a literatura traduzida e as compilações (Dewey, Steinhaus, Parkhurst e outros), sem adaptá-lo às *nossas finalidades* (e não apenas às *condições*) devem ser condenadas.[27]

De fato, um dos aspectos incontestavelmente negativos do plano Dalton (pela literatura e insignificante prática que temos) é o extraordinário egocentrismo do ensino. Não a individualização (isto é bom e necessário), mas exatamente o egocentrismo. O sistema de sala de aula e o trabalho de classe (ou de grupo) por si obrigaram, em alguma medida, a se conduzir o trabalho na escola *coletivamente*. Já indicamos antes que a compreensão de "trabalho coletivo" deve ser ampliada; o trabalho de classe, por si mesmo, está longe de ser o ideal de trabalho coletivo, ainda que seja algum nível dele. O Plano Dalton destrói o trabalho de classe, mas não em nome do desenvolvimento de algum impulso interno para um tipo mais elevado de trabalho coletivo, mas em nome da libertação do estudante da sua ligação com a classe, a qual (classe) ou arrasta o estudante muito fortemente para frente, ou fica atrás dele. Cada estudante responde *apenas por si e por seu trabalho*. Nenhum sinal de trabalho coletivo reside no *próprio plano*, e nem em outros aspectos da escola, nada. Além disso, o estudante, pelo plano de Parkhurst (em verdade,

---

[27] Nós não nos referimos aqui à essência do Plano Dalton, pressupondo seus conhecidos leitores.

apenas às vezes e em turmas mais novas) assina um *contrato formal e individual* com o professor, com a seguinte cláusula:

> Eu, fulano de tal, estudante desta classe, me comprometo a realizar tal trabalho em tal disciplina.
>
> (data e assinatura)[28]

Até os sindicatos amarelos nos países burgueses procuram obter contratos coletivos, e aqui nós vemos contratos individuais.

A assinatura do contrato é apenas um detalhe característico, mas é um detalhe que mostra quanto diferem os nossos princípios educacionais dos da América e da Inglaterra.

Na prática, o sistema de contratos não leva ao trabalho coletivo, em nosso entendimento da palavra, mas ao trabalho individual para cumprimento de um contrato e raramente trabalham juntas em duas ou três crianças. Mas, o essencial da questão não está no trabalho em grupo, mas no sentimento que o trabalho comum produz. Este aspecto não existe no Plano Dalton.

A segunda insuficiência, com reflexos nocivos na prática, é a divisão do programa em contratos mensais separados. Seja uma semana, um mês ou duas semanas, a questão não está em quão longo seja o prazo de duração, mas, na existência do próprio prazo em si. Inevitavelmente, somos forçados a dividir mecanicamente o programa em partes que na verdade são essencialmente inseparáveis. Todos os exemplos de contratos que estão nos livros do Plano Dalton de laboratório, mostram que a separação não é harmoniosa, claramente feita por temas definidos, mas pela linha de tempo de sua realização; o programa é entendido como um fio condutor que é partido em contratos, mecanicamente.

---

[28] E. Parkhurst. *Educação e ensino pelo Plano Dalton*. Ed. Nov. Moskva, 1924, p. 34.

No sistema por complexos, tal divisão é nociva, porque o tema de um complexo não é escolhido pelo critério da duração, mas pelo critério da importância; ele pode durar de uma semana até um ano; é difícil separá-lo em partes arbitrárias; essa divisão pode ser feita apenas como temas parciais do complexo que, se oportuno, pode-se procurar combiná-los num determinado prazo. Sem as correspondentes correções determinadas pelas exigências do sistema por complexos, o Plano Dalton não pode ser aplicado. Estas correções devem ter como objetivo ligar o trabalho global do complexo com as tarefas do Plano Dalton.

Dizem que isso é um detalhe, mas olhem para a prática de nossas escolas que trabalham com o Plano Dalton e vocês verão até que nível copiam servilmente o sistema Dalton inglês ou americano, por isso, mesmo a contragosto, é necessário falar sobre isso.

A efetivação sem restrições do Plano Dalton, na prática conduz também ao renascimento dos exames em sua pior forma. Isto de maneira alguma decorre do próprio plano, mas a contragosto acontece, se transferirmos sem alterar o Plano Dalton para nossas condições.

O sistema de aulas coletivas quase desaparece; cada estudante recebe seu "contrato" em cada disciplina para cada mês. O caminho mais fácil para avaliar (e a ele, involuntariamente, o professor é levado pela insuficiência de tempo), são as tarefas escritas (resumos, relatórios, gráficos) e as respostas orais. Mas sem entregar as do primeiro contrato, outra não é dada. Assim, o que se vê é a formação de uma fila, uma vez por mês, para "entregar o contrato".

O sistema de avaliação no Plano Dalton, que se limita ao lado formal da questão, não dá, em nossas condições, dados sobre o nível de êxito do *trabalho* do estudante em cada momento (a não ser sobre a assimilação de materiais de livros).

A cada mês, é preciso "receber as tarefas". Na prática, o que ficou é que, no lugar de se ter um exame por ano, contra o que lutamos, temos agora oito a nove exames por ano.

O sistema de tarefas, a incapacidade de calcular o tempo necessário para os estudantes estudarem uma disciplina, o desejo de, com o plano de *laboratório*, "passar" no ano tanto quando costumeiramente se ensinava com a "assimilação livresca", cria ainda uma quarta insuficiência, isto é, sobrecarregam-se as crianças às vezes até proporções extraordinárias.

Qual é o resultado disso em nossas condições? Antes, tínhamos uma classe, uma aula, um mau manual e um professor; o Plano Dalton para língua pátria, por exemplo, significa: no lugar da classe há um laboratório, o manual permanece (às vezes mais encorpado), mas professor quase não há, isto é, tudo deve ser feito independentemente pelo estudante; o professor deve trabalhar para organizar os contratos mensais (e variar este trabalho se não quiser ficar no padrão); receber "as tarefas" referentes aos contratos; e assim, muito pouco tempo resta a ele para guiar o trabalho das crianças. Estas têm que gastar muito mais tempo para assimilar o curso de forma independente, especialmente se, mesmo parcialmente, se introduz o método de pesquisa.

O Plano Dalton supõe, pela sua lógica, que as "horas de laboratório" cubram todo o trabalho do estudante.

Depois dos trabalhos escolares não deveria haver necessidade de trabalho adicional em casa. Mas na realidade (e isso é resultado da prática), as crianças sacrificam todo seu tempo livre em casa na preparação das "tarefas". Nem é preciso dizer que este tempo (para ela longo) não é contabilizado e não entra na avaliação, ou seja, para a criança não resta tempo para quase nenhuma outra atividade.

Todo o dito, de forma alguma, significa que nós consideramos o Plano Dalton não aplicável na escola soviética. Não, no Plano

Dalton existem alguns aspectos valiosos e devemos utilizá-los. Nós vemos três qualidades nele: a independência do trabalho (mas não do estudo); a prestação de contas (mas não apenas formal) e a possibilidade de passar para o método de pesquisa (e não somente para o laboratório). Mas, aceitando parcialmente o Plano Dalton, é preciso introduzir nele uma série de mudanças essenciais. Na forma como ele é apresentado na literatura que temos, o Plano Dalton não apenas deixa de ser uma panaceia contra todas as técnicas antigas, mas é um claro prejuízo para o fortalecimento do que já conseguimos em nossa escola.

Antes da introdução (ou melhor, adaptação) do Plano Dalton é preciso fortalecer na escola uma série de posições ditadas pelas exigências desta: o trabalho, o esquema do GUS, o sistema por complexos, e a auto-organização dos estudantes. É preciso adaptar o Plano Dalton a estas posições reforçadas e não ao contrário: aceitando primeiro o Plano Dalton, para adaptar a ele todo o resto.

Na adaptação do Plano Dalton, especialmente, tem grande significação a auto-organização dos estudantes.

A adaptação do plano deve ser um estímulo para o mais amplo convite aos estudantes para a organização imediata do trabalho escolar. Ele deve tornar-se o plano *deles,* construído e conduzido por *eles.* Isto mudará na raiz muito do plano, dando margem para a atividade das crianças, dando realmente possibilidade de se obter aqueles resultados sobre os quais maravilhosamente escrevem, quando se apresenta o Plano Dalton, mas os quais uma implantação de cima para baixo nunca poderá conseguir na nossa escola *soviética.*

A experiência que temos no trabalho com o Plano Dalton em nossa escola, mostra que nossas indicações de insuficiências e aspectos negativos do Plano Dalton cada vez mais são levadas em conta, analisadas e corrigidas.

O Plano Dalton se "sovietiza", e se "sovietiza" muito fundamentadamente.

Na verdade, a escola soviética ainda não criou um plano soviético de laboratório, mas isto, talvez, não seja necessário, porque o mais importante não é tanto ter um determinado plano, mas a sua ideia básica de planejamento e de independência no trabalho.

A tarefa de adaptar o Plano Dalton para nossas condições soviéticas apresenta, hoje, dois problemas essenciais, cujas soluções exigem a força coletiva da massa do magistério, gradualmente acumulada, formalizada e generalizada.

A primeira delas é de ordem metodológica. Ele poderia ser denominado como o problema das "tarefas" para o trabalho independente. Dando tarefas ou "ordens", facilmente cai-se em equívocos: ou de formulá-las de maneira que cada passo é dado ao estudante, e ele deve somente executá-los passo a passo, realizando certas manipulações descritas precisamente, ou ele pode desenhar a tarefa de tal forma genérica que o estudante quase não terá condições de realizá-la *independentemente*. Ambos os extremos caem no mesmo erro, mas é muito difícil em cada caso dado encontrar um meio termo, que dê possibilidade de conduzir o estudante pelo caminho do trabalho de *pesquisa* independente.

Se levamos em consideração que o trabalho educativo da escola não deveria somente ser livresco e estritamente de laboratório, mas deveria incluir em si elementos de pesquisa da vida, fora das paredes da escola, e participação prática nela, então fica claro que esta tarefa ainda fica mais complicada.

Este problema da "tarefa para o trabalho independente" transforma-se em um problema de método geral sobre os princípios da pesquisa no trabalho da escola. Na literatura que se tem e na prática examinada por nós, não há suficientes soluções exitosas desta tarefa, nem estão claros os princípios gerais para sua solução.

O segundo problema – especificamente soviético – consiste em que os princípios do planejamento independente não se aplicam apenas ao trabalho educativo, mas também a toda a atividade do aluno, a toda sua atividade social e de trabalho.

Esta tarefa decorre diretamente das diferentes visões antes apresentadas sobre programa e "plano de vida escolar".

Este problema se apresenta, pelo caráter da auto-organização dos estudantes na escola soviética e nos conduz diretamente também para a ampla tarefa de introdução da Organização Científica do Trabalho na escola.

Particularmente, esta solução de sovietização do Plano Dalton para todas as formas de atividade das crianças pode nos ajudar a resolver a grande questão da sobrecarga das crianças e a construção da escola com base na Cultura Física.

A AUTO-ORGANIZAÇÃO DOS ESTUDANTES

I. O velho e o novo

H. G. Wells tem um romance sinistro e fantástico *A Ilha do dr. Moreau,* no qual ele conta como um talentoso cirurgião, o dr. Moreau, em laboratórios especialmente construídos em ilhas desabitadas, por meios cirúrgicos, mudava a estrutura do corpo de diferentes animais: cão, lobo, tigre, macaco e outros, aproximando-os muito da estrutura do corpo humano.

Com a ajuda de operações complicadas e ousadas, ele conseguia uma aproximação da estrutura (até do cérebro) destes animais com a do ser humano. Seu objetivo era criar artificialmente essas bestas-humanas com desenvolvimento mental, ensinando-lhes a fala humana e ensinando-lhes certas regras morais. Para isso aplicava duas técnicas básicas: queria obter, em primeiro lugar, uma submissão absoluta à sua vontade e autoridade e, em segundo lugar, queria inculcar nas suas bestas-humanas algumas regras básicas morais originais, as quais elas deveriam assimilar como leis absolutas, inabaláveis e invioláveis. "Não se deve andar de quatro, não se deve latir etc.; *assim manda a lei*" – exemplos de tais tipos de prescrições eram solidamente decoradas pelas bestas-humanas do dr. Moreau, repetindo-as inúmeras vezes. Mas, um acidental abalo em sua autoridade e na confiança da absoluta necessidade de subordinação à sua vontade, frustra todo o trabalho de Moreau; ele morre, e suas bestas-humanas pouco a pouco voltam ao seu estado primitivo. Esta fina sátira de Wells, "progressista", apresenta-se para nós como uma imagem refletida da essência da auto-organização infantil na escola burguesa.

Dois aspectos estão na base da auto-organização infantil da escola burguesa: seu autoritarismo e seu absolutismo rígidos, vindos de cima (ou por quaisquer outros meios) com suas leis imutáveis.[1]

A auto-organização dos estudantes tem ali, na maioria dos casos, o objetivo de ajudar o professor a manter sua autoridade; a vara e a punição saem das mãos do professor[2] e, graças "ao progresso civilizatório", são substituídas pela distribuição de funções de manutenção de uma determinada ordem escolar entre as próprias crianças. Isto conduz a uma certa divisão sistemática das crianças e ao fortalecimento de uma ordem escolar imutável.

Esta auto-organização, desenvolvida às vezes com a existência de uma forte carta constitucional (escrita com todos os atributos exteriores de um governo), coloca para si o objetivo de desenvolver nas crianças o sentimento de respeito às leis e ao próprio documento que chamam de "constituição do estado" e que ou foi concebido de cima com as "graças de deus", ou foi em algum lugar longínquo e em tempos "maravilhosos" criado por "heróis nacionais". Em sua forma mais nítida isso

---

[1] Para mais detalhes veja V. N. Shulgin: *Questões fundamentais da educação social*, no capítulo "Sobre a auto-organização". Izd. Rabotn. Prosv., 1924.

[2] Note-se de passagem que o castigo físico não está proibido por lei e tem lugar na escola alemã. Eles são também encontrados nas escolas americanas e inglesas.

aparece em *The Junior Republic*, escrito por George[3] (veja em V. N. Shulgin, 1924), o que é compreensível: ali o objetivo é a educação dos jovens "delinquentes" que agiram contra a lei, isto é, crianças que têm um desenvolvimento muito fraco do sentimento da necessidade de obedecer à lei.

Qual a raiz destes princípios de auto-organização? Não é difícil ver que eles se baseiam na natureza do sistema capitalista e em suas formas de governo político-democráticas e constitucionais.

De fato, como deseja o Estado burguês educar as crianças? De que cidadãos ele precisa? Antes de mais nada, daqueles cujo pensamento não poderia abalar as imutáveis leis do país. Do ponto de vista da lei, toda revolução é ilegal, porque ela deseja rasgar as leis e a legalidade existentes. O desejo de manutenção do sistema exige educar cidadãos (ou vassalos) de pensamento *conservador*, isto é, que considerem a destruição das bases da "constituição do Estado" algo como um caos, uma anarquia, selvageria, ruína da cultura e da civilização, em uma palavra, uma volta ao tempo das cavernas.

Quer se chegar a este resultado não apenas pelo estudo da auto-organização na escola, mas também de toda a organização da educação em geral, de toda a política do poder estatal, de todo o sistema de vida. Eis porque, mesmo com a existência das premissas econômicas para uma explosão social nos países capitalistas, lá é tão difícil mudar psicologicamente a visão conservadora das massas.

Quais são as obrigações do cidadão nas maiores "repúblicas democráticas" do Ocidente ou da América? Em primeiro lugar, ele deve respeitar a lei; em segundo lugar, de tempos em tempos, em datas determinadas, deve ir a uma seção eleitoral e

---

[3] William Reuben George – 1866-1936. (N.T.)

dar seu voto a este ou aquele candidato em um ou outro órgão municipal ou estadual, e isto é tudo. O resto é autorizado por procuração, "aos representantes do povo", através dos quais o capital, quase sem dificuldade, pode dominar as massas populares. A atividade e o espírito de iniciativa das massas são exigidos nas condições das "democracias puras"; estas qualidades das massas populares são mais nocivas do que úteis. E uma vez que o poder, de um modo ou outro, está estabelecido, devem-se subordinar a ele, até as eleições "livres" seguintes.

Essas características do regime burguês permitem ao domínio da burguesia refletir-se na forma e essência da auto--organização escolar, onde ela existe.

Assim é o velho.

E o novo? Quais são as exigências da nossa atualidade soviética para a auto-organização escolar? Podem as relações sociais, na mesma medida que as burguesas, determinarem a essência e finalidades da nossa auto-organização escolar, em ligação com os fundamentos do regime político e estatal da União Soviética? Onde está a nossa diferença em relação ao Estado democrático burguês?

A característica distintiva do sistema soviético é a *inevitabilidade* do envolvimento ativo das massas na construção do Estado, sua participação direta nele, baseada na iniciativa própria. Não temos democracia "pura" e "completa" no sentido burguês desta palavra; o direito de votar nos Conselhos[4] não é dado a elementos não trabalhadores, mas aos que trabalham, os quais são a grande maioria (não é de 98%?); não somente têm o *direito* de votar nos Conselhos, mas de interessar-se pelo apoio ativo aos Conselhos, em ajudá-los, porque estes são os Conselhos *deles*, porque todo o poder estatal encontra-se nas

---

[4] Sovietes. (N.T.)

mãos dos trabalhadores e camponeses e eles atuam, antes de mais nada, *no interesse das massas de trabalhadores*. Olhem atentamente para qualquer medida mais ou menos importante do poder soviético. Ele não age apenas decretando de cima para baixo. Isto é apenas uma pequena parte do trabalho. O poder soviético, o partido, os sindicatos conduzem ampla propaganda ao redor de cada medida, mostrando às massas a necessidade da iniciativa própria, esclarecendo persistentemente a compreensão correta destas medidas, mostrando porque os trabalhadores têm interesse nelas e como elas são dirigidas contra nossos inimigos de classe.

A reforma monetária, a cooperação, a luta contra a seca e suas consequências etc., em todos os casos, decididamente, nós estamos lidando com a plena atração das massas para a construção, para a correta compreensão das coisas, para ajudar com a iniciativa própria ativa, isto é, nós temos o autêntico espírito de iniciativa das massas.

E ainda que nós não sejamos "democratas" no sentido burguês da palavra, nós somos infinitamente mais democráticos do que as "repúblicas democráticas" do mundo burguês; a nossa é uma democracia de classe revolucionária; ela é completamente de outra ordem e tipo.

Em relação ao impulso e fortalecimento do trabalho dos Conselhos, o último ano é especialmente característico. Basta ver as deliberações do Partido Comunista sobre essa questão e as resoluções dos congressos dos Sovietes e do Comitê Executivo Central; basta olhar a elevada proporção de participação direta das massas na construção do Estado.

Essa particularidade do regime soviético – a iniciativa pessoal e a atividade das massas – desenvolve-se, além disso, em condições particulares da nossa recriação da vida e da criação do novo regime, especialmente pelo ritmo acelerado de nossa vida.

Não desejamos apenas uma coparticipação ativa das massas na vida cotidiana normal, mas também na criação conjunta, na participação da rápida substituição das formas, relações, organização e adaptação a todas as novas condições. As massas trabalhadoras devem, utilizando a herança do passado, construir – e construir rapidamente – o novo, o inédito, o grandioso. Isto dá marca especial à nossa atualidade soviética.

O regime soviético tem, finalmente, uma terceira particularidade que se refere à nossa compreensão da Constituição como uma lei fundamental do Estado.

V. I. Lenin, em seu trabalho provavelmente mais genial, *O Estado e a revolução*, mostra que, depois da tomada do poder pelo proletariado, tem lugar a extinção gradual do Estado (da máquina e do aparato estatal). Quanto mais se debilita a resistência da burguesia depois da tomada do poder e mais fortes forem os fundamentos e a construção do novo regime social, tanto menor será a necessidade do *instrumento* da ditadura do proletariado, isto é, o Estado como aparato de coação se *extinguirá*.

A dialética característica desta contradição é: o Estado soviético (o "Estado ou o semi-Estado proletário", na expressão de Lenin) deve ser cada vez mais fortalecido para que ele mais rápido e mais facilmente possa extinguir-se, ou seja, tem sua solução na criação de um novo regime social sem classes, que é o objetivo do Estado proletário.

Decorre disso a especificidade característica da Constituição soviética, sua *dinamicidade e mutabilidade no processo de aproximação de seu objetivo final – o comunismo*. Se a Constituição, a lei fundamental de todo Estado burguês, é a própria expressão radical da ideia de estabilidade, de imutabilidade e do conservadorismo do regime estatal de classes (daí seu absolutismo e seu caráter estático), a Constituição soviética é a expressão da consciência do direito revolucionário e da ideia de desenvolvimento na direção da obtenção de seus objetivos finais. Daí a visão da lei fundamental do semi-Estado proletário como uma expressão da orientação consciente do movimento para um regime sem classes, visão diferente da burguesa, que deseja educar nas massas uma reverência perante as letras inquebrantáveis das leis do pacto constitucional.

Deve estar completamente claro que estas especificidades do regime soviético são tão diferentes do sistema burguês, que os objetivos da nossa auto-organização escolar, determinados exclusivamente por tais especificidades, serão fundamentalmente diferentes dos objetivos da auto-organização na escola burguesa.

Seria, portanto, inútil – e mais que isso – nocivo, procurar as raízes de nossa auto-organização escolar na antiga escola, tentando encontrar uma relação hereditária com esta. As *finalidades* da auto-organização são necessariamente *novas* e para sua obtenção, *novos caminhos* devem ser procurados.

Para o esclarecimento deste pensamento, nós tomamos a diferença entre o Estado soviético e o burguês, porque neste terreno reflete-se mais caracteristicamente a diferença das finalidades da auto-organização. Mas, é evidente que o problema deve ser colocado ainda mais amplamente, ou seja, os objetivos da auto-organização infantil encontram-se no plano das nossas finalidades fundamentais para a educação.

As tarefas fundamentais da autonomia infantil[5] (ou melhor dizendo, da auto-organização) na escola soviética estão

---

[5] O termo "самоуправления" embora diferente de "самооrганизации" está sendo traduzido desde o início desta parte por "auto-organização" e não por "autonomia", como poderia ser, pela razão de que o próprio autor, no final desta introdução deu a ele o sentido de "auto-organização", como se pode ver. Em outras obras e mesmo nesta, o autor usa estes termos de forma intercambiável sempre querendo dar a ele o sentido de "auto-organização". Como esta é uma questão que pode suscitar debate teórico, é bom que se tenha isso anotado. (N.T.)

indicados por nós no primeiro capítulo, onde foi esclarecido o objetivo fundamental da auto-organização.

Nos deteremos mais detalhadamente em alguns aspectos específicos.

II. O coletivo infantil

A posição fundamental por nós defendida é que a auto-organização das crianças na escola soviética sem a existência do coletivo infantil, é um projeto que nasce morto.

Mas, com licença – perguntará o leitor – "em qual escola não há coletivo infantil?"

Isto é verdade, se se entende por coletivo qualquer quantidade de crianças, ocasionalmente reunidas em um lugar para aprender, isto é, para atender a objetivos que são externos a seus interesses ou ainda não formalizados pelo interesse infantil.

Mas um monte de crianças, simplesmente sua quantidade em uma reunião acidental, não forma ainda um coletivo. Para falar a linguagem dos matemáticos, pode-se comparar o coletivo à integral,[6] que tem propriedades diferentes das que constituem a sua diferencial, assim como são diferentes, por exemplo, as propriedades do círculo, como uma curva, da soma dos pequenos pontos infinitos do círculo, isto é, dos pedaços da linha reta. Assim, o coletivo é uma concepção integral, mas não uma soma em relação às unidades que o compõem; o coletivo possui características não inerentes aos indivíduos. A quantidade aqui se transforma em qualidade.

As crianças, como as pessoas em geral, formam um coletivo quando elas *conscientemente* se unem por determinados interesses que lhes *são próximos*. Se quisermos criar na escola

---

[6] "Integral" e "diferencial" são termos técnicos tirados do campo de Matemática (cálculo integral e diferencial). (N.T.)

um coletivo infantil, então nós precisamos descobrir nas crianças tais tipos de interesses, e também saber inspirar neles novos interesses. Isto, antes de tudo, apresenta a exigência de se aproximar o trabalho escolar à idade das crianças. O ensino escolar, como normalmente se conduz, não é próximo às crianças, não as entusiasma, não cria nelas uma exigência interior para o conhecimento; ainda mais se os objetivos deste estudo não estão claros para as crianças. Mas, mesmo que o trabalho educativo seja de alto nível, mesmo assim, *não é capaz de criar, por si, suficientes* interesses para se ter um sólido coletivo infantil.

A escola, então, só será a base para o crescimento e coesão do coletivo infantil quando ela se tornar o lugar (e o centro) da vida infantil, e não apenas o lugar de ensino das crianças e nem mesmo de educação das crianças, se por esta palavra se entende, não as ajudar a crescer e por si mesmas se educarem, mas se entende a influência educacional do professor nas crianças.

Voltamos, dessa forma, para aquele mesmo ponto no qual nós mais de uma vez já batemos, seguindo um caminho diferente, ou seja, a escola deve não somente ensinar, mas também descobrir os interesses das crianças, organizá-los, ampliá-los, formulá-los e torná-los *sociais.*

Poderíamos mesmo formular este pensamento assim: a escola deve transformar (sublimar) os interesses individuais, os sentimentos das crianças, em sociais, consolidando com eles o coletivo infantil.

A necessidade do coletivo infantil deriva da necessidade fundamental de ensinar às crianças a atividade coletiva, a iniciativa própria e criar a responsabilidade pela sua atividade. O coletivo das crianças despertará para a vida sua auto-organização.

Do ponto de vista do professor e da escola é preciso distinguir dois tipos de auto-organização.

O primeiro é quando a auto-organização tem o objetivo de ajudar a escola e o professor, isto é, a questão em princípio é externa aos interesses das crianças. Esta auto-organização destina-se a apoiar um regime escolar determinado, no qual o ensino escolar deve ser acomodado confortavelmente; ela deve trabalhar formas que ajudem a cumprir, de forma exitosa, o horário diário traçado pelos *adultos*. Com este enfoque, teremos muitas vezes não a união das crianças num coletivo, mas, ao contrário, uma certa estratificação, na medida em que uma parte das funções será transferida dos adultos para as mãos de parte das crianças, as quais parcialmente governam e dirigem toda a massa de crianças restantes, sem que estas tenham suficiente convencimento da necessidade de subordinarem-se.

O elemento definidor aqui é o regime escolar estabelecido independentemente das crianças ou, em breves palavras, a *comodidade do professor*.

Este enfoque, que tem em diferentes casos variadas formas de apresentação, frequentemente conduz a toda uma série de equívocos. São conhecidos de todos, os casos em que o professor introduz, nos primeiros dias de trabalho, de cima para baixo, sistemas de auto-organização. No papel, o esquema parece bem elaborado e confortável, mas sua colocação em prática revela-se muito difícil. Como resultado, há indisciplina, brigas com estudantes difíceis etc. Aparece a questão das punições e medidas de coação.

O principal é que isso resulta em certa dualidade nas crianças, o que é uma questão essencialmente nociva nas relações educativas: oficialmente, na reunião geral, nas comissões, no comitê de ensino etc., isto é, ali onde também se encontra o professor, onde a questão se refere à escola, a auto-organização age e introduz ordem etc., mas no trabalho não há alma, a criança não está por *inteira*, ali está somente uma parte dela e a sua outra parte restante é completamente diferente, tendo pouco em comum com aqueles interesses e tarefas que residem na base da auto-organização. A auto-organização é algo estranho à criança. Ficando o professor sem a direção das rédeas, por pouco tempo que seja (deixando apenas a autoridade moral), a ordem e a organização obtidas começam a ter rachaduras em um ou outro ponto.

Esse tipo de auto-organização (na verdade, este enfoque dela) deve ser superado; ao final de contas, ele conduz a um tipo de auto-organização antissoviético.

O segundo tipo de auto-organização cresce gradualmente na medida em que se desenvolve o coletivo das crianças, na medida em que o círculo de interesses das crianças se amplia, na medida em que cresce a *necessidade* da organização. Esse tipo é mais duradouro, mais sólido e, além disso, cria condições favoráveis para o desenvolvimento de *novos* interesses nas crianças, para ampliar o círculo de aspirações; a própria organização torna fecunda a descoberta de aspirações das crianças. Mas esse tipo de auto-organização coloca perante nós uma série de exigências.

Em primeiro lugar, tal tipo de auto-organização não pode ser introduzido de imediato, já de início, quando as crianças entram na escola. Ela aparece na medida em que há uma determinada necessidade de organização deste ou daquele *trabalho*.

Vejamos um exemplo que conhecemos de uma das escolas de sete anos em um distrito (na região de Moscou). A escola iniciou as atividades constituindo quatro grupos (do Primeiro Grau). A higiene da escola não estava organizada; não havia um regulamento definido baseado nas exigências da escola e da higiene. Gradualmente, no processo de trabalho escolar, sob influência de um pequeno grupo de pioneiros, sob a influência dos adultos etc., parte das crianças dispôs-se séria e energicamente a lidar com os problemas da higiene. Apareceu uma comissão de higiene e em suas tarefas introduziu-se não só o trabalho na higiene, mas também a educação higiênica, divulgando determinadas ideias. Dessa forma, foi criado o "jornal sanitário", ou seja, a redação do jornal e os seus colaboradores. Pouco a pouco, outras matérias vão penetrando no jornal, que o torna, ao final, um jornal escolar geral. Passo a passo, através do jornal, formalizam-se outros interesses: a questão do trabalho escolar, da atividade social etc. Um ano depois, a auto-organização já tinha formas bem desenvolvidas e tornara-se uma *forte* influência escolar.

A segunda exigência refere-se à organização e ao conteúdo do trabalho educativo. Já nos detivemos nesse ponto várias vezes, expressando aquele pensamento de que o trabalho educativo deve fundir-se inteiramente com o processo de formação. A mesma exigência coloca-se também ao correto desenvolvimento da auto-organização. É necessário que a questão seja colocada assim, para que o trabalho educativo se torne *um ato importante em suas consciências e para a vida das crianças*. Dessa forma, o trabalho educativo se torna uma *necessidade para a criança* e fornece material para a sua auto-organização. Nós ainda voltaremos a isso, abaixo, em ligação com a questão da participação das crianças no trabalho pedagógico.

Um terceiro ponto refere-se ao papel do pedagogo. É preciso dizer decididamente que as crianças por si mesmas, sem ajuda dos adultos, estão em condições, talvez, de organizarem-se, mas não estão em condições de formalizar e desenvolver seus interesses sociais, isto é, de desenvolver amplamente uma base para a auto-organização. Nós consideramos, portanto, que o pedagogo não deve ficar à parte da vida das crianças e apenas observá-las. Se fosse assim, por que precisaríamos da escola? Apenas para o ensino? Mas, por outro lado, o professor não deve se intrometer na vida das crianças, conduzindo-as inteiramente pela sua mão, esmagando-as com sua autoridade e seu poder. É preciso encontrar uma linha intermediária, para que, por um lado, não se esmague a iniciativa das crianças, não atrapalhe sua organização, e de outro, possa ser o companheiro mais velho que sabe ajudar imperceptivelmente nos casos mais difíceis, e ao mesmo tempo conduzir, pelo caminho correto, as aspirações das crianças. Mais concretamente falando, isto significa infundir conteúdo social nos interesses das crianças, alargá-los e desenvolvê-los, permitindo às próprias crianças, a procura de formas para os interesses já *existentes*.

Na prática, nós frequentemente temos nos afastado desta exigência. Não é raro poder ver como o diretor de um orfanato senta-se ao lado do secretário ou presidente da reunião das crianças e dirige seu trabalho, quase ele mesmo fazendo a ata, temendo que a criança cometa um erro, e tenta ajudar diretamente em tais detalhes para que saia tudo "melhor". Por tal caminho, as crianças não aprenderão a agir independentemente e elas vão sempre precisar de uma babá.

Se em tais casos a intromissão do educador resulta do excessivo desejo de ser útil, então, em outros casos, a razão direta da intervenção do professor é o desejo de que as crianças se comportem do jeito que a ele parece melhor. Na base de tal intromissão reside a mesma comodidade do professor, o mesmo desejo de dirigir a auto-organização pelo caminho que fortalece aquela forma de vida escolar que foi posta para o estudante de fora, pelo professor, pelo sistema escolar.

É plenamente evidente que nós escolhemos o segundo tipo de auto-organização, baseado no desenvolvimento do coletivo das crianças, quer dizer, aquele que ajuda a educar nas crianças hábitos de viver e trabalhar coletivamente. Este é um caminho mais difícil, irrequieto, que exige do professor mais esforço, ponderação, às vezes risco, mas ele é seguro e, em todo caso, responde pelos objetivos da nossa educação soviética.

III. A Constituição das crianças. A justiça infantil

Seria admissível uma "Constituição infantil" e sob que formas? Qual deve ser o conteúdo da Constituição? Qual o seu significado na auto-organização das crianças?

A resposta a estas questões em parte está dada pelo que foi dito antes sobre o Estado soviético e sua visão da Constituição do Estado, bem como sobre as exigências que disso decorrem para a escola. Seria profundamente incorreto construir a auto-organização escolar com base em uma Constituição outorgada de cima para baixo, imposta pelo professor ou, mesmo que com os mais louváveis objetivos, somente "proposta" pelo professor e voluntariamente aceita pela reunião geral das crianças.

As melhores intenções conduzem, nestes casos, a resultados indesejáveis: ou as crianças relacionam-se com ela de forma puramente formal ou, nos melhores casos, a Constituição torna-se uma norma, uma lei imutável, que não permite desvios, e isto é exatamente o que nós não queremos ensinar às crianças. Ao mesmo resultado conduzem as Constituições elaboradas pelas próprias crianças, se elas regulamentam a vida com demasiado detalhe.

A Constituição escrita paralisa as possibilidades de desenvolvimento da auto-organização. A característica distintiva da auto-organização da criança é a mobilidade de suas formas, que se adaptam à idade da criança e ao círculo de seus interesses sociais; a Constituição torna essas formas pouco maleáveis para as crianças, travando o desenvolvimento da criatividade organizativa delas.

Não vemos necessidade de tal tipo de Constituição para a auto-organização das crianças.

Os esquemas de auto-organização crescem no processo de buscas, pelas crianças, das melhores formas de organização, regulamentos de órgãos específicos que definem suas funções e tudo isso, mesmo que possa ser chamado de Constituição, estará, então, investido de outro conteúdo. Tal "Constituição" refletirá, mais precisamente falando, a situação da auto-organização em um momento específico, será o resultado da construção organizativa obtido pelas crianças em sua própria vida coletiva. O valor de tal Constituição é preciso vê-lo, não em que ela é suprema e de alcance inabalável, recebendo força indestrutível da tradição e dos dogmas. Tal Constituição deve ser vista como um plano e um regulamento da atividade de auto-organização, o qual pode ser mudado a qualquer momento, se as condições exigem. Em outras palavras: não é colocar a vida na dependência da Constituição, mas a Constituição na dependência da vida. Isto deve ficar claro para as crianças. Elas devem ter consciência de que a Constituição está a serviço delas; que qualquer reunião geral pode mudar qualquer ponto da Constituição se isto é *racional*; e que a Constituição foi criada por elas mesmas para seus próprios objetivos e utilidade social. A Constituição para a auto-organização dos estudantes, neste entendimento dela, deve ser flexível e dinâmica ao máximo.

Tal enfoque para a questão da Constituição infantil é ditado pelas exigências fundamentais da construção da auto-organização na existência de um coletivo infantil que se desenvolve, se fortalece e adapta as formas organizativas às suas necessidades.

É perfeitamente claro também, que somos decididamente contra Constituições que reflitam a Constituição do Estado, que copiem órgãos de direção do Estado, introduzindo, por um lado, as leis, e de outro, as medidas que devem ser tomadas contra quem viole as leis.

Uma das consequências de tal Constituição é a justiça infantil.

Nós nos encontramos frequentemente com a justiça infantil na prática soviética; esta é uma questão tão importante, que vamos nos deter nela mais detalhadamente.

Em que consiste o lado positivo da justiça infantil? Em que as crianças aprendem a lidar com seus problemas *entre si*, eliminando os conflitos; a justiça contribui com a formação do sentimento de responsabilidade. Finalmente, a justiça infantil dá a possibilidade de não haver intromissão nas atividades das crianças, com a finalidade de sustentar uma determinada ordem: com a ajuda do tribunal ela é sustentada pelas próprias crianças.

Os aspectos positivos da justiça infantil indicados (e nem sempre são totalmente positivos) compensariam os aspectos negativos e prejudiciais que ela pode trazer? E em que consistiriam os aspectos nocivos da justiça infantil?

A justiça infantil, baseada na Constituição, pressupõe a definição de suas formas: juízes, partes, leis segundo as quais se julga, um código de punições e, enfim, órgãos que executam as decisões da justiça. Em sua forma mais completa, incluindo a milícia e prisões, nós temos, por exemplo, a *The Junior Republic* de W. R. George.[7] Mas, mesmo sem levar a questão até cópias caricaturais como as de George, não se pode recusar inteiramente a determinadas formas fixas da justiça infantil, porque, sem estas, teríamos que nos basear apenas na autoridade moral da justiça, e a justiça teria que atuar, não em base a leis precisas, mas em base ao senso de justiça social dos juízes, isto é, com base na consciência do juiz. Rejeitando-se o aspecto formal da

---

[7] Veja V. N. Shulgin. *Questões fundamentais da educação social*, no capítulo "Sobre a auto-organização".

justiça, nós a transformaríamos numa organização que resolve as questões apenas por convicção interior em um dado momento.

Seria melhor assim? Pouco provável. Uma das condições necessárias para a justiça é sua imparcialidade.

Em nome da imparcialidade da lei, as partes judiciais (acusação e defesa) têm o direito de afastar estas ou aquelas pessoas da investigação judicial. Tudo isso é feito para que na solução judicial não influencie qualquer motivo pessoal e ocasional.[8]

Deveria a justiça infantil responder a estas condições? Claro que sim. Seria isto possível nas condições da escola? Não, porque, na escola, lidamos com um coletivo onde as crianças diariamente se enfrentam umas às outras, onde existem milhares de conexões pessoais, inclinações individuais, simpatias e antipatias, onde as crianças estão ligadas por diferentes relações; ao sentimento da dívida social, mistura-se muito do pessoal, casual, individual, não percebido no social. Em tais condições, quando as crianças se conhecem umas às outras, poderíamos falar de imparcialidade da justiça? A resposta é clara. Se somamos a isso a falta de formas e leis para a justiça, resta apenas a consciência social, e valeria a pena tal justiça?

Adicione-se a isso ainda que o juiz, no mesmo dia, se encontrará com o acusado em muitas outras circunstâncias e que eles irão se encontrar diariamente. Influiria isto na ação judicial? Sem dúvida alguma. Junte-se ainda que, nas crianças, nós não temos nem aquela estabilidade espiritual que podemos exigir de um adulto, nem a definição das visões, convicções, convencimentos que contrariem estados de espírito e circunstâncias ocasionais, e então veremos que a justiça infantil, de

---

[8] Nós abstraímos aqui o fato de que a justiça em um Estado é uma justiça de classe. A exigência da imparcialidade da justiça é uma exigência formal. Ela se torna real nas condições da escola em que, é claro, não se tenha luta de classe entre os estudantes.

fato, é prejudicial. Não nos esqueçamos também de que não há decisão de justiça que agrade a todos, particularmente entre as crianças; e isto quer dizer que a justiça infantil não reforçará, mas destruirá o coletivo infantil. Em outras palavras, ela trará um enorme prejuízo nas relações educativas.

Além destas razões que nos obrigam a recusar a justiça infantil, podemos apresentar outra razão. A justiça infantil pode, ao final das contas, facilmente tornar-se um instrumento nas mãos do professor, onde ele pessoalmente não possa dominar. As decisões de justiça, o caráter dos assuntos tratados na justiça, o caráter das punições aplicadas pela justiça, tudo isso facilmente se tornará um meio de realizar na prática os desejos e ações do professor que dirige a vida escolar. Mais simplesmente falando, o professor, através da justiça infantil, poderá castigar, agir sobre uma criança através de outras etc. Isso introduzirá no balanço final desunião entre as crianças, dividirá as crianças, travando o desenvolvimento do coletivo infantil, isto é, nos devolverá ao caminho da escola burguesa.

> Na justiça infantil as crianças 'desenterram os crimes', especializando-se na investigação 'apaixonada', elas tornam-se maneiras de acertar contas pessoais, de caluniar, de preparar armadilhas etc. *Elas desagregam o ambiente infantil.*[9]

O que, então, substitui a justiça infantil? O juízo da *assembleia geral* das crianças, a qual analisa coletivamente todas as questões que aparecem, os conflitos, os casos de transgressão das normas etc. A assembleia geral é em si mesma a forma superior de expressão do coletivo infantil; ela não pode ser nem parcial, nem subjetiva nas decisões das questões. As decisões da assembleia geral das crianças educam e desenvolvem o sentimento coletivo, atuam elevando a consciência das crianças

---

[9] V. N. Shulgin. *Questões fundamentais da educação social.* Capítulo "Sobre a auto-organização", p. 68.

e não "desagregam o ambiente infantil". Tudo o que se pode dizer de negativo sobre a justiça infantil, transforma-se em seu contrário de natureza positiva com as decisões da assembleia geral. Suas decisões são decisões *coletivas* e não um senso de justiça ocasional.

O professor não jogará um estudante contra o outro, dirigindo a atuação da assembleia geral, não contribuirá para a destruição do coletivo.

E a própria natureza da influência do professor na assembleia geral das crianças é completamente diferente: o professor, o adulto na assembleia geral das crianças é apenas um dos membros da assembleia não tendo nenhum direito e preferência perante os demais (assim exatamente precisa ser colocada a questão), exerce influência exclusivamente pela sua autoridade moral, pela sua experiência, como companheiro mais velho.

Um professor cauteloso usará sua influência com cuidado, envolvendo-se apenas quando isto for indiscutivelmente necessário, apenas quando, sem seu envolvimento, a assembleia geral vai por um caminho incorreto.

A justiça infantil deve ser eliminada. Ela deve ser substituída pelas decisões da assembleia geral.

IV. Castigos e sanções

A assembleia geral das crianças, analisando um determinado tipo de infração do estudante, pronuncia uma sentença, uma decisão sobre esta ou aquela sanção ou sobre um castigo. Seria isso admissível? Como tratar o castigo?

Por outro lado, como se luta contra as infrações que atrapalham a marcha normal da vida escolar? Seria possível castigar a todos? Essas questões são colocadas com muita frequência pelo magistério, mas elas, infelizmente, são raramente analisadas em nossa literatura pedagógica.

Nós não nos deteremos aqui na resolução desta grande e difícil questão, pois isto também não está dentro da nossa tarefa. Queremos apenas assinalar alguns aspectos em ligação com os problemas que têm relação com a auto-organização dos estudantes.

Nós indiscutivelmente recusamos o *castigo* como tal, isto é, recusamos ao castigo que é aplicado automaticamente a este ou aquele caso. O sistema de castigos, aplicados pelo professor, pode considerar-se definitivamente sepultado. Mas, como já indicamos antes, há um caminho simples, de menor resistência, no qual o professor pode facilmente se perder: executar este mesmo sistema de castigos por meio das crianças, particularmente através da justiça infantil. Eliminando a justiça infantil, que atua com base a regras fixas, nós definitivamente liquidaremos o próprio sistema de castigos, instalado na escola não diretamente pelo professor, mas mediado pelas crianças.

Recusando o *sistema* de punições, entretanto, não podemos, nas atuais condições, recusar as *medidas pedagógicas* necessárias em relação a alguma infração de parte do estudante à perturbação da disciplina, à transgressão da ordem. Em cada caso concreto ante nós, duas questões se colocarão. Em primeiro lugar, que medida aplicar num caso determinado, se ele por uma razão ou outra não pode passar sem a devida atenção, e como agir em um dado caso com uma criança, para que no futuro tenha consciência da inadmissibilidade de sua infração? Em segundo lugar, cada caso concreto deve servir de motivo para se colocar a seguinte questão: em que medida a ordem escolar atual, toda a organização escolar, predispõe a tal tipo de transgressão, ou seja, em que medida *a culpa é nossa mesmo*?

Esta segunda questão, comumente não é suscitada na prática. E isso dificulta (para *todos* os casos e não somente para um caso específico) acabar com as transgressões indesejáveis.

Se olhamos com atenção para a prática, nós notamos o seguinte: a ordem escolar, a regulamentação escolar é algo inabalável, inviolável, fixada de cima para baixo pelo professor com muito pouca ou nenhuma participação da criança. A sanção a esta ou aquela infração do estudante, isto é, à transgressão da ordem, tem em mente liquidar esta infração, sem perturbar a própria ordem escolar.

Toda a atenção é colocada na atividade da própria criança, mas não nos pontos fracos da ordem escolar. Assume-se a tarefa de adaptar a criança à incontestável ordem escolar estabelecida.

Baseando-se na auto-organização do estudante, o professor conduz-se da seguinte maneira: passa alguma sanção não pessoalmente, mas por meio das crianças, forçando-as a dar suporte para *uma ordem que lhes é estranha*. Em tais casos, vê-se obrigado a apoiar-se naquela parte das crianças que se dispõem a ajudá-lo, enquanto que a outra parte delas (e frequentemente a mais importante) não aceita inteiramente esta ordem escolar e se submete contra sua vontade às outras crianças. *Isto conduz ao enfraquecimento da auto-organização em nome da imutabilidade da ordem escolar.*

Depois de algum tempo, somos obrigados a constatar com amargor que as infrações ao regime simplesmente não diminuíram; que as crianças não se tornaram mais "conscientes"; que a auto-organização tem rachaduras; e que as crianças são "em aparência", formalmente, bem-educadas, mas pelas costas do professor elas revelam seu lado feio etc. Por vezes, tudo se reduz ao fato de que o professor cai no pessimismo em relação à importância e à utilidade da auto-organização em geral, e tem vontade de voltar para o regime antigo, conduzido apenas pelas mãos dos adultos.

Todo o dito não se refere a casos teóricos, mas a generalizações da prática de muitas instituições infantis que o autor conhece em grande quantidade.

Em que está o erro? Parece-nos que toda a questão está em duas circunstâncias que precisam ser detalhadamente consideradas.

Em primeiro lugar, está na própria ordem escolar.

Na escola, nós comumente nos orientamos pela "média" dos estudantes. Mas existem estudantes que saem (desviam) deste padrão "médio", para mais ou para menos, pois a amplitude dos desvios dos diferentes estudantes, varia.

Estes desvios podem ser divididos em duas categorias: a primeira é quando o desvio do estudante não é muito grande, ele se encontra inteiramente na faixa da ordem escolar dada, e nós dizemos, então, que estamos lidando com crianças "normais"; o segundo, quando a amplitude é suficientemente grande para que o estudante caia fora da faixa da ordem escolar (normal); a criança não se encontra dentro dos marcos da escola comum, e nós frequentemente colocamos estas crianças na categoria "anormais". Pode-se distinguir ainda uma terceira categoria, quando o desvio cai no limite dos valores normais, a criança está no limite entre o "normal" e o "anormal", e frequentemente recebe a marca de "criança difícil".

Nós temos aqui duas grandezas: 1) a faixa de amplitude da ordem escolar; 2) a grandeza do desvio da norma. A segunda dessas grandezas é pouco variável, lentamente pode ser diminuída e, o mais importante, reside na própria criança, sua hereditariedade, condições do meio no qual ele cresceu etc.

Mas a primeira é quase completamente de nossa responsabilidade. Por uma razão qualquer, consideramos correto colocar todos os esforços para diminuir a segunda grandeza, e não desejamos o crescimento e a mudança da primeira delas. No entanto, pareceria inteiramente evidente que cada caso de desvio da ordem escolar deveria, antes de tudo, induzir-nos a rever o problema sobre em que medida esta própria ordem escolar é a razão do desvio, e o que podemos e devemos realizar para ampliar sua faixa, *deixando a comodidade do professor em segundo plano.*

A segunda circunstância é a orientação incorreta em relação à auto-organização dos estudantes. A questão central na tática do professor, quando ele quer puxar para dentro da faixa normal os estudantes e erradicar os desvios anormais da ordem escolar, deve residir, não na transferência para as mãos das crianças do trabalho de adaptá-las a um regime dado, mas em que o professor, por todos os meios, deve procurar tornar esta ordem escolar importante e necessária para o coletivo infantil.

E isso significa, antes de mais nada, o *fortalecimento do coletivo infantil* para que a ordem escolar se torne a *sua* ordem, começando por entrar no círculo de interesses coletivos das crianças, e mais que isso, fazendo com que esta ordem, em grande medida, seja criada pelas próprias crianças, que então sentirão e se conscientizarão da *responsabilidade* pela sua concretização. Isso, de um lado, amplia a base para o coletivo infantil e, de outro, obriga a escola a ampliar a faixa da ordem escolar pelo lado dos interesses do coletivo infantil.

Ambas as circunstâncias revelam dois lados de uma mesma tática em relação à auto-organização, isto é, tática que tem o objetivo fundamental, antes de tudo, de criar de fato um organismo social infantil que se auto organize e se autodirija. Tal enfoque pode conduzir ao crescimento da conscientização das crianças com a qual sonha o professor, quando então os fenômenos negativos na ordem escolar irão por si mesmo desaparecer.

Significaria isto render-se plenamente à atitude das crianças, às vezes à sua vontade irracional? Realmente, a criança às vezes pode ter tais desejos em relação à ordem escolar e procurar obter tais regras que sob nenhum ponto de vista são aceitáveis;

deveríamos satisfazer essas exigências em nome do coletivo infantil? Em nenhum caso, é claro. Isto significaria correr atrás de interesses ocasionais das crianças e não controlar o processo de educação das crianças. Este enfoque seria profundamente nocivo, porque fortaleceria os piores instintos nas crianças, afinal, aqueles que absolutamente não consolidam o coletivo das crianças.

A linha correta de condução deve consistir no seguinte: em primeiro lugar, chamar as crianças para participar na criação da sua própria ordem, que seja razoável e que corresponda ao sistema geral da educação soviética, sendo que o educador deve ser o companheiro mais velho, conselheiro, ajudante; em segundo lugar, formar, dirigir e desenvolver os interesses das crianças, esclarecê-los com um determinado ponto de vista social, ou seja, novamente, fortalecer o coletivo infantil, inspirando-lhe o sentido da atividade e existência social.

Quanto a adoção de uma direção correta, em relação às sanções e ao coletivo escolar, tem importância na prática, pode ser visto em dois exemplos conduzidos em Moscou com crianças abandonadas.

Ainda muito recentemente, as crianças abandonadas, recolhidas pela Comissão Extraordinária de Luta contra o Abandono, eram distribuídas uma a uma em diferentes pensionatos infantis, chegando a um ambiente que lhes era estranho e com grande dificuldade para se acostumar ali. Eles desorganizavam o ambiente infantil acelerando o processo de desagregação do coletivo das crianças, internamente fraco.

Frequentemente, os inspetores (irmãos e irmãs na luta contra o abandono) não podiam colocar as crianças nos pensionatos, porque elas ameaçavam fugir de lá. E, em realidade, frequentemente alguma destas crianças de rua fogem do orfanato. Houve casos de a fuga repetir-se oito a doze vezes. Nós observamos, no sudeste da RSFSR,[10] em uma cidadezinha que, de seiscentas crianças, cem foram listadas como estando "em fuga". Essas crianças de rua são frequentemente classificadas, com muito pouca consciência pelo professor, como "anormais", colocando uma cruz sobre elas.

Em Moscou, entretanto, em 1923-1924, conduz-se uma luta contra a teoria da "anormalidade moral" das crianças, na qual se incluíam ladrões de rua e batedores de carteira; a Comissão dos Menores de Idade adota em relação a isso uma tática inteiramente diferente. De diferentes confins saem bandos inteiros ou quadrilhas de crianças solidamente organizadas com base na luta peculiar pela existência, quadrilhas de "ladrões" (isto é, arrombadores), ladrões de carteira, muito frequentemente viciados em cocaína, que cheiram cocaína há três ou quatro anos, jovens prostitutas etc.; os bandos são capturados inteiros, com os líderes deles (uma espécie de atamã).[11] Estas quadrilhas *não são desmembradas,* mas inteiramente convertidas em pequenas comunas de trabalho. Comumente, são colocadas três condições para elas: não roubar, não cheirar cocaína, desenvolver um trabalho produtivo no interesse da maioria, ganhando com ele ao menos uma parte do seu pão.

Esta colônia tem à sua disposição um alojamento e um ou dois dirigentes se alojam com eles. Uma das técnicas da organização consiste em quebrar a autoridade absoluta do chefe, baseada na força, substituindo-a pela autoridade do coletivo, que constrói sua vida e sua própria organização. As experiências desse tipo, tanto quanto se pode julgar pelos resultados de alguns meses de trabalho, superam, em certos casos, todas as expectativas. O coletivo é tão unido que, por

---

[10] República Soviética Federativa Socialista da Rússia. (N.T.)

[11] Atamã, chefe absoluto dos cossacos, um povo que vivia na URSS. (N.T.)

exemplo, não há necessidade de fechar com chave o almoxarifado (anteriormente, cada fugitivo, obrigatoriamente, levava consigo um travesseiro e um cobertor para vender); os casos de fuga quase não se verificam mais (às vezes, entretanto, o líder deposto não fica). A interpretação social da atividade de trabalho da criança, o sentimento de significação *social* de sua vida, alguns grandes objetivos sociais dão a essas crianças grande felicidade, promoção da dignidade própria e coesão. Conhecemos um caso bastante interessante quando em uma destas comunas penetrou, "silenciosamente" (isto é, sob o manto de uma noite escura), um menino ladrão, o qual as crianças prenderam. Ele revelou conhecê-las. A questão acabou em que a comuna o convenceu a permanecer nela em igualdade de direitos, o que ele fez.

A experiência de um ano das comunas de trabalho infantis é plenamente em si justificada, o que mostra de modo evidente, a exposição-bazar dos objetos produzidos nas cooperativas organizadas com a ativa participação quase que inteiramente das próprias crianças abandonadas. Esta experiência lança nova luz no problema dos pensionatos. Nós, infelizmente, não podemos nos manter neste interessante tema, pois ele está fora de nossa tarefa.

Em que está a garantia do sucesso? Está em que esses mesmos viciados em cocaína, ladrões, prostitutas de doze anos, os quais foram levianamente classificados na indesejável categoria de crianças "moralmente anormais" são, na realidade, frequentemente, crianças brilhantes, ativas, de grande iniciativa e capazes, mas deformadas pela sua vida, e que encontram condições quando o coletivo infantil tem a possibilidade de se desenvolver independentemente, de crescer e construir em base social.

Toda a questão está no coletivo das crianças.

V. O conteúdo do trabalho. As formas de organização

De tudo o que foi dito antes, claramente deduz-se que a auto-organização dos estudantes não é apenas um jogo; ela deve ser uma *necessidade*, uma atividade séria das crianças, pela qual elas claramente sentem e têm consciência da sua responsabilidade. Apenas com base em um ponto de vista sério e responsável da criança, é possível criar a auto-organização.

A questão fundamental é a seguinte: o que pode entrar na esfera das atividades das crianças? Pensamos que quase não há nenhum problema escolar que não lhes diga respeito e no qual não possam tomar parte ou ajudar, ou ainda organizá-lo independentemente.

Uma das primeiras tarefas que as crianças podem realizar, em limites permissíveis do ponto de vista médico, é o autosserviço (usualmente a base da auto-organização nos orfanatos). Na escola, isto pode referir-se à higiene do prédio, hábitos de higiene, hábitos culturais, porque eles *são solidamente reconhecidos pelas crianças.*

Nas escolas onde há café da manhã, chá, o autosserviço pode começar pela organização da alimentação. Gradualmente, pode-se passar para as crianças o controle da frequência, a organização das contas das festas e exposições, a organização de festas e apresentações escolares etc. Pouco a pouco, surge o jornal escolar, que reflete toda a vida escolar. Aparece a revista da escola. Paulatinamente, organizam-se diversos círculos de estudo. Surge a necessidade da organização do trabalho de educação política e cultural. A biblioteca, desejável para tal educação (às vezes algo em torno de uma dezena ou mais de livros), pode ser conduzida pelas crianças. Gradualmente, toda a organização do trabalho, que não se refira ao ensino, é transferida para as mãos das crianças e parcialmente elas colaboram até na organização do trabalho de ensino.

As crianças podem ser atraídas para a condução das questões administrativas da escola apenas se estiverem conscientes de que os bens da escola não são "estatais" no sentido antigo desta palavra, mas sociais, isto é, destinados a eles mesmos. A prática do último ano demonstra que a questão do fornecimento de material didático, do material de escritório, e às vezes também do café da manhã quente, podem ser executados com grande êxito através da mediação de *cooperativas* escolares – uma das formas de auto-organização.

A organização do trabalho nos gabinetes, laboratórios (começando com o seu inventário, passando pelo controle sistemático de cantos vivos, aquários, passando pelo reparo de instrumentos e a instalação de novos, até a organização dos círculos de trabalho nos gabinetes) tudo pode ser gradativamente transferido para as mãos das crianças.

Todas as partes da organização da vida laboral devem, em grande medida, encontrar-se sob responsabilidade das crianças. Já nos detivemos antes – bastante pormenorizadamente – nos problemas do trabalho na escola. Ainda que lá não se tenha dado indicações diretas sobre isso, entretanto, o leitor verá facilmente que o trabalho na escola não pode ser organizado sem o envolvimento da auto-organização da criança na questão do trabalho. Somente com a integração direta da criança na organização e direção do trabalho na escola pode se esperar o correspondente efeito educativo.

A correta organização do trabalho educativo promove uma série de atividades de caráter social para a criança, entre elas, por exemplo, as células ligadas a diferentes tipos de organizações, isto é, a Organização Internacional para a Ajuda aos combatentes da revolução; a Sociedade para o Desenvolvimento da Química e da Aviação, a Sociedade contra o Analfabetismo, o Amigo das Crianças etc.; a escola fortemente inculca a participação no estágio supervisionado no campo (juntamente com empresas e indústrias); há inumeráveis casos de trabalho regular das instituições escolares na área da eliminação do analfabetismo etc. Por este caminho deve seguir a ampliação da auto-organização das crianças.

Sem dúvida, também é preciso incorporar nas tarefas da auto-organização das crianças a participação destas no trabalho pedagógico. Neste ponto tem-se que colocar muita atenção, porque com frequência nos esquecemos do trabalho pedagógico.

Atribuímos também grande importância à relação entre diferentes instituições infantis. Um dos defeitos de nossas escolas (sobretudo das escolas das grandes cidades) e dos pensionatos infantis é seu isolamento, sua separação em relação à vida, e o isolamento é, às vezes, tão grande, que as crianças de treze ou catorze anos só têm uma visão muito vaga da vida exterior.

O isolamento das escolas é naturalmente menor do que o dos pensionatos infantis, mas isso não diminui em nada a necessidade de fortalecer a relação com outras instituições infantis. Ora, essa relação deve ser uma das tarefas da auto-organização das crianças.

De acordo com os antigos Regulamentos sobre a Escola Única do Trabalho,[12] na constituição do conselho escolar entrava um terço de representantes das crianças, a partir do quarto ano de ensino. A prática local diminuiu este número, e isso é bastante lamentável. Mas esse não é o problema.

---

[12] Cf. Regulamento sobre a Escola Única do Trabalho, art. 27 em: Krupskaya, N. K. *A Construção da Pedagogia Socialista* (Freitas, L. C. e Caldart, R. S, organizadores). São Paulo: Expressão Popular, 2017, p. 282. A base de cálculo da composição do Conselho Escolar era o total de trabalhadores educacionais da escola (membros natos), ao qual se somavam, na mesma proporção, representantes externos de trabalhadores da comunidade e também os representantes dos estudantes, sempre na mesma proporção, ou seja, um terço para cada categoria. Havia ainda, um representante do Departamento de Educação Nacional. (N.T.)

O importante é definir porque as crianças devem participar do conselho escolar. Observando esta questão em diferentes escolas, nós podemos concluir que, na grande maioria dos casos, a criança entra no conselho escolar para *salvaguardar os seus interesses* (assim exatamente as próprias crianças imaginam sua tarefa no conselho escolar).

Será que na escola soviética é preciso salvaguardar os interesses das crianças no conselho escolar? De quem? Dos adultos? Dos professores? Se na nossa escola a divisão em dois campos ainda é essencial, então ela, sob quaisquer circunstâncias, não poderia ser chamada de escola soviética, escola de educação comunista. A primeiríssima exigência para uma escola soviética única é a coesão entre professores e estudantes, destruindo a "luta de classes" na escola.

As crianças devem entrar no conselho escolar para *trabalhar organicamente* na construção da escola, para participar em *todas* as questões *pedagógicas* da escola (e não apenas domésticas). O receio de que as crianças vão se envolver e atrapalhar o trabalho em questões que eles pouco entendem, é sem fundamento. Mais precisamente, ele torna-se sem fundamento quando as crianças, gradualmente, envolvendo-se no trabalho orgânico do conselho escolar, vão cada vez mais conscientizando-se da *responsabilidade* pelo seu trabalho; quando nas suas consciências não há divisão em "nós" (crianças) e "eles" (educadores); quando eles vão vendo o educador como seu *companheiro* mais velho, mas mais íntimo e mais experiente, o qual necessita de ajuda no trabalho. As crianças, então, surpreendentemente, se relacionam seriamente com o trabalho do conselho escolar e expressam ali sua própria opinião.

A própria questão do sistema de ensino por complexos encontra-se ligada à chamada feita aos estudantes para participar do trabalho orgânico do conselho escolar e de todo tipo de comissão metodológica.

Como nós indicamos no capítulo sobre o trabalho educativo, uma das mais importantes exigências que o sistema por complexo deve satisfazer, deve ser a clara compreensão pelos *estudantes* (e não somente pelos professores) da *essência* do ensino baseado em sínteses, da finalidade de se estudar um determinado complexo, do método de desenvolvimento do trabalho em complexos e do lugar que cada complexo ocupa na construção geral da atualidade. Ora, todos estes problemas são detalhadamente discutidos pelo conselho escolar e nas comissões; ali, então, o estudante pode compreender exatamente o que faz e o que fará a escola em termos educacionais.

O mesmo ocorre em relação às tentativas de passar para um plano alternativo de organização do trabalho pedagógico sem lições, digamos, para as correspondentes adaptações do plano Dalton. O êxito da introdução desse plano, baseado na independência das crianças, na sua iniciativa própria e na consciência de sua responsabilidade, depende de que, em alguma medida, as crianças se sintam construtoras orgânicas de sua escola. Mas elas só podem sentir-se assim se realmente forem tais construtoras, isto é, realmente tomarem parte no trabalho do conselho escolar.

Mas essa participação é também importante por outras razões. Realmente, nosso objetivo é educar pessoas que sejam tanto cidadãos obedientes, talvez que amem e respeitem seu regime, seu Estado, como também pessoas que conscientemente participam diariamente, com o seu trabalho, na construção do Estado soviético; que sintam e que compreendam que cada um deles especificamente é *responsável* pelo poder soviético. Mas para educar tal construtor, não é suficiente apenas persuadir as crianças da necessidade de tal relação para com o Estado soviético. É preciso enraizar o hábito, *já na escola,* de *fazer imediatamente* aquilo que deverão fazer em grande escala no futuro, como parte integrante do Estado soviético, esclarecendo que a participação na construção da escola é, ao mesmo tempo, participação na construção de todo o Estado soviético. Do contrário, nós não educaremos nas crianças os necessários *hábitos* para serem construtores.

A experiência da Escola-Comuna do Narkompros[13] nos convenceu da indiscutível exatidão da nossa visão. Mais que isso, a Escola-Comuna, desde o próprio início de sua existência, introduziu nela o costume de ter reuniões do conselho escolar inteiramente abertas.[14] Nas reuniões pode participar qualquer membro da Comuna (sempre comparece uma massa de crianças); cada um dos estudantes tem o direito de expressar sua opinião e o direito de iniciativa, isto é, o direito de levantar qualquer questão no conselho.

Este costume somente trouxe benefícios para a escola.

Em verdade, nem sempre tal participação inteiramente livre no conselho escolar foi possível na prática. Nas escolas onde há um grande número de estudantes (e há escolas de Segundo Grau com até mil crianças – na Escola-Comuna eram cerca de 180), tal costume é praticamente impossível, mas pode-se graduar a participação deles em uma escala que vá desde abrir o conselho escolar para representantes dos estudantes, chegando até a própria abertura das reuniões para todos os estudantes. Pode-se também valer de *delegados* por grupos de estudantes, pode-se utilizar grupos por turno, pode-se encontrar qualquer outra forma para isso, se apenas se aceitar a *exatidão* deste enfoque.

---

[13] Ver Pistrak, M. M. *A Escola-comuna.* São Paulo: Expressão Popular, 2009. (N.T.)

[14] M. M. Pistrak foi dirigente da Escola-Comuna do Narkompros. (N.T.)

Abrir o conselho escolar não significa, é claro, a recusa completa de qualquer reunião fechada do coletivo dos educadores. Em casos, por exemplo, de questões como a relação de gênero na escola, para as quais é necessário elaborar uma linha geral de conduta para as crianças, pode ser necessário uma reunião fechada *preliminar*; ou ainda quando o coletivo pedagógico aperfeiçoa questões de princípio, mais básicas, elaborando diretivas gerais para a escola, uma reunião fechada pode ser necessária, para que não se introduza mais confusão na cabeça das crianças, enquanto não há clareza de todos os caminhos; ou quando a questão é o trabalho insatisfatório de um determinado educador ou sua personalidade. Mas todos estes casos são mais exceções do que regra.

O envolvimento das crianças no trabalho pedagógico da escola se manifesta também na participação delas na recepção dos novos estudantes na escola. Se baseamos a auto-organização no coletivo infantil, então é natural admitir o interesse do coletivo já *existente no ingresso de novos membros*. Ao final de contas, não é especialmente importante o que as crianças formalmente *saibam* no ingresso na escola, mais importante é estabelecer se eles serão capazes de *trabalhar* em um dado grupo e se vão *entender-se com as crianças que já estão na escola*. Infelizmente, nunca se leva este ponto em consideração na prática.

As crianças quando constituem um coletivo coeso, com grande seriedade se relacionam com esta questão e com grande responsabilidade conduzem a recepção das novas crianças.

No momento em que se escrevem estas linhas, o autor tem ante seus olhos uma escola na qual a recepção dos novos estudantes quase que inteiramente foi passada para as mãos das crianças e é conduzida por eles.

A recepção dos requerimentos, a orientação para o preenchimento dos novos questionários, as conversas com os novos estudantes nos diferentes temas, especialmente nas questões de auto-organização, tudo isso é conduzido pelos estudantes. Na escola, sobre a qual falamos, todos os novos estudantes, desde que eles sejam plenamente aptos (referimo-nos aqui ao Segundo Grau), digamos, não sejam pouco alfabetizados, são incorporados nos grupos para os quais se candidataram e juntamente com os estudantes antigos, participam no trabalho *normal* dos grupos. As crianças, em condições de igualdade com os educadores, devem exprimir sua opinião sobre os novos estudantes, o que é muitas vezes decisivo para aceitação dos candidatos na escola, quando termina o período de estágio de dez dias. Para conhecê-los mais de perto, os estudantes mais velhos envolvem os novos em grupos de autosserviço, de arrumação de gabinetes e laboratórios, de trabalho em oficinas, organizam trabalho voluntário aos sábados, edição conjunta de jornal e revista, vão juntamente a excursões etc.

Isto é resultado do envolvimento das crianças no trabalho pedagógico da escola.

Esse é aproximadamente o círculo de atividades abarcado pela auto-organização das crianças. Nós esboçamos apenas as mais importantes, pois não é possível abordar tudo; para nós o importante foi definir a *natureza* da atividade.

Quais são as formas nas quais a auto-organização escolar deve se manifestar? Precisamos de um comitê de estudantes, um comitê executivo ou de outros órgãos? Que comissões são necessárias? Questões deste tipo são frequentemente colocadas pelo magistério. Pensamos, entretanto, que todas estas questões não são de todo essenciais. As formas de organização são uma questão secundária. O fundamento delas reside, em essência, no coletivo infantil e consistem no seguinte: todos os órgãos mais importantes da auto-organização devem ser eleitos pela assembleia geral das crianças.

Este é *o princípio fundamental do coletivo*. Nenhuma nomeação deve ser feita pelo pessoal pedagógico. Uma exceção pode ser feita para a célula da Juventude Comunista (e nem sempre) por razões que vamos esclarecer abaixo.

O órgão superior da auto-organização, ante o qual respondem todos os demais, é a *assembleia geral das crianças*, que se reúne periodicamente em data determinada na dependência das circunstâncias. Quando temos uma escola relativamente pequena de um determinado grau de ensino (duzentos a trezentos estudantes do 1º ciclo ou do Segundo Grau), é desejável que a reunião geral de *todos* os estudantes se realize, por exemplo, ao menos uma vez por mês. Nas escolas muito maiores somos obrigados a dividir a assembleia geral por idade, por grupos ou por graus, que elegem, possivelmente, seus órgãos, conjuntamente para toda a escola.

Mas, mesmo nesse caso, nos manifestamos contra a introdução sistemática do princípio da divisão por idade. Com tal situação, em cada reunião geral (ainda que talvez menos frequente) será necessário ter todas as crianças, para que se possa educar nelas a consciência de pertencer a um mesmo coletivo geral da escola. Se não consideramos essa condição, então pode-se observar, às vezes, o fenômeno do isolamento da criança em seu grupo, o qual se coloca contra todo o restante do conjunto das crianças da escola, uma espécie de grupo patriótico, afastando da consciência dos estudantes a compreensão dos interesses comuns da escola.

As crianças deixam de abraçar as tarefas de sua escola como sendo tarefas gerais que também são para seu grupo.

Não deve haver nenhuma criança sem assumir alguma forma de auto-organização. Não deve haver crianças sem responsabilidade na auto-organização, sem trabalho de natureza organizativa, administrativa ou executiva. Todos devem estar colocados neste ou naquele trabalho.

Ainda há um aspecto que deve ocupar especialmente nossa atenção: a duração das funções dos órgãos elegíveis e sua importância educativa. Pode-se observar muitas vezes o seguinte fenômeno: nos órgãos de auto-organização elegem-se as crianças mais ativas e mais capazes; depois de um ou dois meses, as crianças escolhidas se especializam em seu trabalho, acumulam para si experiência e então assumem para si todo o trabalho; o restante dos estudantes permanece passivo, e mais que isso, a passividade destes cresce porque os eleitos se ocupam de tudo. Nas eleições seguintes, estas pessoas, os especialistas, se apresentam novamente porque os novos ainda precisam aprender a trabalhar, enquanto eles, antigos, já sabem. Ocorre então, algo como uma seleção entre especialistas, e o professor frequentemente contribui para isso, porque ele já se entende com determinadas crianças e elas não estragarão o belo aparato de auto-organização com aparência de bem arranjado. O educador que segue por este caminho da menor resistência, busca sua própria comodidade. Mas quando estes estudantes tiverem concluído seu tempo ou deixarem, por alguma razão, seus postos de especialistas, terminado seu tempo de escola ou tendo abandonado os cargos por uma razão qualquer, tudo vira cinzas e é necessário começar tudo de novo.

Este enfoque é profundamente nocivo e radicalmente contrário às tarefas da auto-organização na escola soviética. De fato, nosso objetivo é dirigir o coletivo das crianças de forma que *cada um* de seus membros, quando necessário, possa administrar e, quando é preciso, também obedecer e ser um artista comum. A candidatura das mesmas crianças aos cargos administrativos é, talvez, bastante cômoda, mas cria pequenos "comissários" que se separam frequentemente de toda a massa de estudantes, e se tornam incapazes de ocupar um lugar comum. Por outro lado, a massa restante perde a iniciativa, a iniciativa própria, deixa de se interessar pela auto-organização, vendo-a como um lugar onde trabalham os mais capazes e acha que ela não pode competir com os especialistas. Em uma palavra, desenvolve-se um fenômeno que é radicalmente contrário a nosso regime soviético e seu ideal de cidadão-construtor, o qual se define por esta construção. Este enfoque para resolver a questão da auto-organização na escola, é um retorno aos caminhos burgueses.

Nós consideramos necessário, portanto, em primeiro lugar, fixar a duração das funções dos órgãos elegíveis em três meses no máximo; a prática da Escola-Comuna mostra que mesmo um prazo de dois meses não é tão curto. Em segundo lugar, deve-se orientar o pensamento das crianças para revigorar constantemente a composição dos órgãos eletivos, envolvendo todas as novas crianças e devolvendo os que deixam os órgãos diretivos para sua posição "comum".

O relativo curto tempo de presença nos cargos eletivos e a constante renovação da sua composição estão ligados ainda a outro aspecto importante. Como já indicamos, não damos grande importância às formas específicas da auto-organização, pois consideramos que o *desenho* da auto-organização e as instruções específicas de seus órgãos devem ser flexíveis e dinâmicas. As formas devem depender: 1º) do grau de coesão do coletivo; 2º) da idade das crianças; 3º) das tarefas colocadas para a auto-organização em um dado momento; 4º) das condições de tempo, local e instalações da escola etc., isto é, das condições *locais*. Elas não podem ser, portanto, *universais,* nem *rígidas,* mesmo para um dado local e determinadas condições. Ao mudar as formas da auto-organização, adaptá-las a esta ou aquela tarefa e exigência, é preciso educar a *criatividade organizativa* das crianças, o que corresponde à tarefa básica colocada para a escola do período atual do poder soviético. Cada vez que os estudantes que saem dos órgãos eleitos transferem suas funções ao pessoal novo, a assembleia geral deve receber um *relatório* sobre o trabalho das crianças que saem e os que se retiram devem fazer uma *avaliação* de seu trabalho e indicar conclusões sobre quais mudanças, em sua opinião, devem ser introduzidas para fortalecer o trabalho; a assembleia geral discute as questões detalhadamente e por sua vez introduz mudanças na estrutura e nas formas da auto-organização, as quais frequentemente colocam para a assembleia, novos desafios, provocando ou fazendo as alterações correspondentes no antigo regime de auto-organização ou até mesmo novos órgãos. As mudanças, se convenientes, devem ser registradas como mudanças na Constituição da auto-organização, no entendimento desta palavra desenvolvido antes.

Por este caminho, chegamos ao problema da Organização Científica do Trabalho na escola e sua relação com a auto-organização. Não há dúvida que a auto-organização dos estudantes apresenta um campo rico para a aplicação dos princípios da OCT. Não vemos necessidade, aqui, de sobre isso nos estendermos. Aqui, pode-se aplicar tudo o que foi dito sobre a OCT no capítulo "Sobre o Trabalho".

Nos detivemos antes, preponderantemente, na questão das formas propriamente ditas da auto-organização, tendo em mente a duração de suas formas e a estrutura e tarefas mais ou menos estáveis da auto-organização. Mas, pela palavra auto-organização compreendemos um campo um pouco mais amplo, ou seja, as atividades independentes das crianças em todos os campos possíveis da escola: a organização de saraus, festividades, excursões próximas e distantes, recepção de estudantes novos na escola, prestação de contas de exposições etc. Elas não podem ser realizadas com os órgãos usuais da auto-organização, mas exigem a criação de órgãos temporários, comissões, grupos etc., que são dissolvidos ao completar a tarefa. Tais órgãos (de três, cinco, em comissão) para tarefas temporárias ou de impacto podem ser propostos ou eleitos pelos órgãos de auto-organização ou pela assembleia geral; por iniciativa de um grupo com a concordância de todos; ou um dos órgãos já existentes (por exemplo, a organização de um sarau especial por um grupo); ou ainda devido a um trabalho escolar propostos por algum grupo (pela classe).

Tais órgãos "*ad hoc*" não podem ser frequentemente previstos pela "Constituição", se aquela existe, e nem sempre e com todas as condições, cabem na competência dos órgãos de auto-organização já existentes. Essas tarefas específicas dão, muitas vezes, um grande campo para a educação de hábitos organizativos nas crianças e para a aplicação dos princípios da OCT. Não se deve perder de vista esta possibilidade de educar hábitos organizativos em tais casos, e é preciso trabalhar, por todos os meios, para utilizá-los no sentido de desenvolver a iniciativa dos estudantes.

Este é um dos caminhos para o amplo desenvolvimento do *sentimento social entre as crianças*.

VI. O movimento comunista das crianças

O movimento comunista das crianças ou, como nós o chamávamos antigamente, o movimento dos pioneiros, transformou-se nos últimos anos em um fato de tal importância que ele não pode ser ignorado por nenhuma escola ou por nenhum professor, e sem levar em conta este fato, nós também não podemos discutir nenhum problema escolar.

O fato de que o movimento dos pioneiros esteja em vias de conquistar a *maioria* dos estudantes em quase todas as escolas (é quase um fato consumado nas escolas urbanas) reforça extraordinariamente as perspectivas de uma sólida união da escola com a atualidade soviética, marca original inerente somente à escola soviética, e que garante a correta solução dos problemas fundamentais da escola já indicados por nós. Também é preciso analisar com cuidado a natureza do movimento dos pioneiros e os problemas que esta ligação com ele coloca para a escola.

Nós não nos colocamos a tarefa de expor detalhadamente os fundamentos, a natureza social, o conteúdo e a forma de organização do movimento dos pioneiros. Isto está suficientemente claro na literatura disponível sobre o movimento e também para os pioneiros. Analisaremos apenas as questões que são as mais importantes do ponto de vista da escola: em primeiro lugar, as particularidades da idade das crianças, as quais colocam uma marca nas formas do movimento dos pioneiros, isto é, sobre o movimento dos pioneiros do ponto de vista pedagógico; em segundo lugar, a interação entre o movimento dos pioneiros e a escola; e, finalmente, a questão sobre a direção do movimento dos pioneiros e o papel do professor.

A criança na idade entre dez e quinze anos concebe o mundo de maneira muito particular e diferente da do adulto. Nós chamaríamos esta forma particular de percepção do mundo, nesta idade, de *heroica*.

Esta idade é caracterizada pela propensão para um tipo especial de literatura, preferencialmente de aventura: Julio Verne, Cooper, Aymard, Mayne, Read etc. – influências dominantes para as crianças desta idade. A paixão pelas viagens, pelo desconhecido, pelas aventuras perigosas, frequentemente acompanhada por um grande interesse pela literatura dos detetives, dos Sherlock Holmes ou dos Pinkerton etc., domina esta idade. Foram exatamente as crianças dessa idade que assumiram com grande entusiasmo os romances de aventuras soviéticas de Mers Mend e Lori Len. Em tempos de paz, sonhar com a fuga de um menino na cabine de um navio para a América (muitas vezes como uma tentativa concretizada), ou de se tornar um pirata célebre ou um atamã;[15] em tempos de guerra, imaginar correr para o *front* e realizar proezas heroicas – tudo isso é um fenômeno desta idade. A guerra imperialista e a guerra civil forneceram muitos exemplos deste tipo.

O espírito guerreiro em tempos de paz às vezes se extravasa na forma de uma permanente guerra pela tradição entre duas escolas vizinhas, às vezes na organização das crianças em gangues de rua e na luta das duas ruas entre si. Um caso característico de banditismo infantil organizado por ser encontrado na Polônia entre 1907-1909 na época do desenvolvimento do banditismo lá, como degeneração dos esquadrões de combate revolucionários da época da reação. As próprias formas de organização das crianças abandonadas em gangues e bandos têm sua raiz nas especificidades de certa idade. Uma interessante literatura reflete essas particularidades, especialmente por Tchekhov[16] que sutilmente as notou (*Montigomo, A Garra do Falcão*).

O sonho de se tornar forte, desenvolver seus músculos, a admiração pela força física – característica distintiva do herói – diferencia esta idade fortemente. Daí por que se promove os mais fortes, os corajosos, os mais vivos e mais inteligentes e a obediência incondicional dos outros aos fortes, aos mais capazes; daí os *chefes*, atamãs como forma característica da organização.

Todas essas são diferentes formas heroico-fantásticas de percepção do mundo.

O leitor aqui pode nos sentenciar facilmente de adeptos da teoria biogenética,[17] contra a qual nós fortemente lutamos muitas vezes antes. Isto é um equívoco necessário de ser esclarecido.

---

[15] Atamã, chefe absoluto dos cossacos, um povo que vivia na URSS. (N.T.)

[16] Anton Pavlovitch Tchekhov (1860-1904) médico, dramaturgo e escritor russo, considerado um dos maiores contistas. (N.T.)

[17] Em russo: биогенетической. (N.T.)

Nós, propositadamente citamos, antes, uma série de exemplos de *diferentes* manifestações externas, características deste período de idade infantil, para mostrar que na base delas está *uma forma biologicamente particular de percepção do mundo exterior pelas crianças,* não tendo nada em comum com o *conteúdo social* dos interesses das crianças na infância. Isso está muito longe do princípio biogenético, frequentemente desenvolvido como uma *teoria pedagógica* que afirma que a essência dos interesses sociais da criança define-se pela biogênese,[18] e é transferida para o terreno *social.*

Essa opinião não é apenas errada, mas também é nociva e profundamente reacionária, porque na base dela está a negação da possibilidade e da necessidade de introduzir elementos da atualidade social na escola. Dessa teoria pedagógica incorreta e reacionária, tiram-se conclusões que nesta ou naquela idade a criança atravessa esta ou aquela etapa distante do desenvolvimento social da humanidade – da vagabundagem, nômade ou outra qualquer –, e que por isso, é prejudicial relacionar os interesses da criança com a nossa luta revolucionária atual, muito distante dessa época primitiva em que residiria a alma da criança. Mas, uma coisa é o *conteúdo* vivo dos interesses, outra é a *forma* na qual este conteúdo se reflete.

O conteúdo, como vimos antes, depende de variadas condições do meio, da vida ao redor, que refletem os acontecimentos da atualidade na psique das crianças e no caso do movimento dos pioneiros, reflete a época revolucionária.

Mas, considerando o princípio biogenético, que desenvolve uma teoria incorreta e agora sem dúvida contrarrevolucionária, a prática escolar comum muito frequentemente faz o contrário do que a teoria predetermina, não a aceitando. Será que o

---

[18] Em russo: биогенез. (N.T.)

movimento dos escoteiros, especialmente em uma certa idade, também não é uma tentativa de organizar as crianças e de mobilizá-las para os objetivos sociais da sociedade burguesa? Será que a organização dos nossos destacamentos pré-revolucionários de "jogos militares" nos liceus, não eram uma tentativa ultrarreacionária de usar as características da idade "pele vermelha" para objetivos ultrapatrióticos? Por outro lado, será que o regime escolar comum estabelecido pelos adultos, que são diferentes em sua forma de perceber o mundo, responde às especificidades da idade da criança? Afinal, para levarmos a sério a teoria biogenética, seria necessário, então, em primeiro lugar e consequentemente, mudar e adaptar a própria organização da escola à idade da criança. Isso também se deduz da nossa concepção e, mais ainda, deriva da teoria pedagógica biogenética. Entretanto, na prática da escola, isto frequentemente é esquecido, porque é *incômodo* para o professor, apesar disso, faz-se uso de todo o arsenal biogenético para atacar a "política", para ser contra a introdução da atualidade na escola, porque isso é cômodo para os que nem sempre são soviéticos e nem estão muito interessados em aborrecer o professor.

O leitor nos desculpará pelo pequeno desvio do tema e pelo tom áspero, mas um e outro são provocados, por um lado, pela ampla difusão dos preconceitos biogenéticos, e por outro, pelos argumentos de alguns professores (é verdade que eles são cada vez mais raros de se encontrar e começam a desaparecer) não inteiramente soviéticos e que trabalham contra a "inovação política" na escola.

Mas voltemos ao nosso tema.

Parece-nos correto o seguinte pensamento: a forma fantástico-heroica de perceber o mundo pela criança em uma idade determinada, favorece o movimento de *massa* das crianças *em tal época heroica da vida social*. Aquilo que é apenas um sonho da criança (e a criança nesta idade gosta de sonhar; a criança em seus sonhos vive às vezes uma vida extraordinariamente clara e bela) na época heroica ganha forma de realidade.

A vida exterior, nesses períodos, adapta-se aos movimentos de massa das crianças, com o próprio meio favorecendo de forma especial o crescimento de tal movimento. O autor não teve tempo nem possibilidades de reunir suficientes dados históricos para sustentar essa ideia; mas isso não abala, entretanto, a certeza da sua correção.

Um fato histórico célebre – a cruzada das crianças – pode ser interpretado como um movimento de massa infantil. O objetivo heroico estava ligado com uma concepção fantástica sobre o Oriente. O poderoso movimento dos adultos arrastava também as crianças. Era sedutor imaginar a luta contra os "infiéis" e sarracenos, a possibilidade de realizar grandes proezas, vitórias etc., especialmente colorindo esta luta com a ideologia dos cavaleiros.[19]

O autor presenciou pessoalmente o movimento revolucionário de massa das crianças da Polônia e observou de perto, no ano de 1905, em uma das grandes fábricas do centro de Lodz. Ali, a população urbana era constituída por mais de dois terços de operários de fábricas; o movimento revolucionário, tão fecundo em acontecimentos (especialmente a insurreição de junho de 1905), não se cansou de agitar durante todo o ano grandes massas de filhos de operários. Este movimento de crianças teve até uma forma de organização especial ("pequeno *Bund*"[20]). Milhares de crianças tomaram parte no movimento, ocupando recintos (teatros) com comícios dispersados pela

---

[19] O autor deve, contudo, repetir que esta sua conjectura pode não ser confirmada pelos fatos históricos. Ele não pode dedicar-se a esta questão de forma detalhada.

[20] *Bund* é a união dos judeus de toda a Lituânia, Polônia e Rússia, uma das maiores organizações revolucionárias do proletariado judeu.

polícia; participavam nas manifestações e até nos combates de barricadas; distribuíam panfletos, muitos tinham armas etc. O regime tzarista liquidou o movimento em 1906, ainda que ele tenha se mantido nos anos seguintes.

Pensamos que, vendo o movimento comunista das crianças como um movimento de classe revolucionário, como o movimento específico dos filhos do proletariado, não se deve passar por alto as circunstâncias expostas acima, que dão a este movimento um colorido especial. A fase heroica da revolução social fecunda o período heroico da alma infantil, sintetizando-se em um potente e bonito movimento das crianças. É compreensível também, por que o movimento das crianças engloba preferencialmente os filhos de operários, filhos da classe que dirige a luta revolucionária e a construção. Está claro porque todo ele integra-se fortemente na vida da fábrica e da empresa, sendo evidente por que o movimento das crianças se mostra, para as crianças, mais *convincente*, do que a escola. Tudo isso confirma que o movimento dos pioneiros não é uma "invenção" da Juventude Comunista; na realidade, ele não podia deixar de aparecer e se desenvolver espontaneamente; a Juventude Comunista apenas o dirige, em certas estruturas organizacionais.

Partindo da especificidade da idade da criança, é preciso também examinar as formas pelas quais o movimento das crianças se constitui. A organização do movimento infantil e o conteúdo do trabalho (quadros, dirigentes, destacamentos, reuniões, vida em acampamento, cultura Física, literatura heroica, atividade vigorosa, trabalho independente etc.) são específicas da idade e diferentes, por exemplo, das da Juventude Comunista. A vida gradualmente seleciona as formas e as técnicas de trabalho mais convenientes, como bem pode ser visto se tomamos o desenvolvimento histórico do movimento das crianças nos últimos anos. As formas de organização e o conteúdo do trabalho, bastante ligadas às crianças, iluminam a ideia geral revolucionária, que é também transmitida pelo movimento, por um lado, de grande unidade e fundamento, e por outro, massiva.

É completamente evidente que a escola não pode ignorar o movimento das crianças. A prática mostra que a falta de atenção da escola para com o movimento não pode se prolongar se a escola não deseja ter seus interesses definitivamente apagados. A escola não só deve levá-lo em conta como um fator de grande peso e significação na educação, mas também adaptar-se em seu trabalho a ele.

Como encontrar pontos de contato entre a escola e o movimento dos pioneiros? Antes de tudo, se deve encontrá-los nas finalidades gerais da escola e do movimento, depois na grande comunidade de interesses de caráter *educativo*, já que são providos pelo destacamento dos pioneiros, e finalmente, na identidade dos objetivos da *auto-organização* e da educação para o trabalho.

Não é necessário nos determos no primeiro ponto das relações entre a escola e o movimento das crianças – nas finalidades comuns da educação – pois isto está claro por si mesmo na concepção de nossa escola soviética.

Significativo para a prática atual é a questão sobre a ligação da escola com o movimento das crianças, no plano do trabalho educativo e da atividade social da escola e dos pioneiros, e também da interação da auto-organização escolar com o movimento.

O problema da "ligação da escola com o trabalho dos pioneiros", por um lado, estimula os dirigentes do movimento, porque o número de pioneiros na escola cresce irresistivelmente, e a vida diária exige respostas sobre como coordenar o trabalho; por outro lado, aqui se manifesta a influência do movimento dos pioneiros na escola, no estudo, na relação do professor com o movimento, que provoca a necessidade de levar em conta os interesses das crianças pioneiras na construção e reelaboração dos programas escolares.

Ainda há um ano sobre isso foi dada uma clara diretiva do Comitê Central do PCR:

> Mas de forma a combinar corretamente o trabalho educativo da educação comunista, os programas de trabalho da organização dos pioneiros devem ser obrigatoriamente coordenados e articulados com os programas escolares. A tarefa imediata do Comissariado do Povo para a Educação e da Juventude Comunista necessita levar em conta a elaboração das questões sobre a articulação e coordenação prática do trabalho da organização dos pioneiros com o sistema da educação social (escolas, orfanatos etc.)[21]

A esta diretiva voltaremos mais de uma vez depois. No final do ano letivo de 1924-1925 foi realizado um debate animado sobre esta questão, o qual começou a encaminhar uma solução prática.

Para nós, parece que esta questão se constitui de duas partes: a organizativa e a do conteúdo do trabalho.

Qual é a questão em relação ao aspecto organizativa?

A organização dos pioneiros constrói-se na produção – na fábrica, empresa, sindicato, comitê de interação camponesa etc. E isso é inteiramente correto, porque esta é o centro da atividade social, o centro da ampla organização de classe. Os pioneiros aqui são organizativamente ligados com este ambiente adulto, do qual saem as crianças que o constituem; aqui o interesse das crianças, naturalmente, é reflexo dos interesses organizativos dos adultos; as crianças-pioneiras têm um campo mais próximo para o trabalho social delas; elas com facilidade obtêm a tenacidade

---

[21] Deliberação do Comitê Central do Partido Comunista Russo(b): Sobre o Movimento dos pioneiros (Pravda, 23/VIII, 1924, n. 190).

revolucionária e de classe. Aqui, também, é mais fácil concretizar a educação de classe das crianças das massas organizadas de adultos – através de assembleias operárias, sindicatos, partido, Juventude Comunista, organizações culturais e sociais. Como regra, a Juventude Comunista não pode negar o princípio de que a organização de destacamentos deve ocorrer nas empresas e organizações sociais de classe. A exceção que aqui temos que fazer é para a escola do campo, onde ela se constitui no *único* centro onde as crianças podem ser agrupadas.

Mas na escola há muitos pioneiros, talvez até mesmo sejam a maioria. Ali, eles formam um *front* que une todos os pioneiros da escola com base no trabalho *escolar*, como parte da atividade geral dos pioneiros; mas o centro de gravidade do trabalho dos pioneiros ainda está na vida comum, no trabalho social e fora da escola. Lá também aparecem dificuldades organizativas básicas. A questão é que em uma escola encontram-se pioneiros de muitos e diferentes destacamentos. E a tarefa, o trabalho, os interesses dos pioneiros em um dado aspecto frequentemente são completamente diferentes, porque o caráter do trabalho de destacamentos diferentes, aos quais os pioneiros da escola pertencem, também é diferente, está focado nas diversas instituições em que estão organizados. Nós observamos escolas onde os pioneiros pertencem a cinco, dez, 15 e até 28 destacamentos, nos quais não é raro (e até muito frequente) não haver nos grupos da escola nenhum elo global entre os pioneiros. Com tais condições é extremamente difícil organizar as crianças para o trabalho no posto avançado e mais difícil ainda ligar diretamente o trabalho dos pioneiros com o da escola.[22]

---

[22] É necessário ressaltar que estas condições muito frequentemente se encontram nas grandes cidades. Nas condições das cidades menores e no campo, onde existe ao todo um ou dois destacamentos, esta dificuldade não se coloca.

Parte do magistério é propenso a superar estas dificuldades organizando os pioneiros pela via das escolas. Isto, é claro, resolveria a questão, mas contraria, como vimos acima, o princípio geral de organização dos pioneiros e é admissível somente em relação à escola do campo na existência da célula da Juventude Comunista.

A prática, no entanto, apresenta outra solução, o que nos leva ao seguinte. Cada escola deve ter, em relação à Constituição das suas crianças, uma lista de inscrição para uma ou algumas (não muitas) empresas da sua área, e em caso de não se completar as vagas com filhos de trabalhadores destas empresas, as demais vagas podem ser dadas às crianças de cidadãos que vivem territorialmente próximos dela. A preponderância da admissão em cada escola de crianças de determinadas e não muitas empresas produtivas e de crianças que vivem territorialmente próximas à escola, dá a possibilidade, em grande medida, de reduzir o aparecimento, na prática, das dificuldades organizativas.

Tal solução tem grandes vantagens também para as escolas.

A escola, pela força das circunstâncias, fica mais fortemente ligada a um *determinado* grupo de pais trabalhadores e, através deles, também com as organizações sociais nas indústrias em uma certa área. O campo do trabalho social e da influência da escola se circunscrevem mais nítida e definidamente; é mais fácil andar pelo próprio caminho da vida, para a qual a escola deve tornar-se um real e efetivo centro cultural.

A melhor solução para isso é dada na Escola de Sete Anos junto à produção,[23] a qual seja em termos da composição das crianças, seja pela natureza de todo o trabalho da escola, ou

---

[23] FZU – фабрично-заводского ученичества – eram escolas de sete anos junto a fábricas que davam formação geral e profissional. (N.T.)

ainda pela sua atividade social, está firmemente ligada com alguma empresa da produção.[24]

A resolução satisfatória da questão organizativa não elimina ainda a segunda dificuldade, referente ao conteúdo do trabalho.

A essência da segunda dificuldade é a seguinte: de que maneira ligar o trabalho dos programas do GUS com o trabalho dos destacamentos ou ainda de parte de diferentes destacamentos, formando um posto avançado[25] escolar. Por um lado, os programas do GUS propõem complexos com objetivos definidos, uma certa sequência de apresentação do material educativo, por outro, o movimento dos pioneiros fixa para o destacamento determinado plano de trabalho, plano de campanha, palestra, trabalho social etc., isto é, um plano que não coincide com os programas do GUS. Em verdade, o plano de trabalho do destacamento dos pioneiros individualiza-se e adapta-se às condições concretas da vida e da atividade do destacamento, mas esta linha básica do plano de trabalho dos pioneiros é definida não por um programa educativo, mas pelo conteúdo da vida social soviética e, além disso, refere-se ao existente em um determinado momento, sendo que esta linha básica não coincide com os programas do GUS. Mais ainda, o próprio programa do GUS é específico para cada série, para cada ano de ensino e o destacamento dos pioneiros tem em sua composição crianças de diferentes séries. Finalmente, o posto avançado de pioneiros da escola é constituído por pioneiros de diferentes destacamentos, mesmo que poucos, cada um dos quais tem seu *próprio* plano de trabalho. De que maneira "ligar" o programa da escola com o plano dos pioneiros, mais

---

[24] Sobre isso, vejam-se as resoluções da Conferência de Toda a Rússia sobre as questões da escola de Segundo Grau, 1925, em Moscou.

[25] Algo como uma "vanguarda" da escola. (N.T.)

que isso, com variados e diferentes planos de partes de diferentes destacamentos que formam o posto avançado?

Tal formulação da questão conduziria a que os destacamentos de pioneiros devessem se nortear pelo esquema do GUS; além disso, conduziria logicamente a demandas para a organização dos pioneiros nas escolas que inevitavelmente levariam a que a direção geral do movimento dos pioneiros passasse para a escola, para o professor. E isso, contraria radicalmente os princípios de organização do movimento dos pioneiros. Não deveríamos mudar, então, estes princípios de organização?

Não, os princípios de organização do movimento das crianças estão inteiramente corretos. Não há necessidade de mudá-los se a questão for formulada corretamente. Pensamos que na forma como a questão foi antes colocada por nós – e exatamente assim ela é costumeiramente formulada – a questão está posta *incorretamente*.

Em realidade, tal colocação da questão oculta a premissa de que o *trabalho escolar* é o único aspecto importante da vida da escola; que o trabalho escolar define todo o restante na escola; que todos os outros aspectos dela são unicamente *subordinados* ao trabalho escolar.

Nesta formulação, de forma implícita, está oculta a antiga concepção de escola como uma "escola de ensino", "escola de conhecimentos e habilidades formais".

Contudo, apesar das dificuldades, alguns passos podem ser dados nesta estreita relação relativa à articulação da atuação dos pioneiros com os programas escolares. Pode-se e deve-se convidar os trabalhadores pioneiros para elaborar o plano da escola e, da mesma forma, convidar o professor a participar na adaptação dos planos gerais dos pioneiros para um dado destacamento ou posto avançado na escola. Isto não só é desejável, mas também obrigatório em nosso entendimento. Sobre isso, agora, elaboram a correspondente instrução tanto o Comissariado do Povo para a Educação como a Juventude Comunista. Mas isto resolve formalmente, e apenas em parte, a dificuldade relativa ao aspecto do estudo. Mas o fundamental não está só nisto, mas na correta união do trabalho geral da escola com o dos pioneiros. O problema não está em que os pioneiros, digamos, preparem-se para o dia da mulher trabalhadora, enquanto que exatamente neste tempo a escola se dedica, digamos, em diferentes séries, ao aprendizado da essência da servidão, aos principais tipos de indústrias etc. que não apresentam nenhuma ligação.

Em primeiro lugar, quase todo dia um dado interesse dos pioneiros pode, de alguma forma, ser relacionado com um círculo de questões que interessam hoje à escola; em segundo lugar, se isto por alguma razão não é possível e fica *forçado*, então não há nenhum problema se a escola *no lugar disso*, novamente e talvez em outro contexto, esclarecer aquilo que já é, de alguma maneira, de conhecimento dos pioneiros. O problema está em que a escola, frequentemente com zelo excessivo, cria a "articulação" e tenta substituir *ela mesma* o próprio destacamento dos pioneiros ou o posto avançado dos pioneiros e se entristece porque esta articulação não ocorre.

O destacamento dos pioneiros conduz uma campanha, a escola conduz a mesma campanha; o posto avançado dos pioneiros prepara-se para o feriado, este mesmo feriado está no plano da escola; o trabalho social é conduzido pelos pioneiros, mas por ele também se interessa a escola; no dia de clube realiza-se o próprio trabalho do posto avançado, e a escola também organiza a sua vida para o clube. (Por escola nós aqui entendemos a iniciativa que vem dos professores.) Há um paralelismo que frequentemente é muito nocivo, porque, por um lado, neste paralelismo está, em parte, a razão da sobrecarga das crianças, e por outro, com tal paralelismo, são desfigurados os princípios da auto-organização das crianças. Às vezes (e tais casos existem na realidade) o paralelismo do trabalho transforma-se em uma espécie de concorrência. Em outros casos, (que também existem na prática) chega-se até a negação da "interferência" do movimento dos pioneiros na escola e a uma espécie de luta com ele.

Nestas condições e pelo fato de ambos, escola e movimento dos pioneiros, perseguirem basicamente as mesmas finalidades educativas, acaba-se concluindo que a escola e o movimento dos pioneiros podem caminhar para tais finalidades juntos ou separados. Isto, porém, não é verdade. Em essência, as próprias finalidades da educação comunista apontam a necessidade de caminhos *diferentes*. E se é possível e necessário ir por diferentes caminhos e diferentes métodos, então, consequentemente, a questão sobre a articulação do movimento das crianças com a escola também conduz, antes de tudo, *para a diferenciação da natureza, da forma, dos métodos e do conteúdo do trabalho.*

Nosso pensamento é apoiado pelas seguintes teses:

1) O correto trabalho da escola soviética exige o suporte de um coletivo infantil sólido e com iniciativa própria. Tal coletivo só pode desenvolver-se no processo de auto-organização dos estudantes, onde o professor jogue o papel de um companheiro e colaborador.

2) Os elementos da auto-organização encontram-se, em grande medida, também integrados no movimento das crianças pioneiras. A solidez da auto-organização coletiva, baseada nos interesses sociais das crianças, em qualquer caso, é maior nos destacamentos de pioneiros do que na escola, porque os destacamentos de pioneiros estão ligados a centros de organização naturais – a produção e a organização social e produtiva dos adultos.

3) O destacamento de pioneiros (ou o posto avançado dos pioneiros) traz consigo para a escola sólidos elementos de auto-disciplina e de auto-organização do coletivo. O posto avançado

na escola, portanto, é o núcleo natural das crianças *organizadas*, com a tarefa de agrupar em torno de si o restante da massa não organizada e introduzir nela elementos de organização coletiva. A tarefa do professor, portanto, é utilizar esse processo *natural* e fácil de organização do coletivo infantil, ou seja, contribuir, por todos os meios, com o desenvolvimento da auto-organização das crianças, ao redor do núcleo básico que é o posto avançado.

4) O coletivo infantil se estrutura em torno de um determinado conteúdo de seu trabalho. É, portanto, indispensável reforçar, por todos os meios, o trabalho de *auto-organização* do coletivo infantil, ou seja, o trabalho do posto avançado, orientado para a organização do coletivo escolar. Em nenhum caso deve-se organizar esse trabalho *de cima para baixo*, o qual deve ser desenvolvido pelo próprio coletivo infantil, independentemente ou com alguma ajuda do professor, como um companheiro mais experiente.

5) A escola organiza *diretamente* (através do professor) apenas aquela parte do trabalho que não pode ser independentemente executada pelo coletivo infantil.

Disso decorre uma série de conclusões.

A escola deve por todos os meios se esforçar para que a vida do clube, do círculo, o trabalho social, as festas revolucionárias etc., sejam organizadas através da auto-organização, núcleo da qual será o destacamento dos pioneiros ou o posto avançado dos pioneiros, evitando-se, por todos os meios, o trabalho paralelo. O paralelismo aqui pode conduzir apenas ao isolamento do posto avançado e enfraquecimento de sua influência organizativa no restante da massa de crianças.

A atividade infantil decorrente do andamento do trabalho educativo (pesquisas, coleta de material vivo, o trabalho social etc.) deve ser, tanto quanto possível, organizada pelo coletivo infantil e deve despertar o interesse também do posto avançado dos pioneiros.

Devemos evitar o erro de transformar o posto avançado em um instrumento de condução estreita dos estudos escolares. A transferência de uma série de tarefas da escola para as mãos do posto avançado, significa a adaptação das tarefas da escola à *atividade e à vida independente do coletivo infantil.*

Tal transferência de forma alguma significa, por outro lado, a renúncia do professor à influência e à participação nestes aspectos da vida e a sua limitação apenas ao trabalho escolar. O professor não só não pode afastar-se do trabalho e da vida do posto avançado e do coletivo infantil, mas, ao contrário, o trabalho do professor e sua responsabilidade pedagógica são intensificados, porque o professor aqui se apresenta já com *outro papel*, como um *companheiro* cauteloso, mas necessariamente discreto e mais experiente no trabalho das crianças.

O trabalho com e no posto avançado deve ser organizado de forma que este se torne uma organização presente na massa de crianças não organizadas, envolvendo esta massa também nos interesses específicos do destacamento dos pioneiros.

A questão da articulação do movimento das crianças com a escola nos leva, dessa forma, para o problema, em primeiro lugar, da distinção entre métodos e formas de influência pedagógica *direta* do professor, e aqueles métodos e formas de influências *ocasionais* deste no ambiente da criança, através de uma série de elos das atividades independentes das crianças. E com isso, voltamos, em um contexto mais esclarecido, ao tópico já abordado anteriormente, sobre a *síntese destes métodos de influência,* ou seja, a questão do "plano de vida escolar". O plano de vida escolar, como está claro do que já foi dito, deve coordenar os *diferentes* caminhos de influência educativa na criança, não confundindo estes caminhos entre si, ou seja, o plano de vida escolar não pode ser elaborado somente pelo coletivo de professores, mas *deve ser criado junto com todas as organizações interessadas* (pioneiros, Juventude Comunista, auto-organização) formalmente com direitos iguais de participação nesta elaboração. Com estas condições, os interesses dos pioneiros realmente serão considerados pela escola e, vice-versa, os interesses da escola se tornarão vivos para os pioneiros e todas as crianças.

Com este ponto de vista teórico, nisso consiste o sentido da questão sobre a "articulação" do movimento dos pioneiros com a escola. O problema da ligação dos materiais de estudo dos programas do GUS com o trabalho do posto avançado dos pioneiros ganha também, aqui, seu lugar, mas um lugar muito pequeno e distante de ser o principal.

Nos limitamos, aqui, apenas àquelas questões principais da tarefa de articulação, considerando que, com esta base, esta tarefa será resolvida na prática de forma variada, conforme as condições. Mas esta compreensão nos leva para a última colocação de nossa questão anterior – a questão da direção do movimento das crianças.

Esta questão provocou em seu tempo muita discussão, censura do magistério, sendo resolvida de diferentes maneiras em diferentes lugares. Não querendo nos deter na essência destas disputas, indicamos os principais aspectos que dão, em nossa opinião, uma correta solução à questão.

O movimento dos pioneiros cresceu sob a direção do movimento da Juventude Comunista. E isto não é acidental. Todas as tentativas do magistério de criar a livre organização das crianças (escoteiros renovados, IuKI,[26] organização de longos jogos[27] na escola) não conseguiram importância em escala massiva. A es-

---

[26] юные коммунисты (юки) – Movimento nascido em 1918 para organizar as crianças, chamado Jovens Comunistas (IuKI). Foi dissolvido em 1919. (N.T.)

[27] Organização de jogos educacionais de longa duração nos quais os participantes vivenciam diferentes papeis e situações com a finalidade de promover sua socialização. (N.T.)

cola trabalhou bastante com eles e estas tentativas não tiveram o correspondente e entusiástico desdobramento. E foi exatamente este entusiasmo que soube infundir, no movimento dos pioneiros da Juventude Comunista, um colorido heroico-revolucionário, que eleva a correspondente *posição de classe* das crianças, ou seja, de filhos de trabalhadores que constituem o núcleo básico dos pioneiros. O movimento das crianças desenvolveu-se sobre uma base classista que deu uma safra rica. A Juventude Comunista, além do mais, apesar de menos experiente nas questões pedagógicas, *pelo instinto de sua idade, pela proximidade com os pioneiros, desvendou a linha correta,* e isso é difícil para o professor conseguir pela sua idade, bastante distante do estado de espírito da idade dos pioneiros. Ainda mais importante do que o movimento comunista infantil é o movimento político e de classe.

E se é assim, poderia o professor dirigir diretamente o destacamento de pioneiros? Claro que não. O professor, considerando seu interesse apenas pela escola, retiraria do movimento sua independência, não se descartando o perigo de ele drenar e reduzir o movimento para servir apenas aos interesses da escola.

Ainda por outra razão mais importante, o professor não pode dirigir diretamente o destacamento dos pioneiros.

O movimento das crianças, em nossa época é um movimento comunista e internacional, e não apenas local. Suas crianças também percebem isso. A linha de ligação com o movimento internacional das crianças passa através da Juventude Comunista e do KIM[28] e não pode ser feita através do professor.

Eis porque nós categoricamente consideramos inteiramente correto que a direção *imediata* do movimento deva ficar com a Juventude Comunista. A orientação política geral, natural-

---

[28] Коммунистический интернационал молодёжи (КИМ) – Juventude Comunista Internacional, fundada em 1919 e que existiu até 1943. (N.T.)

mente, fica nas mãos do partido, o qual a concretiza através da Juventude Comunista.

Esta conclusão decorre inteiramente da maneira particular pela qual colocamos esta questão "da articulação entre o movimento das crianças e a escola".

Dessa posição indiscutível, o magistério em alguns lugares tira a conclusão de que ele deve afastar-se do movimento. Em frequentes declarações sobre esta questão, no magistério sente-se um toque de ressentimento: "Eu – dizem eles – estou *afastado* da participação nesta questão que me é muito próxima, ou seja, da educação das crianças".

Mas se examinamos a questão objetivamente, pondo de lado todo o ressentimento, então veremos que tal solução *pedagógica* está correta e que para o professor resta um enorme campo de atuação em relação ao movimento das crianças. Em primeiro lugar, há a adaptação da escola ao movimento das crianças, sobre o que falamos antes; em segundo lugar, há também a *colaboração* com a própria Juventude Comunista na elaboração do plano de trabalho e sua condução exitosa na prática. É preciso ajudar as crianças a evitar erros e descuidos, inevitáveis com sua inexperiência e com a busca de formas corretas de trabalho de maneira instintiva, por tentativas. Em muitos lugares, aonde o magistério inteiramente vai ao encontro do movimento dos pioneiros e da Juventude Comunista, a forma de participação do professor na orientação do movimento resultou no exame periódico (uma vez por semana) dos planos de trabalho dos pioneiros, levando em conta as indicações pedagógicas e de interesse das instituições infantis. Este exame foi conduzido pelo secretariado dos jovens pioneiros conjuntamente com os representantes das instituições infantis. Dessa forma, na prática foram superados da melhor forma os mal-entendidos que provocavam muita discussão.

De forma geral, deve-se dizer que o movimento dos pioneiros tem pela frente um grande futuro. O papel do professor neste movimento não é apenas honroso, mas também muito grande. É preciso apenas ir ao encontro do desenvolvimento deste movimento com o coração aberto e compreender claramente o seu papel neste desenvolvimento.

O ponto de vista fundamental sobre o movimento comunista das crianças já foi tão esclarecido por nós que não precisamos, detalhadamente, nos deter nas inter-relações entre o movimento e a auto-organização escolar, dado que a questão se refere a princípios. Nós apenas resumidamente formularemos o aspecto básico.

O movimento dos pioneiros – o destacamento ou o posto avançado – em nenhum caso deve, por si mesmo, substituir a auto-organização escolar. A tarefa dos pioneiros na escola é elevar o nível da auto-organização ou mesmo da sua organização ali onde ela não existia antes.

Mas a organização dos pioneiros, como uma das formas *legítimas de auto-organização das crianças,* pode às vezes mudar radicalmente todo o regime de auto-organização na escola. Estas mudanças, em todo caso, aumentarão o valor da auto--organização e das suas formas às quais, geralmente, nós damos pouca importância.

A elevação do valor da auto-organização seguirá por três linhas: em primeiro lugar, a base mais sólida e única da auto--organização será o *coletivo infantil consciente,* e isso é muito importante na auto-organização; em segundo lugar, a auto--organização realmente será conduzida pelas próprias forças das crianças, e o professor, *por força de circunstâncias externas,* será levado a ser apenas outro companheiro mais velho, mais experiente e com mais conhecimento, um colaborador das crianças ali onde elas solicitem ajuda; ele involuntariamente, no processo, irá se colocando no lugar que nós consideramos seja o mais correto para ele em matéria de auto-organização; em terceiro lugar, a auto-organização, em articulação com o conteúdo do trabalho dos pioneiros, inevitavelmente abarcará um âmbito mais significativo de atividades do que comumente se conduz na escola.

Tudo isso segue o caminho que, em nossa opinião, dará à auto-organização um caráter genuinamente soviético, para o qual, por todos os meios, devemos nos esforçar na escola.

VII. A Juventude Comunista

As inter-relações entre a Juventude Comunista[29] e a escola podem ser examinadas em duas direções.

A primeira direção é sobre a ligação entre a União da Juventude Comunista Leninista da Rússia com a construção geral da escola soviética e as questões da educação em geral. Aqui há uma série de particularidades interessantes e exclusivas.

A segunda é sobre a relação entre a escola e a célula da União da Juventude na escola, à luz da primeira direção proposta acima, mais geral.

Não há país no mundo onde a participação direta da juventude massivamente organizada na construção da escola chegou, pelo menos remotamente, às dimensões grandiosas que tem a URSS. Unicamente aqui é possível que mais de um milhão de organizações de jovens operários e camponeses, sólidas e coesas, diretamente influenciem o crescimento e o caráter das escolas, e diretamente participem criativamente na construção da nova

---

[29] Комсомол (Коммунистический союз молодёжи) – União da Juventude Comunista, ou ainda, Всесоюзный ленинский коммунистический союз молодёжи – União da Juventude Comunista Leninista de Toda a Rússia. Era uma organização juvenil do Partido Comunista da União Soviética. (N.T.)

escola. Neste pensamento profundo residem os princípios democráticos de nosso regime, revelando o envolvimento de amplas massas de trabalhadores na construção da nova sociedade.

Após o término da guerra civil, a questão da escola não saiu da ordem do dia da Juventude Comunista; a juventude operária-camponesa é proativa, fazendo avançar a causa da sua própria educação e a causa da educação da geração jovem. A escola de fábrica[30] nasceu no ambiente da Juventude Comunista, cresceu, desenvolveu-se e fortaleceu-se com a sua participação direta, e em parte também sob sua administração direta. A ideia de uma escola para os camponeses no campo, pertence inteiramente à Juventude Comunista, a qual com invejável zelo e perseverança concretiza-a na prática e já é, apesar do curto espaço de tempo, um visível sucesso. A reorganização do Segundo Concentro da escola de Segundo Grau avança sob grande pressão da Juventude Comunista. O revigoramento do interesse geral pelo Segundo Grau explica-se, em parte, pelo fato de que, tendo a Juventude Comunista abandonado o terreno do *front* da educação, de novo ele agora atrai sua atenção. O surgimento agora da Escola de Sete Anos junto à produção, nasceu de um projeto da Juventude Comunista da escola *dozavutcha*[31] etc. Em uma palavra, não há nenhuma parte do campo da educação nacional que em alguma medida não provocou uma intervenção ativa e positiva da Juventude Comunista.

Se adicionarmos a isso que a tarefa da própria União da Juventude, em relação a seus membros, também em significativa medida, é educativa; se levamos em conta que é inédito na história o movimento das crianças também estar sob administração

---

[30] FZU – фабрично-заводского ученичества – eram Escolas de Sete Anos junto a fábricas que davam formação geral e profissional. (N.T.)

[31] Дозавуча –Escola de preparação para ingresso na fábrica. (N.T.)

direta da União da Juventude, então fica claro que a *construção da escola soviética atual, em todos os seus tipos, é inviável sem a Juventude Comunista.*

Nesta participação da Juventude Comunista, está a garantia de sucesso da criação da nova escola, porque a participação dela assegura uma sólida ligação da escola com os interesses do Estado soviético, isto é, com os interesses dos operários e dos camponeses. Preponderantemente através da Juventude Comunista o Estado soviético, na verdade o Partido Comunista, também assegura esta ligação tanto do caráter soviético, como do conteúdo da escola; exatamente por isso, o trabalho, desde o Narkompros até o UONO,[32] é conduzido em estreito contato com a Juventude Comunista e com a mais próxima participação dos representantes da organização da Juventude Comunista.

Se olharmos para este fenômeno pelo lado da escola, pelo aspecto pedagógico, então claramente veremos, aqui, a mais alta manifestação de um fato novo na história da escola, pois os fatores que acima chamamos pelo nome comum de "auto- -organização" (independência, atividade, criatividade, iniciativa própria e participação coletiva da juventude na construção dos órgãos de educação e formação) estão em total contradição com a escola burguesa, democrática na aparência, mas em essência uma escola profundamente autoritária. A característica dessa manifestação de auto-organização é a *clara consciência das finalidades gerais da educação,* isto é, da especificidade de nosso regime soviético.

À luz desta ampla participação da Juventude Comunista na construção da escola, à luz de toda a aceitação de tal auto- -organização da juventude, empalidecem todas as insuficiências

---

[32] уездный отдел народного образования – Conselho Municipal de Educação. (N.T.)

locais específicas no trabalho da Juventude Comunista, travessuras ocasionais, inépcias, falta de tato, entusiasmos, ataques e... malcriações. O professor deve saber ver a floresta por trás das árvores específicas, não tirando conclusões generalizadas de determinadas insuficiências. Sobre isso falou muito bem o companheiro Bukharin no Congresso de Professores de Toda a Rússia e pode-se pensar que este pensamento foi solidamente bem assimilado pelo magistério.

Mas não é apenas uma atitude favorável do professor o que importa nesta questão. O importante é a real ajuda, o contato no trabalho, a promoção do conhecimento, experiência, habilidades.

A tarefa do magistério é trabalhar na criação da nova escola, lado a lado com a Juventude Comunista. Não há problema na vida escolar que naturalmente não interesse à Juventude Comunista e que poderia ser realmente resolvido na direção correta sem a sua participação. Nós não apresentamos acima quase nada sobre o papel e a importância da Juventude Comunista neste ou naquele problema, porque nós abordamos a questão pelo lado pedagógico, mas é completamente claro que tanto as questões do trabalho na escola, em seu amplo sentido, como também as questões sobre o trabalho educativo, e especialmente as questões da auto-organização, não poderiam ser resolvidas sem a participação da Juventude Comunista.

Disso decorre nosso olhar sobre a segunda colocação de nossa questão, ou seja, sobre o lugar da célula da Juventude Comunista na escola (de Sete ou de Nove Anos).

A colocação básica é a seguinte: a escola, abraçando crianças na idade da Juventude Comunista, na qual não há uma célula dela ou fração, não pode ser chamada plenamente de escola soviética.

Por que, perguntará o leitor, é necessário criar algo como a Juventude Comunista, se ela não está na escola? Sim, crie-se, dizemos nós. Orientando o pensamento da criança por esta linha, de todas as formas contribuímos para o fortalecimento do crescimento da Juventude Comunista na escola, contando com a célula ou fração dela como um fator pedagógico excepcionalmente importante na escola.

A célula da Juventude na escola não pode ser para o professor algo indiferente, com o fundamento de que ele não tem partido.

Não consideramos um modelo de escola que funcione bem, se nas reuniões abertas da célula da Juventude Comunista nesta escola, não há frequência de professores, ou há um fraco interesse para as questões que são problematizadas e que são resolvidas pela célula da Juventude Comunista.

O professor não deve esperar que a Juventude Comunista venha até ele por ajuda, respostas, conselhos e ir ele mesmo dar ajuda a ela, porque as finalidades atuais da escola são atingidas pelo caminho mais curto da atuação do núcleo da Juventude Comunista no restante da massa escolar. O professor deve, por todos os meios, colaborar com a organização das crianças ao redor da célula, porque só por este caminho facilmente consolidará o coletivo infantil.

Tal relacionamento com a célula da Juventude Comunista terá como resultado uma importante elevação do interesse da célula na escola, em suas tarefas, suas dificuldades; a célula irá atuar, então, como uma colaboradora do professor nas causas *comuns.*

Tal relacionamento com a célula da Juventude Comunista não significa, de forma alguma, entretanto, que a célula deva ser colocada em condições privilegiadas na escola. Nós falamos, aqui, apenas sobre a atenção pedagógica interna dada para a célula. No que refere à própria célula, então, ela não deve ter na escola, *formalmente, nenhum direito especial e vantagens.* Consideramos que na escola o estudante da Juventude Comunista é apenas um *membro comum do coletivo das crianças*. A tarefa da célula na escola, digamos, sua tarefa produtiva, é elevar através de seus membros todo o trabalho da escola e da vida escolar, inspirando neles o pensamento social. Cada membro da Juventude Comunista deve ser o primeiro e o melhor em todas as questões da escola soviética; ele deve conquistar para si e para a União da Juventude o respeito entre os não membros da Juventude Comunista; deve *abrir caminho* em todas as instituições de auto-organização por suas qualidades pessoais, atividade, ganhando a confiança das outras crianças pelas atitudes sérias; os membros da Juventude Comunista devem influenciar a massa de estudantes não filiados a ela, atraindo sua simpatia para a União, atraindo-a para o trabalho social e para o trabalho de educação política; a célula deve ser o *núcleo das melhores crianças*, unindo em torno de si todo restante da massa por sua organização e autoridade moral, dirigindo sua atuação e ajudando na sua formação político-social.

Isso seria possível em todas as circunstâncias? Seria possível com a condição de que a célula fosse apoiada pelo coletivo pedagógico, de que ela não fosse apenas *tolerada* na escola, de que ela não tivesse que lutar *contra* a orientação básica da sua escola para sua escola. A possibilidade de colocar a célula em tais trilhos é unicamente correta desde o ponto de vista das finalidades educativas, ou seja, reside nas relações entre os professores e a célula.

Se estas condições não existem, se a célula por enquanto é fraca, se o professor se relaciona com ela friamente, indiferentemente, a célula não tem nenhuma outra escolha para assumir a posição de um órgão político na escola. Tem-se que observar as escolas técnicas e as escolas onde, no esquema da constituição da auto-organização, existe outra rede ao lado, perto da rede de órgãos básicos e instituições da auto-organização, onde, no centro, está a célula da Juventude Comunista, e dela saem ligações para todos os órgãos da auto-organização; presidência, e nela representantes da Juventude Comunista; comitê executivo com dois representantes da célula; comissão de biblioteca com dois delegados da Juventude Comunista; colégio de redatores no qual se nomeiam como redatores membros da secretaria da célula etc.

E tudo isso não por meio de eleições, *mas por conquista do direito de a célula nomear seus representantes* nestes órgãos. E nós temos que admitir que este enfoque é absolutamente correto, se não há uma base de apoio necessária para o desenvolvimento *normal* da Juventude Comunista e se não há uma atitude *correta* dos professores para com a célula.

Em tais condições, a responsabilidade, em nossa opinião, reside no professor. E os professores devem tirar, em tais casos, as conclusões correspondentes: estar junto com a célula da Juventude Comunista ajudando-a em seu trabalho, *apoiando* tal enfoque *necessário*, envolvendo toda a massa de crianças na órbita de influência da Juventude Comunista, transferindo, dessa forma, gradualmente, o trabalho da célula para um caminho normal. É preciso renunciar ao falso "democratismo" em nome de uma genuína democracia soviética, em nome das finalidades da escola que são comuns para professores e para a Juventude Comunista.

As observações realizadas nos últimos anos provam que a questão sobre o lugar e a importância da Juventude Comunista na escola revela, pelo lado do professor, uma grande e agradável mudança que assegura um rápido e extraordinário êxito na criação da escola soviética do trabalho.